俄羅斯公共外交與
地緣政治

胡逢瑛、吳非——著

——烏克蘭危機之下
普京時代的
再造

推薦序

前駐俄羅斯資深外交官
姜書益

俄羅斯從1991年成立以來，一直面對北約東擴之壓力，後者非但不顧莫斯科之強烈反對，接納波、捷、匈、保、羅等東歐前蘇聯附庸國家，更將其勢力伸向獨立國協內部，前蘇聯各加盟共和國領域，致引起俄羅斯極大疑慮和反彈。2008年喬治亞衝突，西方並未學得教訓，在美國領導下的北約繼續向烏克蘭冒進，企圖在基輔再製造一場「橙色革命」，結果導致2014年以來的烏東流血衝突。如今敘利亞內戰，IS的坐大以及歐洲難民問題的相繼出現，其實都與美國入侵阿富汗、伊拉克，以及2010年以來的「阿拉伯之春」有所關聯，但受操控的西方媒體，從美國的戰略觀點來探討國際衝突，自然失諸偏頗，難窺問題的真相了。

在俄羅斯求學多年並獲得著名的莫斯科國際關係學院－大學（МГИМО）博士學位的胡逢瑛教授，一直從事俄國問題之研究著作等身，最近更與其夫婿吳非教授合作撰寫出「俄羅斯公共外交與地緣政治：烏克蘭危機之下普京時代的再造」新著，這是從新聞傳播等非傳統角度來探討最近發生的烏克蘭危機，此外並分析普京總統就任以來的俄羅斯戰略及對外關係。胡教授大量引用西方、俄羅斯及兩岸重要資訊，平衡報導了東西不同觀點，這是近年台灣國際關係著作所罕見，主要是由於作者能有效掌握當今

國際關係美、俄、中三種主要語言，並在這些國家進行過多年實地觀察研究所致。

事實上，在《尼布楚條約》簽署後未久，沙俄為深入瞭解亞洲大清帝國的真實情況，從1715年起，每年都派遣大批東正教僧侶和留學生，跋踄千山萬水前來北京，對中國進行實地考察，更在北京成立「俄羅斯館」供來華學生長期居住，多年來為俄羅斯培養出比丘林（Бичурин, Н.Я., 1777-1853）、瓦西里耶夫（Васильев, В.П.,1818-1900）、卡法羅夫（Кафаров, П.И., 1817-1878）等偉大漢學家，他們在華期間不僅修習漢、滿、蒙、藏語文，並將《資治通鑑綱目》、《大清一統誌》、《八旗通誌》等重要典籍文獻譯為俄文，並將蒙古、新疆、西藏等中國邊疆地區風土人情向西方作有系統的介紹，他們不僅對中俄文化交流作出巨大貢獻，亦為俄羅斯帝國向東方不斷擴張贏得驚人的政治和經濟權益。

近年俄羅斯對中國問題之研究和興趣，並未因蘇聯解體而沒落，反而因中國的崛起而成為顯學，新一代的俄國漢學家如雨後春筍，其研究和著作更汗牛充棟。如前俄科學院遠東研究所所長高有理（Галенович, Ю.М.）教授就將冷戰時期的俄中關係和邊界談判作一系列的介紹，科學院東方研究所的劉宇衛（Головачёв, В. Ц.）教授不僅重譯盛岳大使的「莫斯科中山大學的沿革」一書，還就明代重修黑龍江口的永寧寺碑問題進行深入考查探討，曾大量報導前蘇聯兩岸政策內幕的俄羅斯外交學院院長巴札諾夫（Бажанов, Е. П.），亦就俄羅斯的亞太政策發表專文，而遠東研究所知名的中國問題專家拉林（Ларин, А.Г.）教授最近更對中

國「一帶一路」政策，提出其獨特看法，這些專著都非常值得
注意。

　　近年大陸社科院俄羅斯東歐中亞研究所和各地方的俄國問題
研究機構，對俄羅斯、中亞的研究報告和專書，推陳出新而且時
有佳作出現，反觀台北學術和外交界，不僅真正的俄國問題人才
難覓，甚至連像樣的俄語翻譯都嚴重不足。近四十年來的「反共
抗俄」政策，已使有關單位忘卻培養俄國語文及俄國事務人才之
重要性，學術界也只跟著西方人云亦云，對俄羅斯之瞭解自然繆
誤百出，對俄國問題之決策又如何能要求其正確，諺云：「聞鼙
鼓而思良將」，如今胡教授大作正補此空白令人欣慰，書益瀏覽
之餘，爰書所感，以就教於作者逢瑛學妹。

民國105年4月19日，序於淡水匡廬

推薦序

曾任中華民國駐俄羅斯代表處顧問、
副代表及駐索羅門群島大使館特命全權大使
詹秀穎

　　眾所周知，蘇聯解體，在西方的輿論宣傳中，這是一個邪惡帝國的崩解，它再也不可能成為如同冷戰時期兩極國際體系那樣再與美國爭鋒較勁。然而，僅僅是二十餘年的時間，俄羅斯在普京總統的主政下已經成為解決國際爭端不可或缺的主角之一。我的文化大學俄文系學妹胡逢瑛教授與她的夫君吳非教授合撰的《俄羅斯公共外交與地緣政治：烏克蘭危機之下普京時代的再造》提供了獨到的分析和見解，幫助讀者了解俄羅斯如何再次崛起成為國際強國。

　　該書的作者認為，俄羅斯在公共外交中強調發展自身特色的軟實力工作，包括全面建設國家媒體與智庫，向國際與國內展開全面的宣傳，因為俄羅斯的形象只會隨著俄羅斯的強大以及俄羅斯對於西方構成的威脅而改變，這是俄羅斯被當作西方的假想敵在國際上所進行的國際輿論戰和國家間實力的全面博弈所形成的。因此，俄羅斯的公共外交是從強化外宣機制開始的一連串資源整合，讓俄羅斯問題以站在俄羅斯的角度進行有利於俄羅斯大外交執行的真正國際化工作。另外，該書作者認為，在前蘇聯各國的整合，是俄羅斯外交與公共外交的優先重點，也就是從地緣

關係和傳統文化的親近上來全面強化俄羅斯在前蘇聯的影響力。
作者也同時認為，俄羅斯在推廣俄語與保護俄羅斯族裔的工作上
取得很大的成效。也就是這些國家的國際關係研究者與活動家都
可以操持流利的俄語和俄羅斯進行國際問題的討論，並且透過智
庫把這類型的討論機制化，建立長期穩定的對話，讓這些俄情專
家可以在國際議程上和國際關係上與俄羅斯取得較為一致的共
識。其特點在於建立共同的利益，以維護傳統地緣政治上的國家
利益，這樣的利益以區域及國際組織包括歐亞經濟聯盟、集體安
全條約組織、亞信峰會、上海合作組織、金磚國家等等的合作方
式全面落實。因此，該書作者認為，俄羅斯的公共外交強調教育
和學術資源的整合以促進經貿文化與政治軍事的共同體，在此共
同體之上強調國家間的平等和對話，沒有聯盟關係的從屬性，因
此極具吸引力和效果。

　　在該書中作者以俄羅斯和歐盟與中國地緣整合作為研究核
心，指出了俄羅斯的歐亞政策及其特點和趨勢。特別是俄中關係
的緊密程度以及如何理解現行的俄中全面戰略合作夥伴關係都提
出了重要的論述。該書作者認為，在俄羅斯和中國之間能夠在現
存的地緣基礎上加強關係是一個必然且不可避免的趨勢，兩國在
解決歷史遺留的領土問題上沒有持續爭論的必要性，因為當前兩
國各自都面臨許多挑戰，包括西方進行的顏色革命，在該書中作
者提到了烏克蘭危機和克里米亞事件，導致俄羅斯面臨西方的經
濟制裁與國際輿論撻伐，西方藉此戰略進逼迫使俄羅斯屈服。一
旦普京總統處理不當，就會爆發金融危機與國內政變並且甚至導
致俄羅斯再次全面崩解的可能性。因此，作者在文內做了許多俄

羅斯當前政策與現勢的剖析，對於讀者了解俄羅斯的決策模式和意識型態思維都有很大的幫助。

　　談及台俄關係的經貿往來，雙邊長期以來基本上是仍處於比較冷清低溫的狀態。在各項文化、經貿、教育之間的交流與合作，始終未能提升到更緊密的關係。其原因很多，但是若從俄羅斯的角度來看，俄國人認為不能說俄語並且不瞭解俄羅斯是無法取得長期合作關係的，因為連最基本的相互認識以及溝通和信任都會成為問題，遑談提升雙邊經貿關係到一個更高的層級。自一九九二年我國開始與俄羅斯展開各項合作關係以還，雖然有些進展，但是我們更期待有心推動台俄關係的政府民間各界先進能夠繼續推動這項有意義的工作。胡學妹逢瑛教授與吳非教授留學俄羅斯後並在大學任教，不但在學術領域上研究俄羅斯有出色的創見，更在台俄學術交流活動方面有積極的作為，持續不斷在國內外媒體上發表有關俄羅斯議題的文章，顯示他們在俄羅斯問題上的辛勤耕耘和精闢見解。我在此預祝此書發行成功，繼續創造更多豐碩的研究成果。故特此樂於撰序及大力推薦！

2016年3月9日

推薦序

前俄羅斯研究所所長、南華大學歐洲研究所所長
郭武平

胡逢瑛和吳非兩位賢伉儷教授合著的「俄羅斯公共外交與地緣政治：烏克蘭危機之下普京時代的再造」是集結五篇有關俄羅斯對外政策和地緣政治相關議題的學術專論，也是他們兩位這兩年來的研究成果與心得，其中有兩篇並刊登在中國相關核心期刊等刊物上，對年輕一代的俄羅斯研究者而言，這本書的出版是值得鼓勵與肯定的，有幸先拜讀之餘，應邀寫序，期能分享。

專書共有五篇專論，議題包括：俄羅斯的「軟實力」與「公共外交」、俄中戰略夥伴關係、俄羅斯的傳媒與外宣系統 RussiaToday 的整合、俄羅斯在歐亞整合中的角色，四篇專論議題內容與時間點並都敘及2014年的烏克蘭事件，其中兩篇更以烏克蘭事件為時間軸，凸顯出全書內容對當前俄羅斯總統普京的內政決策與對外政策特色，正如作者所強調的：「保護俄羅斯」是普京唯一的道德標準，可說是普京的強勢風格作為，都是為了他對俄羅斯人民的承諾：「還你一個強大的俄羅斯」。

普京改組俄羅斯傳媒，將俄羅斯媒體國家化、公共化，主要為配合俄羅斯的國家崛起，其強勢的領導與限縮新聞自由，過程中當然會有主張民主自由等不同聲音，以克里米亞事件為例，在西方歐美輿論強力指責之下，俄羅斯的輿論媒體卻在凝聚俄羅斯

人民共識上，發揮了關鍵性作用，更顯示在烏克蘭事件後，普京總統個人超過八成的民意支持度上，這和台灣輿論新聞媒體所扮演的角色，幾乎成了完全不同的兩個世界，值得我們深思。

胡逢瑛和吳非兩位教授都獲有俄羅斯著名大學MGIMO和MSU博士學位，從事相關俄羅斯區域研究教學多年，工作之餘並勤於參與學術活動。第一次認識他們是個人任教於政治大學俄羅斯研究所時，十餘年來，並經常在有關俄羅斯研究學術場合碰面，尤其是，他們經常參與在俄羅斯舉辦的各類學術活動，由於他們能流暢的運用俄語與俄羅斯學者進行學術交流，在年輕學者中，可算是相當積極參與、投入頻率很高的少數新秀。

冷戰結束後迄今，莫斯科與北京愈走愈近，全球各國也越來越重視俄羅斯研究。當中、俄在國際間經常聯手與美國在全球展開競逐之際，從台灣的角度看美、俄、中三國的角力互動，本書的出版，提供讀者從俄羅斯的國家發展戰略視野，審視普京總統對俄羅斯的全球戰略思維，許多不同於西方歐美輿論的價值觀點，或許這也是本書所欲傳達的重要觀點訊息。最後，這本書的預定出版時節，應是寒冬已過大地回春，「俄羅斯在集中力量─面對挑戰」，本書亦有如集中力量蓄積能量，預祝能帶給作者闔府盎然春意、寒意全消。

2016年3月13日

推薦序

國立台灣大學政治系教授
中國大陸暨兩岸教學研究中心執行長
石之瑜

俄羅斯雄踞歐亞大陸，絕不僅只是國際關係地緣政治視野下，一種關於資源與權力的宣告。如何神入歐亞的地緣文化與地緣意識，是國際知識界迄今無解的嚴肅挑戰。畢竟，地緣意識不可測，甚至也不可言傳。

主流國際關係研究卻受限於主權身分所加諸的想像，認為國家是具有獨立意志的能動者，足以根據自己的目標與所既有的資源，來規劃國家大戰略，因此總是把國家與其所擁有的疆域，及所運用的組織、技術，當成給定的命題，就好像歐亞大陸對於俄羅斯的意義，與對於任何國家的意義都是一樣的，不過是資源而已。

其結果，華府根據自己會如何運用地緣政治經濟來提升美國的影響力，就也當成為其精英階層理解俄羅斯的主要方程式。因此，美國的知識界不能夠體會地緣文化意識在歐亞大陸的萌生、形成與開展歷程，深刻地影響莫斯科的決策動機、情感及其德行主張。

其實，只要回想美國自己歷史上的內政外交，就不難發現，地緣向來是自我認識的重要基礎，是生存理性不可擺脫的情感，

美國毫不例外。民族對所處地緣的偏執、浪漫、迷戀、依賴、占有等情感，往往不是一時間的計利算害所能說明。

就以美國本身來看，不但有某種因為對西部的地緣想像，而能代代傳承上下號稱的開拓精神；更因為早年對美洲整體的地緣規範，經由門羅主義的概念昇華，終於構成美國的後院意識，在之後將近兩百年，主導著美國的大戰略思維。

甚至，開拓西部邊疆與維護美洲自主的地緣意識，相得益彰，共同醞釀了某種反向的地緣文化，即是以落後封建的歐洲為對照，襯托出之後傲視世界的所謂美國例外主義。美國自己的過去，就已使得國際關係研究所假定的冷酷操弄，在地緣意識所孕育的情感執著裡，顯得滑稽可笑。

俄羅斯歷史與歐亞地緣意識的深層交融，培養出的領導精英，有一種透過歐亞大陸認識自己，超越歐洲的堅強意志。這樣的意志不是透過重複叫囂在鞏固，更不是借由文字的煽動來強化，反而是奠基在寧靜、堅忍的任勞任苦文化上，雖然無言，卻極有韌性。

歐亞大陸提供了一種地緣意識，源源不絕支撐著俄羅斯民族熬過征服，發而為難以言傳的生命力，以及那股永遠可以回歸再起的原始頑固，有如一個源頭之無止無歇，讓外來的壓迫與入侵，永遠只能是歷史片斷，因此不但不會消滅鬥志，反而因為無形的抵抗與無言的串流，縱使外來的統治者無比強大，或外來的統治思想極其桎梏，最終仍都淪為重新超越歐洲，回歸歐亞母體的動力。

胡逢瑛與吳非同在俄羅斯苦學不輟，異地情緣的璀璨，分別

帶回臺海兩岸結成知識花果。他們賢伉儷不但通過常年磨練,已精準掌握俄羅斯語言,更透過語言深入神髓,徜徉在俄羅斯的社會生活中,結交士、媒、政、商,就近觀察體驗政治過程,而能不畏繁瑣,細膩地品嘗沒有表象的歐亞地緣所扎下的民族意識。

他們乃從普京領導的俄羅斯重新崛起過程中,描述出外界鮮能透視的一種動機、情感與理性之間的熔融一爐,進而說明普京的戰略、批判、毅力等等表現,反映的不是一人一職,更不是一疆一域,而是幾世紀以來蒙受歐亞地緣意識,甘願隨之沈浮,緩緩恢復中的大地人民,同他們生生不息的願望。

爬梳眼前這本大作,了解當代俄羅斯,關注俄羅斯與中國的彼此扶持,警惕美國無所不在的爭霸,並了解世界與歐亞的相互構成,於是懂得重新認識自己的讀者,一定要感謝兩位孜孜不倦的如椽之筆。

從俄羅斯看自己

中央研究院政治學研究所首任所長、特聘研究員
國立臺灣大學政治學系教授
吳玉山

猶記得六年前與來中研院訪問的著名史學家佩理‧安德森（Perry Anderson）談論世局發展，他對於俄羅所能扮演的角色頗為輕視，也不認為持續做俄羅斯和比較後共研究有什麼意義，我自然不以為然。類似的看法普遍地存在於西方學界，也反映了西方國家一般的觀感。但是他們錯了。

俄羅斯在普京總統的第一任期（2000-2004）內對西方是採取「韜光養晦」的策略，但是從2006年開始莫斯科的外交政策逐漸變調，與西方針鋒相對。發生在喬治亞、烏克蘭和吉爾吉斯的顏色革命，北約的不斷東擴，2008年的俄喬戰爭等再再顯示出俄羅斯與西方有相互衝突的戰略利益，因此雙方關係逐漸緊張。2008年梅德維傑夫擔任總統，他與美國總統歐巴馬之間的關係較為融洽，緊張的美俄關係一時獲得舒緩。但是接下來梅普互換總統總理之位，惹起極大爭議，俄羅斯的反對力量趁勢崛起，美國顯露出對「更換政權」（regime change）的高度興趣與支持，這使得莫斯科戒心大起，而從2012年開始美俄關係又一路向下，在烏克蘭危機的時候到達高峰。俄羅斯對於以美國為首的西方構成巨大壓力，並和激進回教恐怖主義，以及東方的中國再起形成對

當世美國霸權的三大挑戰。莫斯科與北京聯手抗拒美國，但是又和西方結合對抗伊斯蘭國的恐怖主義，縱橫捭闔，外交戰略手段靈活。普京敢於在關鍵時刻大膽使用武力，又能入能出，令人瞠目。很顯然地，俄羅斯又站回到世界舞台的中央了。

　　台灣的國際關係與比較政治研究長期在美國的學術典範下運作，對於世界其他地區的觀點較不熟悉，也欠缺同情與瞭解。通常從事區域研究的學者對於留學國的民情文化與歷史傳統會有較為深切的體會，對於該國的內外政策也較能設身處地加以理解。胡逢瑛與吳非兩位分別自莫斯科國立國際關係學院與莫斯科國立大學獲得博士學位，這是兩間最負盛名的俄羅斯高等學府。他們對於俄羅斯政治與民情的掌握精準，特別專長於傳播輿論和戰略外交的研究。本書由這兩位作者執筆，基於他們對於俄羅斯的深刻理解，提出了和坊間流行大不相同的「俄羅斯觀點」，其內容大有可觀之處，而可以補主流學派的不足。在本書的字裡行間，作者並不遮掩對俄羅斯的深刻情懷，那是一種經過透徹瞭解而自然產生的同理心。因為我從大學時代開始，便醉心於俄羅斯研究，深感這是一個謎樣而又充滿吸引力的國家，因此完全可以體會作者的心情，並對坊間能夠有一本由真正的專家所著、即時而又深入地討論俄羅斯政治的專書而備感振奮。

　　本書有兩個主調，一是俄羅斯的對外宣傳，一是其地緣戰略，而前者其實是後者的一個重要的手段。作者採取的是現實主義的分析途徑，認為國家間自然會為了不同的利益而相互爭執，並以掌握國際輿論的方式來促進本國的利益。作者又有很強烈的俄羅斯情懷，經常站在莫斯科的角度來辯護其政策，並指出西方

的自利與偽善。這樣的途徑會讓一般的讀者感覺驚訝，因為他們所熟知的是以民主人權為主調的西方強勢論述。然而「俄羅斯觀點」是必要的，因為一方面不瞭解俄羅斯的心情想法就無法掌握其外交戰略，也因而無法理解今天的世局演變；另一方面，細讀和西方對撞的俄羅斯觀點能衝擊我們對國際關係的刻板印象，讓我們能夠多一個觀察的角度，以更深一層地體認國際政治的本質。

本書最為精彩的部分是對俄羅斯對外宣傳做法的深入剖析（第一章與第三章），以及對俄羅斯和中國大陸如何在美國的壓力下日益趨近的精細掌握（第二章與第四章）。由於普京重建俄羅斯的對外宣傳體系主要就是為了進行國際競爭，要打破盎格魯薩克森人（英美）對於媒體輿論的壟斷，因此全書的論述線索，其實是從西方對俄羅斯的擠壓遏制開始，到俄羅斯的戰略反擊（包括克里米亞事件和烏克蘭東部內戰、以及與中國大陸的準軍事同盟，表現在共同演習與相互參與對方的重要閱兵等），和對外宣傳的重塑（「軟實力」、「公共外交」、Russia Today），這是一氣呵成的。站在俄羅斯的角度，西方在蘇聯崩解了之後，對於俄羅斯仍不肯釋懷，不僅不願意將俄羅斯納入一個共同體系，更驅使北約與歐盟不斷東擴，對俄羅斯侵門踏戶、無有饜足。俄羅斯乃是在受盡壓抑欺凌之後，奮起自衛，要重拾一個歐亞文化資源大國的基本尊嚴而已。普京就是在這一點上和俄羅斯人民同心，所以民意支持居高不下，而始作俑者的西方卻渾然不知自己的所為是造成這一切的首要原因，只是一意地批評普京和俄羅斯不符合其價值標準，並要求夾處於東西兩大陣營之間的國家選邊，雙方的緊張關係自然無解。

　　在此值得一提的，是作者點出了綜合國力更為強盛的中國大陸，在面對西方時，頗為欣賞並亟思仿效俄羅斯的強勢姿態，以及其宣傳策略。中國大陸自然也是文化與資源大國，面臨類似的戰略情境，和俄羅斯聯手是勢所必然。在心理的主觀感受上，也有莫斯科不甘受制於西方的同樣心態。近來對於中共的對外政策逐漸強勢的研究當中，屢屢從中國本身的情境中找尋解釋，而忽略了俄羅斯的示範效應，是很可惜的。在西方的感知當中，一直到最近都不把俄羅斯視為國際政治的主要角色，並以此揣摩其他強權的心理，結果忽視了中國和俄國的歷史淵源，以及相互產生示範效應的可能，這實在是受到本身觀點的侷限，而缺乏對於中俄領導階層心理態度的理解。在這一點上，作者正好能夠以其成長背景和學術訓練來填補缺憾，讓我們看到兩個大陸強權如何在西方的壓力之下互動，將彼此的關係帶回到1950年代的緊密程度（當然雙方的國力對比是反轉的）。

　　在本書中作者站在俄羅斯的觀點，對一些歷史事件的看法與現況的評估容有可討論之處。例如對於冷戰的起因過多地歸咎於邱吉爾，又或是認為中俄印可以因為俄羅斯同是中印兩國精密武器的最大供應國因而可以形成三國軸心等，前者可能輕忽了史達林的戰略企圖，而後者則沒有看到中印競爭的自然態勢。不過整體而言，作者抓住了俄羅斯的民心想法和普京的戰略構思，並不客氣地批評了西方的觀點與政策，讓我們能夠從另外一個角度看世界。正如同作者在分析Russia Today成功原因的時候時，點出了俄羅斯的對外宣傳是以非主流的民意為對象，以提供另類看法來爭取支持，不迴避有爭議的議題，並揭露西方主流媒體的盲點

（例如Russia Today對於華爾街「佔領運動」的報導），本書的最大意義也就是提供「俄羅斯觀點」的另類看法，讓我們能夠逃脫主流論述，來思索究竟國際關係的真實面目是如何。其最大的意義，不是讓我們接受「俄羅斯觀點」，而是讓我們有「自己的觀點」，而非屈從於他人之後。其實俄羅斯從葉爾欽時代到普京時期，最大的轉變就是發展出自己的國家定位，不接受別人所設定的框架，而奮力圖強。這個心情與俄羅斯在歷史上屢次學習西方而不被接受，從而深刻反省以走出自己的道路如出一轍。理解俄羅斯的故事，對我們最大的啟示應該在這裡，而這也會是本書最大的貢獻。

識於南港

105.5.5

作者序

胡逢瑛

Умом Россию не понять,

用理智無法理解俄羅斯，

Аршином общим не измерить:

以一般標準無法衡量她：

У ней особенная стать——

她有自身獨特的氣質——

В Россию можно только верить.

深植俄羅斯只能夠相信她。

——Федор Тютчев，1866
費多爾・丘特切夫，1866

　　面對訊息萬變的大千世界，當前的俄羅斯竟又在世人的眼簾前再度成為了國際關係中的要角、國際媒體關注的首要對象和國際議事日程設定的參與者，這些均顯示了俄羅斯在普京總統的領導下成功捍衛了自身自二戰以來在世界體系當中的一極地位。為什麼恢復強國地位對俄羅斯那麼重要？對俄羅斯而言，那是蘇聯以犧牲兩千七百萬人的生命換來的慘痛代價，納粹法西斯是二戰的侵略者，而蘇聯卻是受害者與戰勝國，若俄國自己都不記取這段血的歷史傷痛，那麼國家的凝聚力將是難以為繼的！無獨有

偶，自習近平上任之後，中國也以自身的經濟力量，開始轉變外交策略，積極參與國際事務，以期提升中國的國際地位和影響力。

俄羅斯藉助公共外交所施展的「軟實力」則是在強化地緣政治關係當中優先發揮作用。這也是本書設想圍繞的主題，筆者希望在分析俄羅斯現勢的同時，指出「公共外交」和地緣政治互動的關聯性，認為普京時代的再造乃係於烏克蘭危機之後到敘利亞反恐進程當中所反映出的俄美博弈賽局以及俄羅斯的堅強意志力。

俄羅斯知識份子呼籲的團結心和意志力，從《伊戈爾遠征記》開始成為直諫執政者的核心思想，呼籲大公們團結如雷貫耳般地貫穿了俄羅斯的整部歷史。「往者不可諫，來者猶可追」，俄國人需以史為鑒，方能化險為夷。在歷史中，俄國人民那種堅忍不拔的毅力幫助了俄羅斯整個國家度過了無數災難，擊退了所有敵人，並且克服了一切難關。往事已矣、來者可追，俄羅斯民眾擺脫了杜斯妥也夫斯基或是高爾基筆下所描寫擔憂的無知者和可憐蟲的身分，現在是俄羅斯公民社會的主體，是國家保護的對象。兩個世紀以來，俄羅斯已創造了高度的文明，成為了世界知識水準之最、藝術文化之美的殿堂。文明或野蠻？自由或是專制？民主或獨裁？西化或本土？極端的方向總是困擾著俄羅斯。普京總統則強調俄羅斯是歐亞民族，認清身處歐亞板塊的民族融合才是屬於俄羅斯唯一的身分認同。所謂時勢造英雄、英雄造時勢，普京恐怕是俄羅斯歷史長河當中唯一具有高民意的國家領導人。謎樣的俄羅斯怎麼不令人困惑、著迷？理解與相信俄羅斯是我唯一純粹的選擇。

風起雲湧，俄羅斯再起

　　自烏克蘭危機爆發之後，其引發的克里米亞半島的地緣爭奪戰使俄羅斯成為了國際新聞版面的要角。當俄羅斯接受克里米亞公投入俄之後，西方開始進行經濟制裁，並在國際輿論和金融領域和俄羅斯開打了國際輿論戰。接著國際油價不斷下跌，再加上嚴重的盧布貶值導致了俄羅斯陷入經濟困難。然而，蘇聯解體之後經歷過兩次金融危機的俄羅斯卻仍能堅挺至今，樂觀來說，不但產業結構轉型順利，且內需市場蓬勃發展，本土物價低廉，民心穩定，對外出口穀物糧食、武器和能源都在持續成長當中。這裡的問題是：俄羅斯如何能夠抵擋美國的施壓？俄羅斯儼然成為了美國無法戰勝且平起平坐的最大對手，其國際地位的提升速度是令人驚訝的。那麼，帶領俄羅斯走向國際強國之林的領導人普京總統、其意識形態及其外交戰略則是本書研究的核心。特別是在普京上任之後的「轉向亞洲」政策，俄中關係在政治、軍事、經濟、科技、產業和文化……各種領域全方位不斷得到加強，俄羅斯主導的歐亞經濟聯盟和中國的絲綢之路經濟帶正在整合成為一個大的歐亞經濟板塊；而上海合作組織和金磚國家都已經發展成為有區域影響力的國際組織和協調機制，這是以非西方國家為領導主體所組成的新興體，對於許多周邊國家且發展中國家而言都具有強大的吸磁效應。當世界體系正處於由單極轉為多極並存的階段，面對變化中的國際權力結構和全球政經秩序，俄羅斯與美國的國際霸權博弈鬥爭成為形成國際新社會的主角，此時中國

則是亦步亦趨緊跟俄羅斯步伐，謹慎應對美國「亞洲再平衡」政策對中國崛起的衝擊。

　　2015年9月28日，俄羅斯總統普京在第70屆聯合國大會上的發言令人印象深刻，直指西方國家培養恐怖主義干涉主權國家領土完整的虛偽性。他強調：「任何國家繞過聯合國安理會所採取的行動都是不合法的」。他認為：「伊斯蘭國本身並不是平白無故而生，它最初被當作反對某些不必要世俗政權的武器而培養起來的。」他表示：「在反對敘利亞和伊拉克的進攻基地建立起來以後，伊斯蘭國一直積極向其它地區擴張，他們的目標是統治伊斯蘭世界，但他們顯然並沒有僅僅局限於這些國家。局勢更加危險。」他強調：「在這種情況下高調談論國際恐怖主義威脅，同時又對於為恐怖主義融資的管道，包括販毒、非法倒賣石油、武器視而不見，或者試圖操縱極端團夥，利用他們達到自己的政治目的，這很虛偽，也很不負責任。」普京說：「我們建議不要以野心，而應以共同的價值觀和利益行事。在國際法的基礎上聯合力量來解決我們面臨的新問題並組建真正的廣泛的國際反恐聯盟。」他還說：「就向反希特勒聯盟一樣，該聯盟能夠團結最不同的力量，準備果斷地抗擊納粹者那樣播種邪惡和仇視人類的人。因為伊斯蘭國不僅為他們帶來直接的威脅，還以血腥罪行玷污了偉大的世界宗教，即伊斯蘭教。」他還說：「烏克蘭發生嚴重地緣政治危機，外部曾挑唆發動武裝政變。最初這是繼續擴大北約的路線。但有人會問為什麼要這麼做？為什麼讓後蘇聯空間國家進行選擇：『他們應該與西方還是東方在一起？』這種衝突邏輯遲早都會造成嚴重地緣政治危機。烏克蘭就發生了這種情

況。在烏克蘭利用了占較大部分居民對現任政府的不滿並從外部
挑唆發動武裝政變,最終內戰爆發。」普京最後強調:「只能在
徹底、真誠執行2015年2月12日明斯克協定的情況下找到擺脫僵
局的出路。」[1]

蘇聯解體的悲劇

　　是的,普京總統2015年聯大演講直指了世界衝突源於西方的
衝突邏輯。俄羅斯把2016年的國家安全戰略設定在抵抗西方國家
的最大安全挑戰,把美國與北約視為首要的安全威脅。梅德韋傑
夫總理在出席2016年慕尼黑安全會議上指出,俄羅斯和西方正處
於「新冷戰」。筆者認為,俄羅斯應是把共同解除伊朗核制裁、
執行明斯克安全協議以解決烏克蘭戰爭危機、政治途徑解決敘利
亞政權談判以及在聯合國架構下組成國際反恐聯盟視為消除「新
冷戰」的起始點。涉及美國2016年總統大選,美俄關係的改善和
終止北約東擴成為美國下屆總統大選競選倡議反恐為先的關鍵要
素,因為歐巴馬已經把美俄關係推到新冷戰的一個臨界點,現在
明斯克停火協議和敘利亞停火協議都在進行,表示美俄雙邊關係
正在往正常化的方向改善,新的敵人是恐怖份子、北韓或是中
國?顯然亞太地區的安全未來是非常令人擔憂的目標。為何如
此?從普京聯大的演講可以看出端倪,言明恐怖份子是被西方當

---

[1]　〈普京:任何國家繞過聯合國安理會所採取的行動都是不合法的〉,《俄羅
斯衛星網》,2015年9月29日,http://sputniknews.cn/politics/20150929/1016462979.
html#ixzz3n5YFRdK0。

作推翻敵對政權所培養起來的武器。當一幕幕「貧富差距」、
「疾病災難」、「血腥暴力」、「流血衝突」……慘絕人寰的血
淋淋景象印入眼簾之後，人們不禁要問：是什麼原因導致其發
生？要如何去解決這些問題？此時此刻，陷入俄美關係低點的兩
國非政府組織與外交部門，在公共外交和正式外交雙軌機制下正
在積極磋商並尋求合作契機，預期這將會在聯合反恐和擴大雙邊
經貿兩方面同時展開。

自蘇聯解體以來，各個加盟共和國獨立之後，突然兩千六百
多萬的俄羅斯人成為了散落在前蘇聯土地上的外國人，包括克里
米亞在內，這成為日後俄羅斯總統普京口中蘇聯解體之後的最大
悲劇。要如何幫助這些人在當地生活或協助其返回俄羅斯？這成
為了俄國迄今為止雙軌外交的首要工作。然而，在美國意識型態
的作祟與媒體宣傳機器的喧染之下，俄羅斯與獨立國協（獨立國
家聯合體）之間在地緣親近下的區域整合的自然進程卻成為美國
口中所謂的蘇聯恢復帝國野心的證據。美國在喬治亞（格魯吉
亞）和烏克蘭的軍事躁進行為，對俄羅斯而言，是侵犯俄羅斯的
傳統勢力範圍，是導致這些地方陷入軍事衝突與民族分裂的罪魁
禍首。儘管美國自身是民主自由和理想和平的象徵，但是對美國
而言，顏色革命的成功才是其戰略設定的最重要結果。顏色革命
這個反作用力已經在歐盟高度仰賴俄羅斯和環高加索暨中亞地區
的能源之下產生，同時撞擊了俄歐雙邊的經濟。儘管西方經濟制
裁已暫時中斷歐盟和俄羅斯的經濟整合速度，但是歐盟還能忍受
多久美國在歐洲下指導棋？這可以說是，美國無視於歐盟的興起
和俄羅斯崛起的趨勢已經成為現實的慣性，也是美國在蘇聯解體

後的一種事不關己、卻指三道四的傲慢態度。美國的強大是不可否認的現實，然而，這仍是帝國主義的霸權特徵，在後現代主義者看來，強調自我發展和重視獨立性格的反霸權情緒仍是影響國際格局不可忽略的主觀要素，儘管無法撼動傳統國際關係中理想主義和現實主義的兩條路徑，但整合理論反映了建立國際合作機制和保護自身權力的現實狀態和必要基礎，以期滿足國際社會發展的各種客觀環境需求。

然而，要永遠把俄羅斯塑造成為三流國家的形象和現實並不實際。美國可以一直這樣睥睨下去這些比美國還要歷史悠久且資源豐富的大國嗎？不論縱觀歷史長河或是橫撇當前國際體系的權力重組，或從現實國際賽局的棋盤來看，答案已經非常明顯了，美國曾經試圖發展以「歷史終結論」來擺脫冷戰兩極體系，要繼續以單極主義掌控世界的雄心已經是無法維繫悠久的了。由各個區域大國來負責該地區的多極體系已經形成，在單極和多極並存的狀態下，美國的外交試圖要維繫美國慣有的冷戰風格卻至今顯得既殘酷、又自私。其問題還是來自於美國在「九一一事件」之後所進行的阿富汗戰爭與伊拉克戰爭，並且由此所引發出來的2008年全球金融危機，真正暴露出來了美國內政的危機及其所編織出來侵略主權國家的反恐理由之虛偽性。令人遺憾的是，海珊至死在伊拉克都沒有被發現擁有核武。美國現已對中東國家石油的依賴大幅降低，但是其在歐洲、前蘇聯地區和中東的戰略進攻卻對世界產生了災難性的作用。

至此，人們開始質疑：難道世人只能在西方媒體壟斷人們形塑出來的意識形態下被操控？2015年，在敘利亞五十萬難民大量

湧進歐盟國家之後，成為了歐洲自二戰以降最大的難民潮並且已造成自身巨大的國家安全危機之後，如何有效解決敘利亞問題才變成西方媒體眼中刻不容緩且無法迴避的焦點。事實上，自2011年敘利亞內戰至2015年以來，七百五十萬難民早已離開家園，二十二萬無辜民眾已經死於敘利亞內戰當中。美國堅持要敘利亞總統阿薩德下台的要求將會因俄羅斯堅持在聯合國架構下與當地政府軍合作反恐的呼籲下變得不切實際。然而，俄美在敘利亞問題上達成妥協是共同合作反恐的先決條件，這大大增加了歐盟的困境。德國總理梅克爾曾經表示敘利亞問題需要與俄羅斯合作才能解決。俄羅斯成為歐盟建立自主安全角色的最重要合作夥伴已經成為不可逆轉的現實。儘管，俄羅斯在捍衛自身國家權力以求國家發展的前提下並沒有侵犯到美國的利益，但是美國的慣用手法還是會繼續下去，俄羅斯除了捍衛自身以外，別無選擇。

「保護俄羅斯」是普京唯一的道德標準

俄羅斯在2015年3月推出了《克里米亞──回家之路》的紀錄片，陳述了烏克蘭政變經過以及烏克蘭前總統亞努科維奇如何尋求普京的救助出逃。紀錄片顯示，烏克蘭西部的班杰拉極端民族分子與納粹有著千絲萬縷的聯繫，從一戰到二戰期間，成為隱藏在蘇聯境內的恐怖隱患，在烏克蘭危機中對親俄民眾和烏克蘭內政部金雕特種部隊施行暴力手段，真難以置信美國為何要利用這些法西斯分子進行策反！儘管在2014年2月，烏克蘭當時的反對派在班杰拉分子的暴力推波助瀾之下，在基輔成功製造了政

變，但卻把流血衝突留給了全體的烏克蘭人民。試問美國利用烏克蘭本身存在的親西和親俄的意識形態矛盾和政黨派系之間的權力鬥爭，這難道就是高唱自由人權與民主和平的美國所謂光明正大之所作所為？

　　回顧二次車臣戰爭對於俄羅斯國家安全和民族團結的傷害，車臣共和國是位於俄羅斯聯邦境內一個介於達吉斯坦共和國、印古什共和國、北奧塞梯共和國和卡巴爾－巴爾卡爾共和國之間聯邦主體下的內陸自治地區，至少從地緣的優先條件看來，八竿子打不上有獨立的先決條件，必須侵略達吉斯坦共和國才能打通裡海道路。如果要將國家民族不斷分裂為最小的分子作為國家單位似乎不切實際，那麼，就算俄羅斯倒退到斯拉夫（Славянский）民族這個所謂具有共同語言（слово）的族群，裡面還可以再細分為若干的原始族群，版圖縮小到第聶伯河到頓河之間的一小塊歐洲平原，那對於俄羅斯保護自己的國民有任何意義嗎？尊重民族平等與保存民族文化，包括鼓勵推行母語和俄語都是俄羅斯民族團結更重要的工作。當民族自決對上主權完整的難題出現時，戰爭都是最殘酷的手段。而以恐怖活動施行獨立的手段也無法為廣大的俄羅斯人民所接受，宗教衝突和民族分裂已經成為俄羅斯與許多地區國家的最大難題。俄羅斯為了自身主權領土的完整和國家安全卻成為美國眼中扼殺獨立這個神聖偉大事業的獨裁者？這種張冠李戴、移花接木的錯置手法，轉移了俄羅斯是這個國家聯邦主體的真正管理者的主權身分。執行民族自決和民族平等是蘇聯建立的基礎，儘管蘇聯解體了，俄羅斯仍然是個擁有一百多個民族的多民族國家，民族平等和民族融合是普京維護國家整體

利益和崇尚歐亞主義精神的核心。

蘇聯解體之後，分裂南斯拉夫並且持續瓦解俄羅斯是西方整體的安全戰略目標。現在烏克蘭與敘利亞分裂態勢已定，俄羅斯不會容忍美國在俄羅斯境內發動顏色革命。從普京總統2015年聯大演講確實證明了美國衝突邏輯的一慣性。美國當初支持了車臣極端主義分子發動車臣戰爭，車臣極端分子侵入鄰近的達吉斯坦自治共和國希望打通裡海之路，以期擾亂俄羅斯南部通往裡海的石油管道，而車臣極端分子所謂的「獨立運動」事實上卻造成了整個高加索地區聯繫中東、中亞和南亞之間地帶成為國際恐怖主義匯流之地的「恐怖活動」。美國錯置把自身獨立運動的建國情感投放在這個完全屬於蘇聯解體之後俄羅斯聯邦境內的自治區上，這確實是擾亂意識形態的顛倒錯亂。所幸俄羅斯政府經過十餘年的努力，已經將車臣首府格洛茲尼從戰爭廢墟打造成為現代化的都市，成為了全俄排名前幾位的舒適城市，並且阻擋了恐怖主義使其難以再輕易大量蔓延越過北高加索地區進入俄國境內。再從歐安組織的協調與明斯克決議所組成的烏克蘭問題聯絡小組的作用來看，俄羅斯、德國、法國協調基輔當局和烏東地區頓涅茨克、盧甘斯克之間進行停火衝突的進程已經步入了軌道。這也再次顯示了歐俄雙邊並不歡迎美國介入烏東衝突的解決進程，因為美國正是烏克蘭分裂的始作俑者。烏克蘭分裂使得北約東擴成為反恐任務下的極限，美國有可能加強「亞太再平衡」的軍事部署，包括針對北韓的薩德高空導彈防禦系統，及其對於中國和俄羅斯的安全威脅。中美在亞太地區的博弈將因為朝核問題、東海問題、兩岸問題以及南海問題成為潛在的引爆點。此時，俄中關

係變得對中國特別關鍵。雙邊不但要避免腹背受敵，並且還要積極營造友好的氣氛，這包括俄羅斯發展遠東暨西伯利亞地區並且打造歐亞經濟聯盟，與中國打造的絲綢之路經濟帶對接，這使得俄中雙方不但需要有自己的經濟空間，還能彼此合作擴大經濟空間的涵蓋範圍，達到互惠互利的合作基礎與前景，若非如此，恐難因應跨太平洋夥伴協定（TPP）和跨大西洋貿易與投資夥伴協議（TTIP）。

　　不論對於崇尚美國主義和依賴美國經濟的任何國家民族而言，要反對美國霸權是絕無可能的。但是俄羅斯與美國經貿關係處於低盪，俄羅斯有其自身的文明傳統，是兼具擁有「硬實力」和「軟實力」的大國，是打敗拿破崙征服、不屈服於一戰後國際武裝力量和二戰期間納粹法西斯的堅毅國家。儘管我在九〇年代留學期間，非常同情蘇聯解體下的窮苦民眾，理解蘇聯專制政權桎梏下渴望自由的願望，但是親身經歷了解體之後俄羅斯社會秩序的紊亂和貧窮落後，並多年身處恐怖爆炸的險境中，我才深深感受到覆巢之下焉有完卵？看到俄羅斯的再次崛起，俄國民眾在現代化條件下改善生活，我贊同國家是唯一保護民眾生命安全的堡壘。而對於俄羅斯總統普京而言，「保護俄羅斯」並且捍衛國家權力是作為國家領導人唯一的道德標準。這使我想起俄羅斯外交家丘特切夫的詩句：「用理智無法理解俄羅斯，以一般標準無法衡量她：她有自身獨特的氣質——深植俄羅斯只能夠相信她。」

目次
CONTENTS

第一章　俄羅斯的「軟實力」與「公共外交」在國際環境中的啟示[1]

吳非

察哈爾學會高級研究員

暨南大學新聞傳播學院教授

胡逢瑛

莫斯科國立國際關係大學博士

復旦大學傳播與國家治理研究中心博士後研究

元智大學助理教授

摘　要

　　2012年，普京在重返克里姆林宮的總統道路上，面對的是外部許多不同意見的壓力；為此，也由於普京在制定政策時必須吸納這些不同的意見，「公共外交」也因此成為了眾人參政議政的途徑。從傳播正確的俄羅斯形象報導、持續到在烏克蘭危機中俄羅斯與西方媒體的全面輿論戰，再到加速歐亞地區一體化的整合進程以及擴大地區整合的合作範圍，可以確定的是：尋求獨聯體

---

[1]　本文發表於中國核心權威刊物：《人民論壇・學術前沿》期刊，納入此書中略有增修。

俄語居民和俄僑對俄羅斯的認同與支持以及支援他們的俄語學習仍是俄羅斯「公共外交」首重之重的任務，也是俄羅斯傳統「軟實力」的再現。本文研究發現：「公共外交」在搭建國際平台加速區域整合（尤其是發展歐亞經濟聯盟、金磚國家、上海合作組織）過程中建構「平等對話」機制將成為俄羅斯大外交的重點，這與中國推動「一帶一路」的大外交具有相近的思路。作者將對俄羅斯「公共外交」的發展及其在外交工作中的角色進行分析與闡述，以期掌握俄羅斯崛起過程中的困境及其解決問題之道，作為提供國內推動國家發展大戰略之重要參照借鑒。

關鍵詞：俄羅斯聯邦對外政策概念、公共外交、軟實力、區域整合、輿論戰

壹、前言

　　2008年，俄羅斯外交部長拉夫羅夫第一次提到「軟實力」一詞，他定義「軟實力」為具有以文明、人文、文化、政治以及其他吸引力足以去影響周邊世界的能力。[2]「軟實力」首見於《俄羅斯聯邦對外政策概念》第20條當中，用以定義「軟實力」儼然已經是國際政治不可分割的一部分，並以公民社會以及資訊傳播、人文和一些古典外交的手段作為支撐，以期作為解決整體外交的工具。「軟實力」的使用和維權的概念也經常被使用作為干涉其他國家主權和內政以及對其施加政治和經濟壓力的工具。[3]

　　俄羅斯「公共外交」在克里米亞最重要的任務就變成支持俄羅斯人學習俄語。當烏克蘭當局宣佈取消俄羅斯語作為官方語言之後，這就成為克里米亞走向獨立的導火線。那麼，這樣可以說明，俄羅斯的「公共外交」是服務大外交，而又不同於大外交。在國家對話的平台範圍內，實現在獨聯體內部俄羅斯人利益的最大化。西方媒體報導俄羅斯的形象好壞是依據俄羅斯是否對西方構成威脅而決定的。2015年3月，普京決定任命柳博芙・格列博娃（Lyubov Glebova）擔任國際人文合作署的首長，取代前任署長康斯坦金・科薩喬夫（Konstantin Kosachev），這項新的人事任

---

[2]　Andrei Budayev, "BRICS: Soft Power Strategy Formation," *International Affairs* (BRICS, Russia, Ufa 2015), 2015, p. 58.

[3]　"Концепция Внешней Политики Российской Федерации," <http://www.ng.ru/dipkurer/2013-03-04/9_concept.html>.（《俄羅斯聯邦對外政策概念》第20條）

命案被解讀為該署原先的國際形象傳播成效有限，為了更好反應俄羅斯的觀點和政策，未來俄羅斯「軟實力」的內容將全面轉向為國際輿論的資訊傳播戰的方向上，為此，今日俄羅斯通訊社仍要持續擴大傳播不同於西方觀點的報導。[4]

「公共外交」的定義在俄羅斯仍是亟待探索的主題，其具有延展性與模糊性的雙重特點，關鍵要看如何善加利用這個新型的外交工具。在目前看來，「公共外交」在俄羅斯並不是用以取代且也不是對立於傳統的政府外交體系，也不是特別凸顯非政府組織中可能有的對抗政府的衝突概念，更不是側重在媒體監督與批判政府的「第四權力」。俄羅斯的「公共外交」更加注重在如何充分發揮自己的角色來協助政府治理國家，並且使正式的外交工作進行得更為順暢成功。當然這樣的思路勢必與西方國家產生許多不同的爭論。俄羅斯高層當時已經意識到，如果國際輿論的壓力轉化成為俄羅斯內部對於政府治理的不滿，那麼，蘇聯解體的翻版可能再次發生。

回顧歷史，「公共外交」在俄羅斯興起於2008年的俄格戰爭之後，這個關鍵事件刺激了俄羅斯的高層。當時俄羅斯外交部認為，俄羅斯贏了戰爭卻輸了國際支援，其中指的就是無法掌握國際輿論的傾向，也就是輸了國際輿論的影響力而造成俄羅斯在國際關係中的困境。因此，俄羅斯高層當時已經意識到，如果國際輿論的壓力轉化成為俄羅斯內部對於政府治理的不滿，那麼，蘇

---

4 Natalia Burlinova ,"Russian Soft Power Is Just Like Western Power But with a Twist, " *the Public Initiative «Creative Diplomacy»*, April 7, 2015, <http://www.picreadi. com/political-science/russian-soft-power.html>.

聯解體的翻版可能再次發生。隨著美俄在烏克蘭問題上持續二年多的爭執，使得俄羅斯在反法西斯七十周年的勝利日舉辦了規模最大的紅場閱兵來全面展示其武裝，以期達到俄羅斯對於當前國家經濟困境的統一認識。而普京重返克里姆林宮之後，確認將「軟實力」作為俄羅斯最新對外政策概念中的新元素，強調要以俄羅斯自身的傳統基礎來傳達俄羅斯自己的聲音、確保國家的發展。

「軟實力」作為各國擴大影響力的新型詞彙和外交手段，除了將固有的傳統舊瓶新裝，還要集結全國的各種力量到國家建設隊伍中來，要使用自己擅長和符合自身發展條件的模式來傳達自己國家的國內外主張，例如在資訊方面主要是針對抵擋與端正西方媒體的扭曲報導，所以採取捍衛國家利益和國家安全的各種措施，使民眾可以認同並且為之呼應。例如，在宗教傳播上，在救世主大教堂恢復建成之後，每年舉行的復活節東正教慶典，總統會親自出席儀式。那麼，為紀念十月革命的成功和慶祝反法西斯偉大衛國戰爭的勝利，作為俄羅斯上個世紀以來最重要傳統儀式之一的閱兵，在這兩年受到格外的重視，勢必再次在俄羅斯國家困境中展現其國家意識。

貳、傳播俄羅斯正能量的任務為何暫告一段落？

俄羅斯外長拉夫羅夫曾表示，若無妥善利用「軟實力」則無法有效確保自身在當今世界中的國家利益。[5] 2008年俄格戰爭之

---

[5]　"«Мягкая Сила» России в Новом Тысячелетии: Имеющийся Потенциал и Перспективы Развития，" <http://pandia.ru/text/77/325/40862.php>.

後，俄羅斯開始積極嘗試改變世界各國特別是西方國家對於俄羅斯的認知及其形象。但2012年後，俄羅斯開始改變當初的策略，但初衷未改。俄羅斯開始為傳播正能量設置預期的目標，改變觀感是暫時性的，如何維護國家的利益成為主要的目標，並且為俄羅斯未來遇到的危機設置了戰略前提。烏克蘭政變危機暨克里米亞事件之後，俄羅斯感到改變西方國家的觀感並不現實，而且從西方媒體稱俄羅斯侵略以及西方國家對俄羅斯進行的經濟制裁顯示，西方國家也不會給俄羅斯機會。俄羅斯總統辦公室新聞發言人佩斯科夫（Dmitry Peskov）認為，西方媒體患有「普京恐懼症」，這是因為藉由妖魔化普京來否定俄羅斯現代化與民主化的建設，來全盤否定俄羅斯在國際間的形象與聲譽，以期達到俄羅斯國際間難以立足以及動搖俄羅斯內部的信心，這是一場長期且無止境的國際輿論戰。但俄羅斯在周邊國家進行國家正能量的傳播，並且解決未來俄羅斯的危機成為主要的政策！

一、俄羅斯公共外交的運作和「軟實力」的理解

對於如何把「公共外交」與國家外交政策有效的結合，全面發揮俄羅斯國家整體的能量，是俄羅斯面對國際環境不斷變動的支柱。其中一項具體的例子就是，根據俄羅斯國家通訊社今日俄羅斯（RT）刊登一篇關於「以『軟實力』為基礎的三年俄羅斯公共關係計畫」[6]的報導指出，普京在2012年總統大選競選期

---

[6] "Russia Drafts 3-Year Foreign PR Plan Based on Soft Power – Report," *RT*, Jan 16, 2013, <http://www.rt.com/politics/foreign-plan-power-report-108/>.

間發表了一篇「俄羅斯與變遷的世界」的文章，強調要給外國人「一個正確的俄羅斯形象」作為主要俄羅斯「軟實力」結合外交政策的方向目標。為了落實這個方針，俄羅斯需要改組國家外宣系統，並且還要有相應執行「公共外交」的政府部門。為此，俄羅斯政府於2012年成立了獨聯體、海外僑人暨國際人文合作署，其中具體正在規劃實施的一項任務就是與俄羅斯中產階級的大報《生意人報》共同策劃俄羅斯世界青年與學生嘉年華會，蘇聯政府曾於1957[7]、1985[8]年舉辦過同樣的青年國際盛會。國際人文合作署所執行的任務還有俄羅斯外交部、文化部和傳播部進行跨部門的合作，並且交由俄羅斯駐外的科學與文化中心來進行海外的相關工作。

俄羅斯外交部直屬的莫斯科國立國際關係大學校長安納托里‧托爾庫諾夫（Anatoly Torkunov）[9]認為，「軟實力」是作為外交政策的整合資源，為此需要強化歐亞經濟聯盟地區的科學與

---

[7] 第六屆世界青年與學生嘉年華會（The 6th World Festival of Youth and Students）（Всемирный фестиваль молодёжи и студентов）於1957年7月28日在莫斯科舉行，筆者認為，這是作為赫魯雪夫解凍時期向世界開放「後史達林時代」蘇聯的一項國際親善舉措，吸引了130個國家約3萬4千人來到莫斯科，<https://en.wikipedia.org/wiki/6th_World_Festival_of_Youth_and_Students>。

[8] 第十二屆世界青年與學生嘉年華會吸引了157個國家約2萬6千人到莫斯科，1985年4月期間，正值戈巴契夫就任蘇聯中央總書記，戈氏開啟了他的「新思維」與「重組」的改革進程，<http://www.wfdy.org/festivals/>。

[9] Anatoly Torkunov, "Obrazovanie Kak "Mjagkaja Sila" vo Vnejshnei Politike Rossii [Education as a Soft Power Source in the Russian Foreign Policy]," *Vestnik MGIMO-Universiteta*, no. 4, 2012, pp. 85-93. (In Russian)

教育的整合以期提高經濟整合的力度；此外，為了擴大區域整合
的範圍，俄羅斯駐巴西里約熱內盧的總領事安德列·布達耶夫
（Andrei Budayev）認為，金磚國家的智庫和各個學術論壇是交
換意見的平台，這種「軟智力外交」（soft intellectual diplomacy）
可以促進金磚國家之間的研究和教育的交流進程。[10]由此可知，
「軟實力」的體現在於建構意見交流的國際合作平台與機制，獨
立於由西方主導的國際機構之外，以期創造符合新興經濟體的國
際話語權和國際地位。

　　莫斯科國立國際關係大學校學術委員、世界政治系主任瑪麗
亞·列別潔娃（Maria Lebedeva）教授定義「軟實力」是作為外交
政策中整合獨聯體後共地區不可或缺的整合資源，也就是「軟實
力」的份量決定了該區域整合的深度。她認為，歐亞地區的整合
是一個有利於獨聯體國家經濟發展的自然過程，「軟實力」的作
用在其中可以降低整合過程中的經濟成本、加速整合過程以及增
加長遠合作專案的吸引力。提升獨聯體國家之間的科學研究與高
等教育之間的整合不但是整合的工具，而且是國家發展的理念和
現代化的目標。她堅信透過科研與教育的整合，更可以克服經濟
整合中可能出現的不信任障礙，加大歐亞區域整合的深度。[11]

　　俄羅斯國際事務委員會的專家阿列克賽·多林斯基（Алексей

[10] Andrei Budayev, "BRICS: Soft Power Strategy Formation," *International Affairs* (BRICS, Russia, Ufa 2015), 2015, p. 61.

[11] Maria Lebedeva, "Soft Power as the Integration Resource in Russia's Foreign Policy," *Vestnik* 2(35), 2014, <http://vestnik.mgimo.ru/en/razdely/international-relations/soft-power-integration-resource-russias-foreign-policy>.

Долинский）對於俄羅斯的「公共外交」發展做出了這樣的觀察：俄羅斯的「公共外交」並不單獨存在於國家戰略體系當中，它是依附於外交政策而發生作用的。2008年，《俄羅斯聯邦對外政策概念》中出現了「公共外交」（публичная дипломатия）的詞彙；2010年，「公共外交」中增加了國際合作在文化和人文領域的方向，強調非政府組織和商業的角色，但具體樣貌還不是很清楚；2013年2月12日，在普京總統確認頒佈的最新《俄羅斯聯邦對外政策概念》（Концепция внешней политики Российской Федерации）第20條中正式引入了「軟實力」（мягкая сила）的概念。有鑑於國際社會非常不暸解當代俄羅斯的現況，政府開始投入媒體和非政府組織的運作，包括俄新社和俄羅斯之聲的改革，2005年，今日俄羅斯電視台的創建，作為俄羅斯對外宣傳的主要國家媒體；另外，創建了俄羅斯世界和平基金會，負責聯繫俄僑以及推廣俄羅斯語言和文化；在推廣「公共外交」事務上，成立了戈爾恰科夫公共外交基金會、俄羅斯國際人文合作署和俄羅斯國際事務委員會。[12]

《俄羅斯聯邦對外政策概念》是基於普京於2012年5月7日所頒佈的第605號命令《關於落實俄羅斯聯邦外交政策方針的舉措》、俄羅斯2020年以前《國家安全戰略》以及其他聯邦法律所提出的。[13]總統、議會和政府共同執行這項政策，政府部門當中

---

[12] Алексей Долинский, "Публичная Дипломатия для Бизнеса, НКО и Университетов," Российский Совет по Международным Дела (РСМД), 26 Сентября, 2013, <http://russiancouncil.ru/inner/?id_4=2399#top-content>.

[13] "Концепция Внешней Политики Российской Федерации," <http://www.ng.ru/

的外交部負責制定外交戰略計畫；獨聯體事務署和國際人文合作署負責鞏固俄語的推廣，以及海外科學和教育文化中心負責俄羅斯文化中心的網路鋪設；各聯邦主體則需要對外進行經貿、文化、科研暨人文領域的雙邊合作。[14] 大體而言，從2008~2013年期間，筆者定義俄羅斯「公共外交」大體形成了媒體、智庫和政府部門的三駕馬車[15]制度，以及在非政府組織架構下由戈爾恰科夫公共外交基金會、世界和平基金會和俄羅斯國際事務委員會組成的三駕馬車的制度。

二、烏克蘭危機爆發之後開啟全面的輿論宣傳戰

與獨聯體國家的合作仍是俄羅斯外交政策的優先戰略方向，「公共外交」首先要確認針對性！然後制定出預期效果。[16]俄羅斯的「公共外交」基本局限在獨聯體國家之內，比如俄羅斯在處理克里米亞的過程中，在克里米亞的俄羅斯軍人及其子弟學習俄語成為主要的問題，因為這些人持有俄羅斯護照，這些人事實上就是俄羅斯公民。所以說俄羅斯「公共外交」在克里米亞最重要的任務就變成支持俄羅斯人學習俄語。當烏克蘭當局宣佈取消俄

---

dipkurer/2013-03-04/9_concept.html>.（《俄羅斯聯邦對外政策概念》第2條）

[14] "Концепция Внешней Политики Российской Федерации, "<http://www.ng.ru/dipkurer/2013-03-04/9_concept.html>.（《俄羅斯聯邦對外政策概念》第95條～到第101條）

[15] 俄語的"тройка"在東正教中有"聖父、聖子、聖靈"三位一體的意思，往往有全面協調和穩定關係的意涵。

[16] "Концепция Внешней Политики Российской Федерации," <http://www.ng.ru/dipkurer/2013-03-04/9_concept.html>.（《俄羅斯聯邦對外政策概念》第42條～到第53條）

羅斯語作為官方語言之後，這就成為克里米亞走向獨立的導火線。那麼，這樣可以說明，俄羅斯的「公共外交」是服務大外交，而又不同於大外交。在國家對話的平台範圍內，實現在獨聯體內部俄羅斯人利益的最大化。

在《俄羅斯聯邦對外政策概念》中關於外交活動的資訊追蹤，需要向國際社會最廣大的社群報導最正確的訊息，特別是在俄羅斯對於國際事務的立場、外交活動和外交倡議、俄羅斯國內社會經濟發展的進程和計畫以及俄羅斯文化和科技發展的成就方面。在「公共外交」的架構下，俄羅斯資訊媒體應在國際資訊空間裡有效影響國際社會的輿論，對於危害俄羅斯國家主權與安全的資訊採取有效措施。為此，俄羅斯政府要支援媒體盡可能參與國際資訊合作，積極保障資訊傳播技術的更新，並且制定相關法律與道德規範以確保技術的安全使用。[17]

要改變西方根深蒂固的意識形態對立是非常困難的，因此俄羅斯媒體的角色就是做好自己的工作，傳播自己聲音與講自己故事作為優先選擇，尤其會特別影響拉丁裔和阿拉伯裔的族群輿論，這個工作在RT外宣系統中的阿拉伯語和西班牙語頻道效果巨大，後來英語電視台甚至成為英美國家民眾最喜愛收看的電視頻道，直接爭取了非主流和移民閱聽眾的意見市場，給西方國家相當大的震撼。過去屬於西方媒體控制的外宣體系居然收視率被俄羅斯的RT給追趕過去了。俄羅斯在國際輿論戰當中開始嚐

[17] "Концепция Внешней Политики Российской Федерации,"<http://www.ng.ru/dipkurer/2013-03-04/9_concept.html>. (《俄羅斯聯邦對外政策概念》第40條～到第41條）

到了勝利的滋味，接著將這個國際傳播模式移植到國內，不但節省了國內媒體的資源，而且提升了國內觀眾整體國際化的知識水準。因此，普京再次回到克里姆林宮之後，首要之務仍是對國家媒體進行了整合與再造。

根據前戈爾恰科夫基金會計畫部主任、現任的俄羅斯創造性外交公共倡議協會總裁娜塔莉亞‧布爾林諾娃（Natalia Burlinova）[18]的文章指出，烏克蘭危機爆發之後，讓許多俄羅斯人認知到西方和俄羅斯的觀點是如此不同，甚至彼此活在非常對立的空間裡。俄羅斯高層認為，似乎俄羅斯在國際的影響力越大且國際地位越高，俄羅斯的國際形象就越差。西方媒體報導俄羅斯的形象好壞是依據俄羅斯是否對西方構成威脅而決定的。借助科薩喬夫對獨聯體事務的熟悉，要把公共外交的成果轉化成外交的優先政策。

隨著RT的海內外閱聽眾的增加，RT佔據了非主流媒體的意見市場。有鑒於今日俄羅斯通訊社的對外報導的影響力甚至超過CNN和BBC，RT在國際議題報導上信心大增，RT的模式也被引入到俄羅斯的國內，成為國家最大的外宣媒體機構。因此，俄羅斯方面認為無須禁止CNN在俄羅斯的傳播的效果反而好，持續與西方媒體角逐國際報導的影響力才是俄羅斯國際輿論戰的潛力工作。普京在2012年總統競選期間曾經定義「軟實力」為一系列為了達到外交政策卻不使用武器而是利用資訊傳播而施加影響力

---

[18] Natalia Burlinova ,"Russian Soft power is Just Like Western Power But with a Twist," *the Public Initiative «Creative Diplomacy»*, April 7, 2015, <http://www.picreadi.com/political-science/russian-soft-power.html>.

的工具和途徑。如今，俄羅斯的「軟實力」外交仍要以聯繫俄羅斯人民和世界各地俄語居民為優先，並且盡可能的爭取更大的國際閱聽眾採納俄羅斯觀點。

胡逢瑛認為，[19]綜觀近年來的表現，俄羅斯現在特別熱衷於從事「公共外交」。「公共外交」的定義在俄羅斯仍是亟待探索的主題，其具有延展性與模糊性的雙重特點，關鍵要看如何善加利用這個新型的外交工具。在目前看來，「公共外交」在俄羅斯並不是用以取代且也不是對立於傳統的政府外交體系，也不是特別凸顯非政府組織中可能有的對抗政府的衝突概念，更不是側重在媒體監督與批判政府的「第四權力」。俄羅斯的公共外交更加注重在如何充分發揮自己的角色來協助政府治理國家，並且使正式的外交工作進行得更為順暢成功。基本上，俄羅斯的公共外交仍然具有公共論壇的民主特點：一方面，它是政府外交工作的延伸領域，在決策機制與精英階層中具有反映政府政策與傳達政府意見的功能，而大眾媒體主要是面向社會大眾進行這項功能；另一方面，它不受制於政府體制的固定程序且也不涉及政府資料的機密保護問題，具有相當的靈活性、自主性和獨立性，可以較為自由地提供決策者更多的建言建議和解決方法。俄羅斯公共外交的作用基本體現在如何掌握國際議題的話語權並且適時地在國際問題上施加俄羅斯的國際影響力。當然這樣的思路勢必與西方國家產生許多不同的爭論。

---

[19] 胡逢瑛，〈俄公共外交為何受青睞〉，2015年8月17日，《國際金融報》，<http://paper.people.com.cn/gjjrb/html/2015-08/17/content_1599523.htm>。

回顧歷史，「公共外交」在俄羅斯興起於2008年的俄格戰爭之後，這個關鍵事件刺激了俄羅斯的高層。2010年，現任總理、時任總統的梅德韋傑夫發佈總統令，由俄羅斯外交部以非政府組織的形式創辦了戈爾恰科夫公共外交基金會，作為俄羅斯最重要的公共外交智庫。戈爾恰科夫公共外交基金會非常重視在國際社會中的宣傳工作，主要是在國際性的學術研究組織以及智庫性質的非政府組織間展開俄羅斯對外宣傳的國際傳播工作，與國家媒體的角色相互補充。智庫和媒體分進合擊同時為俄羅斯國家形象與國家政策進行宣傳。智庫在「公共外交」中的對象是決策過程中的精英階層；媒體則是涵蓋所有階層，但主要的對象仍是國內外社會大眾階層，這對形塑民意和民意取向產生作用，亦即媒體可以對其進行勸說且施加影響。智庫與媒體兩者都是提供俄羅斯在外交決策過程中所需的意見，並且成為反映政府觀點與資訊傳播最重要的橋樑，也是體現國家「軟實力」的權力操控者。

主流媒體與智庫如果能夠充分合作並且有效結合，即可協助政府完成國家治理工作。政府的決策最終是希望能夠借由媒體的適當理解和分析讓民眾認同，較為理想的狀態是達到民眾自願信任政府。民意的支持度也是一種客觀資料的事實呈現，這樣的傳播過程並不具有單向的強迫性。如此一來，一旦國家面臨危機時，民意可以站在政府決策的立場上，支持政府進行危機處理，形成全國一心的團結意識。現代政府治理的關鍵在於長期使政府與民意處於一種相互支援的溝通狀態，也就是中國最早兵書《孫子兵法》始計篇中提到的「令民與上意同，故可與之死、可與之生」的概念。「公共外交」的功能在於幫助提升政府的治理效

能，使民意不會隨著短期的利益或是國家的困境而流失，也就是使廣大的人民群眾不至於喪失對政府決策的基本信任。

參、俄羅斯「軟實力」中的國際傳播與交流

吳非與胡逢瑛認為，此時今日俄羅斯電視台成功進入西方國家，並且在使用大量西方媒體人在今日俄羅斯之後，西方國家開始聆聽來自俄羅斯的聲音，這對於發展中國家的媒體聲音如何進入西方國家提供了啟發，這使得公共外交中的傳媒外交成為外宣的主要方式，中國的對外宣傳由開始講中國的故事，向宣傳與政策相結合的階段進發，這樣俄羅斯媒體的發展趨勢非常值得借鑒。[20]倘若國家安全只是政府部門的工作，而媒體平日只是袖手旁觀或是缺乏報導的戰略方向，那麼這樣一來的結果就是：媒體只能在危機爆發時自亂陣腳或是束手無策。[21]

一、普京重返克宮改組RT爭奪國際輿論話語權

自蘇聯解體以來，2000年以前俄羅斯媒體基本上被寡頭控制並服務於寡頭經濟；2000年-2006年，進入專業媒體人階段，此時媒體人和政府結合，政府主要控制電視台、電台的信號權、報

[20] 吳非、胡逢瑛，〈今日俄羅斯展示出傳媒外交新的發展方向〉，2015年8月13日，《中國網》－觀點中國，<http://opinion.china.com.cn/opinion_9_135409.html>。

[21] 吳非、胡逢瑛，〈軟實力的體現在於贏得其它國家的尊重〉，2015年8月7日，《中國網》－觀點中國，<http://opinion.china.com.cn/opinion_82_135082.html>。

紙的印刷廠和設備進口。2006年媒體人、政府和國有企業全面結合，但由於蘇聯和俄羅斯國家體制發展初期的混亂，使得塔斯社、國家電視台、報紙面臨管理和資金來源的重大問題。為此，普京側重於重塑俄新社和俄羅斯國家電視台、俄羅斯之聲電台、《共青團真理報》和《莫斯科共青團報》。但由於世界媒體的發展越來越傾向於娛樂化、報導的聳動性和大資本運作模式，這使得媒體很難配合俄羅斯的崛起，因為俄羅斯崛起的三個議題（獨聯體國家的整合、俄羅斯和歐盟的合作、俄羅斯在亞洲扮演的角色）在俄羅斯幾乎不是受眾主要關心的議題。因此，如何借助一直以商業媒體身分從事俄羅斯對外宣傳的今日俄羅斯電視台的經驗和管理成為普京團隊面臨的主要問題。

RT是2005年由俄羅斯政府撥款3300萬美元支持成立的全英文播報國際電視台，其國際宣傳作用相當於英國的英國廣播公司、法國的法蘭西24、德國的德國之聲和美國的公共廣播公司。2005年12月RT國際英語頻道在莫斯科開播，是俄羅斯第一個全數位電視網路頻道，雇用超過100名來自於世界各地的新聞記者。當時年僅25歲的瑪格麗特・西蒙尼揚成為俄羅斯主要電視網路最年輕的總編輯。普京於2013年夏天造訪RT新媒體大樓與記者代表會晤時表示，RT要打破盎格魯薩克遜的媒體壟斷。[22]

2013年12月9日，普京總統簽署總統令《關於改善國有媒體

---

[22] Timothy McGrath, "Some Things You Should Know about RT, Russia's State-Funded News Network," *Globalpost*, March 7,1014, <http://www.globalpost.com/dispatch/news/regions/europe/russia/140307/things-you-should-know-about-rt-russia-today-state-funded-news>.

運行效率的若干舉措》。根據該總統令確認成立今日俄羅斯國際
通訊社，並且撤銷俄新社和俄羅斯之聲廣播公司等機構，以提升
國家媒體總體對外的運行效率。今日俄羅斯國際通訊社主要是在
俄新社的基礎上併入了俄羅斯之聲廣播電台，據此，俄新社於
2014年2月底正式走入歷史，此後今日俄羅斯國際通訊社作為俄
羅斯官方唯一的對外媒體宣傳機器，成為結合了RT國際新聞電
視頻道、新聞通訊社國際部門和廣播電臺功能於一身的新型國際
媒體集團。德密特里‧基謝廖夫被任命為該社總經理；瑪格麗
特‧西蒙尼揚則擔任總編輯。總社位置就是俄新社的原址，俄新
社以網路媒體的形式仍維持它的新聞發布功能，實體則由今日俄
羅斯國際新聞通訊社所取代，這主要是因為今日俄羅斯（RT）
電視台在國際社會取得很好的成績，而國際新聞媒體恰恰是俄
羅斯公共外交非常重要的外宣機制。今日俄羅斯國際通訊社的
定位在於向國際社會傳達俄羅斯的政策並且報導俄羅斯的社會生
活。今日俄羅斯國際通訊社的戰略夥伴包括俄羅斯聯邦單一制的
企業和國營企業在內的550家企業。俄羅斯國家杜馬批准今日俄
羅斯國際通訊社2014-2015年的年度運行預算為2680億盧布，預計
2015-2016年度也將維持在這個水準。普京總統的新聞秘書德密
特里‧佩斯科夫表示，任何一個國家都需要有代表自己國家立場
和聲音的媒體，宣傳武器是不可或缺的工具。克里姆林宮行政主
管謝爾蓋‧伊萬諾夫則表示，今日俄羅斯國際通訊社的成立可以
提高對外宣傳的效率，縮減並且優化國內地方的新聞資源，集中
精力主攻對外宣傳。該社成立後的首個對外宣傳任務就是：向國
際社會報導俄羅斯2014年索契冬奧會和殘奧會。俄羅斯藉由媒體

宣傳和舉辦國際體育賽世成功抓住全球觀眾的眼球，這樣給人展示的印象就是俄羅斯已經有足夠的經濟和人才，也讓人回想起俄羅斯在蘇聯時期體育盛世的風光記憶。這是俄羅斯再次恢復「軟實力」的重大表現。

俄新社原來在全國的69個新聞工作站將縮減為19個，150名記者也裁減為20人。今日俄羅斯國際通訊社的發展重點是要和美聯社、路透社以及其他國際新聞社競爭國際資訊市場。對此，今日俄羅斯國際通訊社總編輯瑪格麗特・西蒙尼揚表示，要擴大國際信息量，減少與塔斯社在國內信息量上的重疊，優化整體對外新聞結構，減少資源重疊的浪費，她還表示，今日俄羅斯國際通訊社作為現代化的多媒體新聞社，要給全球新聞市場提供一個強大多元的新聞來源。關於俄新社的重組和撤銷，除了節省國家總體對內的新聞預算編列開銷以外，今日俄羅斯電視頻道成立近十年的國際宣傳力度和效果也是促使俄羅斯對外宣傳機構走向國際化、年輕化和現代化。《共青團真理報》總編輯弗拉季米爾・宋郭爾金（В. Н. Сунгоркин）在報紙網（Газета.Ru）中發表「資訊戰犧牲者」一文中指出，烏克蘭危機的爆發是推倒俄新社的最後一根稻草，烏克蘭內部分裂以及支持與歐盟整合的態勢，使得俄羅斯對外宣傳的機制遭到很大的批評，不少消息來源顯示莫斯科高層對於俄新社沒有做好烏克蘭的新聞公關和捍衛俄羅斯國家利益產生不滿。宋郭爾金認為，俄羅斯長期以來都陷入地方利益而忽略國際新聞市場，對於國際宣傳的資本投入也遠不及許多大國。粗略估算，僅在烏克蘭事件上歐盟非政府組織就至少投入五千萬歐元。

　　另外在基謝廖夫的人事任命上，顯示上層決定加強對外宣傳的媒體控制，俄新社的前任總編輯斯維特蘭納・米羅紐科是屬於較為自由化和社會性的媒體領導人。可以看出普京用人態度是用能人、不用庸才；用國家利益的維護者，不用維護普京的人。專業媒體人強化國際形象和捍衛國家利益的新聞立場。今日俄羅斯電視頻道成功打造在美歐地區最受歡迎的國際電視頻道，引起中國的重視。「公共外交」是一軌外交的補充，而媒體外交首先會深入國際，可以影響國際輿論的媒體同樣是說好本國故事的前提。媒體在國際報導中追求真相，妥善利用媒體人在國際報導中不需要維護政府立場的義務，找到任何事件的真相，可以補充外交決策中的資料來源。培養影響國際的全媒體人，也是中國面臨的主要問題。俄中兩國都是文化悠久的大國，傳統文化如何作為「軟實力」的支撐力，往往在於喚起人民生活的共同記憶和認同感，讓這股力量成為對內使人民產生自豪感的凝聚力，對外則是展示兼容並蓄的感動力。這應該符合約瑟夫・奈伊所強調的「軟實力」是不具有強迫性質且能贏得尊重的說服力。

二、推動金磚國家內平等對話的「軟實力」機制

　　在俄羅斯也逐漸形成自己對於「軟實力」的見解和做法。「軟實力」首見於《俄羅斯聯邦對外政策概念》第20條當中，用以定義「軟實力」儼然已經是國際政治不可分割的一部分，以公民社會以及資訊傳播、人文和一些古典外交的手段作為支撐，以期作為解決整體外交的工具。在西方國家的對外民主伎倆中，「軟實力」的使用和維權的概念也經常被使用作為干涉其他國家

主權和內政以及對其施加政治和經濟壓力的工具。[23]西方經常藉由主權的概念去綑綁其他國家原生文化中的多民族傳統，使得像俄中兩國具有多民族且歷史悠久的國家被迫移植西方的體制與概念而面臨的民族分裂而導致主權的危機。為因應這種危機，俄羅斯從文化融合的角度再次凝聚了主體意識，尤其是在獨聯體國家的「軟實力」工作，首先就是俄語和俄羅斯文化的推廣，俄羅斯文化在沙俄歷史中早就是包含了獨聯體的文化，因此，從文化融合與共榮共存的角度切入，對俄羅斯並不存在難度，但是需要長期不懈怠且持之以恆地進行。例如，普京強調的「歐亞太平洋」或是「歐亞」概念，都是從俄羅斯自身領土和文化傳統重新挖掘出來的國家主體意識，現在就是需要不斷的提醒已經存在於自身環境中的要素。

莫斯科國立國際關係大學歐亞問題專家奧莉嘉・波德別列茲金娜（Ольга Подберезкина）認為，「軟實力」在推動歐亞整合運動過程中非常重要，特別是要以「平等對話」的態度對待夥伴國家，同時需要考慮他們的切身利益與文明差異，並且吸引年輕人參與到國際對話平台。[24]「平等對話」的概念也適用於俄羅斯參與區域整合的國際組織。例如，金磚國家聯盟正是建立在尊重文化文明差異和平等對話的基礎上建立共榮共用的經濟圈，成員國能夠在建立適合自身經濟特點與發展模式的特長上推動各自國家

---

[23] "Концепция Внешней Политики Российской Федерации, "<http://www.ng.ru/dipkurer/2013-03-04/9_concept.html>. (《俄羅斯聯邦對外政策概念》第20條)

[24] "Евразийцы Москвы Обсудили Роль Мягкой Силы для Продвижения Евразийства," <http://cont.ws/post/44339/>.

發展戰略目標並且在國際議題上較好達成共識以平衡西方主導的國際體系。

莫斯科大學全球進程學系的教授奧莉嘉‧列奧諾娃（Ольга Леонова）認為，俄羅斯應當尊重其他國家的主權並且尊重他們選擇適合自己國家發展的經濟模式。西方國家對於俄羅斯抱持負面的理解，要扭轉這種刻板的形象需要很長的時間和很大的花費，俄羅斯尤其應該先朝著友好、中立且對俄羅斯有興趣的國家發展戰略夥伴關係且施加俄羅斯傳統歷史和文化的「軟實力」，例如在非洲以及亞太地區和拉丁美洲。[25]

事實上，像俄中兩國能夠以自身國家實力，去創造與其他國家的經濟共同發展，並且不要求其他國家必須為此改變原有體制或是自身意識形態，這樣對於發展中國家與新興經濟體國家都有同樣的吸引力。因為西方之所以面臨危機主要還是意識形態不兼容的危機，也就是美式民主在其他國家的推動往往有附帶條件，必須對其他國家進行體制改造後再進行投資建設，這樣就產生了造成他國內部衝突的顏色革命。其結果就是：往往是先製造了政權動盪，甚至是透過血腥衝突來完成政體的改變，然後這些透過政變上台的政治人物，往往不具備足夠的治理能力和經濟資源，因此發生顏色革命的國家是否能夠走入正常化秩序就不是美國所關心的事情了。這樣的霸道文化暢行多年，其原因在於兩次世界大戰阻撓了文明悠久的歐洲和亞洲國家的現代化進程，

---

[25] Ольга Леонова,"Мягкая Сила-Ресурс Внешней Политики Государства," Обозреватель (3)2013, p. 39~40, <http://observer.materik.ru/observer/ N4_2013/027_040.pdf>.

但是隨著俄中逐漸崛起西方民主制就慢慢失去了絕對的優勢和吸引力。

　　有別於蘇聯時期社會主義陣營的老大哥作法，蘇聯不惜為了與西方陣營進行意識形態的兩極鬥爭，承擔了盟友過多的財政負擔。蘇聯解體之後，俄語作為前蘇聯國家最重要的官方語言受到了挑戰，俄羅斯經濟的衰敗降低了獨聯體居民學習俄語的動機。隨著俄羅斯的崛起，俄羅斯把支持海外僑民和獨聯體居民學習俄語作為「公共外交」的首要工作，例如，俄羅斯世界和平基會在國內外設立的俄羅斯中心，提供大量的書籍和影音資料給俄羅斯中心，並且派駐俄語教師教授俄語。俄羅斯世界和平基會也非常重視本國人民的俄語水平。現在，俄羅斯的做法往往不過於強求，有經費預算就多做，過去沒有足夠經費的時期，往往只能默默忍受海外僑民和獨聯體居民的批評和抱怨。筆者2012年參加俄羅斯世界和平基會的年會時，就親身感受到俄羅斯外交官的忍辱負重，必須耐心聽完每位參與者可能的抱怨和指責，他們多半都是希望能夠獲得俄羅斯政府更多的資源和幫助。

　　《俄羅斯聯邦對外政策概念》指出，文明向度暨文化的多樣化以及新興國家的發展模式開始挑戰以民主和自由市場經濟作為衡量國家價值的單一標準。「文化認同」成為全球化過程中的另一方面，許多國家民族開始追尋自己文化的根源。試圖脫離聯合國安全理事會的架構與單邊軍事行動是破壞國際和平和穩定的主要隱憂。強制制裁與軍事行動無法解決不同民族國家根深蒂固的社會經濟問題以及其他衝突問題，只會擴大衝突的範圍和激化本已經存在的民族和宗教衝突。當前國際社會面臨的主要安全挑戰

與威脅都是跨界性質的，例如：大規模殺傷性武器的擴散、恐怖主義和極端主義的不可控制性、生存資源的短缺和貧窮以及氣候變遷等等一系列的問題，更加需要國際社會在聯合國的基礎架構下共同參與解決這些威脅。在全球體系中，地區性的區域整合過程成為解決區域問題和提升參與國家競爭力的重要模式，增強區域內資源的整合以強化安全和經濟的穩定性。[26]

正如2000年普京上任之後，即著手部分恢復俄羅斯的重要主流國家媒體作為政府體制之內辯護政府政策的喉舌機制。普京於2013年將今日俄羅斯電視台擴建成為國家最大的通訊社作為唯一的外宣機制，用以配合國家發展戰略而發生作用。在提升俄羅斯國際影響力方面，「公共外交」不僅僅是為了有利於一個國家自身利益的宣傳，那樣過於自利而難以在解決日趨複雜的國際紛爭中與他國產生共鳴。西方將「軟實力」主要作為西方價值宣傳和施加政治經濟壓力的輿論操控模式，已經破壞了其他國家賴以生存的傳統文化模式，並且增加了衝突的鴻溝而難以收拾。因此，俄羅斯要發展自身的意識形態價值觀，新的公共外交的方向必須擴大「軟實力」的多元文化和平等參與的概念，求其突出「軟實力」在於溝通和尊重的特殊性和重要性。

當前俄羅斯的公共外交引用並且拓展了「軟實力」的概念，將抽象的精神文明概念依附在具體的各類論壇或是國際組織的架構之內，作為用以進行多邊或是雙邊溝通與對話的平台。其特點

---

[26] "Концепция внешней политики Российской Федерации, "<http://www.ng.ru/dipkurer/2013-03-04/9_concept.html>. (《俄羅斯聯邦對外政策概念》第13條～到第19條）

在於將這些國家間的具體成果展示在公開的網路平台上，以期持續擴大國際影響力。例如積極在金磚國家組織的架構下建構多層次與多功能的對話機制。顯然，公共外交在俄羅斯目前正在扮演國家間「對話」的平台角色，具有創造夥伴間地位「平等」的公正意涵，這對於追求符合自身經濟地位的發展中國家具有相當的吸引力，因為新興國家均希望在參與國際事務中具有符合其地位相應的國際話語權。建立國際公共平台可以讓許多國家都有參與和發聲的機會，這不但提升俄羅斯自身的國際地位，同時也可使得俄羅斯在倡議多極中心以及區域整合的過程中扮演牽頭和協調的角色。

肆、普京將傳統儀式的閱兵納為國家重要「軟實力」

吳非、胡逢瑛認為，[27]隨著美俄在烏克蘭問題上持續一年多的爭執，使得俄羅斯在反法西斯七十周年的勝利日舉辦了規模最大的紅場閱兵來全面展示其武裝，以期達到俄羅斯對於當前國家經濟困境的統一認識。而普京重返克里姆林宮之後，確認將「軟實力」作為俄羅斯最新對外政策概念中的新元素，強調要以俄羅斯自身的傳統基礎來傳達俄羅斯自己的聲音、確保國家的發展。軟實力作為各國擴大影響力的新型詞彙和外交手段，除了將固有

---

[27] 吳非、胡逢瑛，〈俄羅斯與中國為榮譽和國際秩序閱兵〉，《中國網》－觀點中國，2015年9月3日，<http://opinion.china.com.cn/opinion_90_136590.html>。

的傳統舊瓶新裝，還要集結全國的各種力量到國家建設隊伍中來，要使用自己擅長和符合自身發展條件的模式來傳達自己國家的國內外主張，例如在資訊方面主要是針對抵擋與端正西方媒體的扭曲報導，所以採取捍衛國家利益和國家安全的各種措施，使民眾可以認同並且為之呼應。例如，在宗教傳播上，在救世主大教堂恢復建成之後，每年舉行的復活節東正教慶典，總統會親自出席儀式。那麼，為紀念十月革命的成功和慶祝反法西斯偉大衛國戰爭的勝利，作為俄羅斯上個世紀以來最重要傳統儀式之一的閱兵，在這兩年受到格外的重視，勢必再次在俄羅斯國家困境中展現其國家意識。

一、俄中將閱兵作為向世界宣示和平的重要儀式

　　無獨有偶，中國的崛起仍然可以通過閱兵宣示其有能力保障區域安全和穩定，為實現「中國夢」和「一帶一路」的國家經濟發展戰略目標發出和平宣言並且提供安全保證。這對於周邊國家和新興經濟體都有一定的解釋作用，包括鼓勵所有中立和友好的國家參與到中俄持續倡議的多邊區域整合計畫，持續推動適合當前各國發展所需要的國際體系，藉由具有穩定力量的區域大國的領導以建構多極結構，例如上海合作組織和金磚國家，儘管不是針對其他國家的聯盟，但是至少可以對西方霸權產生平衡和震攝作用，有效阻止其為所欲為。同時當前仍存在國際烽火遍野的亂象，並須斥責由西方國家所主導的單邊主義的霸道意識形態，在此思想指導下發動單邊行動在世界各區域所造成的軍事衝突和政治動盪，及西方國家壟斷世界經濟給各國所造成經濟危機的

危害。

　　中國對世界政治的責任感與日俱增，這樣中國需要通過一些重要的儀式來讓其他國家瞭解其履行責任的能力，以及維護二戰後新世界秩序的締造者的決心。這樣在中日問題中，日本需要遵守二戰後準則，這些不會隨著美日聯盟而改變，甚至日本成為正常國家前後，也都需要遵守二戰後的世界秩序。毫無疑問，閱兵必然會凝聚內部的國家意識，而且通過閱兵可以展現領導人對於世界格局的認識狀態，整體提升國民對於戰勝國的國家地位、困境和前景的充分理解。隨著中國經濟進入新常態，香港發生占中事件，李登輝媚日言論還存在一定的市場，這都是一些民眾對於中國的國家意識混沌的表現，對於中國以一國兩制解決臺灣問題還是缺乏信心的表現。兩岸身分認同差異需要以「軟實力」進行磨合，純粹政治壓迫和經濟力又只能造成更多的溝通誤解以及利益輸送，不能產生情感的認同。兩岸求同存異則仰賴中美關係對於亞太政治氣候的影響，例如：「台灣主體意識」能否不在親美或是親中當中做出選擇？可否在創造內部意見市場和經濟市場上發揮積極擴大的作用，而不是意識形態的爭論導致更多利益分配不公及其所產生的內鬥內耗？現在台灣正面臨著轉型正義的延續，其特點在於如何完善制度和法律以協助弱勢並且遏止政策自肥造成變相貪污。

　　儀式性所代表的深層意涵仍在於共榮共用和公平正義，在建構「一帶一路」經濟圈的過程中，眾人可以將注意力投放到經濟建設中，這對於周邊國家同樣有幫助，所有參與者都可以為此建立更暢通、更多元、更平等的對話溝通平臺，來減少各國內部資

源配置不均和權力掠奪的亂象。為此，中國需要進行持久不懈的
工作，以取得國內外輿論的理解。

　　習近平通過第一次舉辦「九三閱兵節」奠定了中國在二戰後
世界秩序中的地位，這是中國在聯合國安理會之外的國際形象宣
傳，也是「軟實力」的展現。中俄的「軟實力」宣傳很難在取得
國際認同上發揮很好的作用，但至少在體現富國強兵以及凝聚國
內共識方面可以達到很好的效果，「公共外交」是進入到沒有硝
煙的國際宣傳戰爭的領域，這是一種需要長期深耕且群策群力的
長久意識型態的抗戰。幾乎中國各大媒體都競相報導，認為這是
國家領導人外交態度的展示，也認為中國透過閱兵邀請友好國家
的領導人或是高階官員的到訪，這是中國藉由強大「軟實力」把
友好國家一同推上了世界政治的舞台，等於向世界傳遞了中國願
意和世界共榮共享的承諾以及傳達了中國逐漸國強民富的聲音。
同時，透過媒體鏡頭呈現了中國抗日戰爭那段人民艱苦卓絕和歷
史性光榮的一刻。而日本不道歉且不出席中國閱兵的負面形象也
藉由閱兵典禮毫無遮掩的表現出來，使得日本無法藉由美日聯盟
偷偷摸摸地再次成為亞洲的主導國家，這是在日本尚未正式清晰
道歉和做出賠償之前，隱性崛起的企圖被中國閱兵儀式一下子給
搓穿了。這樣一來，不但國際想起了中國在二戰中的角色，也壓
制了日本軍國主義抬頭的勢頭。當台灣越來越關心「台灣主體意
識」的同時，中國則承擔起紀念抗日戰爭與反對日本軍國主義的
歷史任務。兩岸各自回歸到各自的主體，如何在兩岸之間搭橋則
是無法迴避的問題，問題仍在於內部資源分配的公平正義以及人
才的合理運用，過去留不住人才以及人才外流是台灣面臨的嚴重

安全問題。

二、從蘇聯到俄羅斯閱兵儀式意涵的傳承和轉變

　　冷戰前，史達林在1946年就向杜魯門指出：二次世界大戰主要是西方的資本主義國家放縱德國與日本政策的結果。1941年之後，蘇聯與德國作戰有十個集團軍，而美英在西線大約直到諾曼地登陸前也只有一個集團軍的規模。蘇聯的作戰主力不在太平洋戰場上，這經常會被美國扭曲成為投機。事實上，這因為蘇聯的作戰主力在於歐洲，超過任何一個西方國家的集團軍與德國納粹作戰，西方卻不願意提及蘇聯的貢獻，所以這是國際的現實與利益問題，西方陳述的歷史真相往往有利於自己國家宣傳一面的，是不完全的。美國卻慣於以此作為片面的扭曲。

　　蘇聯為取得二戰勝利付出巨大代價，而英美卻鮮少願意對蘇聯的犧牲認真承認。美蘇本可以緩和相互的關係，但二戰之後邱吉爾在美國杜魯門的家鄉中的演講中提出鐵幕的降臨，美國也在五角大樓預算的需求，在東歐、中東進行挑釁，包括核武挑釁、黑蝙蝠飛機的巡航等，最終冷戰開始白熱化！冷戰發生主要是由於二戰後，美蘇兩國的國防力量都變得異常強大，再加上蘇聯領導人史達林的外交手段不甚國際化，對於美國政治的瞭解有限，使得邱吉爾希望英國在二戰後留下的殖民地的代理人變為美國的構想直接和蘇聯地緣政治的擴張發生衝突。四〇年代，蘇聯就從伊朗撤軍事顧問，就是在避免全面冷戰。基本上自四〇年代起，美國一直都是中東的主要參與者。英國作為冷戰的始作俑者，而真正冷戰的意識形態對立是在赫魯雪夫時期才發生的，這被很多

的俄羅斯史學家認為是外交的魯莽。

　　在冷戰階段，美蘇兩國及其兩個陣營對於閱兵並沒有太多美好的回憶，但這也是蘇聯的被迫選擇。冷戰開始前，蘇聯與美國的軍事交流甚少，邱吉爾還利用這種狀態蠱惑美國並宣佈冷戰的開始。1945年，蘇聯的閱兵當時被稱為坦克節，希望以軟性訴求達到傳播效果，但後來被西方國家描述為武力宣誓，最後赫魯雪夫真是破罐子破摔，真的搞起全副武裝的閱兵了！1960年五一國際勞動節舉行紅場閱兵當天，美國U2偵查機飛入蘇聯領空，本對於59年出訪美國推動和平共處、和平競賽信心滿滿的赫魯雪夫惱羞成怒，命令必須打下美國U2偵查機，美蘇和解等同破局。在赫魯雪夫執政初期，1954年，克里米亞劃入烏克蘭的決定，至今還導致了俄羅斯與烏克蘭彷彿再次深陷美蘇冷戰時期的泥潭。冷戰初期，美蘇相繼部署導彈險引發1962年的古巴導彈危機。凡此諸多，俄國人也認為並且稱之為是赫魯雪夫式的魯莽。

　　蘇聯最著名的閱兵就是當納粹圍攻莫斯科，莫斯科的士兵與將軍在接受閱兵儀式之後，就馬上奔赴戰場，這同時還創造實彈閱兵的先例。1941年11月，蘇聯在德軍轟炸下仍然舉行閱兵，史達林在紅場的列寧墓上發表慷慨激昂講話，鼓舞人心，全場歡呼聲響徹雲霄並且透過廣播傳向全世界。在勃烈日涅夫時代，1969年取消了五一閱兵。1985年與1990年的蘇聯的閱兵同樣令人印象深刻。1985年當戈巴契夫剛成為蘇共總書記時，他選擇五月九日勝利節作為閱兵的開始，一般該月莫斯科剛擺脫冬季四月後最後一場的寒雪後，開始進入陽光明媚的夏天，此時閱兵都是夏裝，當時觀眾對於這位蘇聯的領導都是相當期待，看得出來當時大

家都熱情高漲。但到了1990年閱兵，還是推遲到十月革命勝利的十一月，領導與觀眾都穿上厚重的冬裝，但混亂的還在於來自列寧格勒的觀眾實行了沒有成功的刺殺，國防部的四位將軍被安置在列寧墓觀禮台的一角，戈巴契夫成為繼史達林之後在閱兵式上發表演講的第二人，但短短七分鐘竟然變格變位的詞說錯了二十幾處。等到閱兵完成後「不朽軍團」遊行也同時第一次出現在電視直播中，但此時將軍們就都消失了，葉利欽則站在戈巴契夫旁邊，事後很多蘇聯高官就感到內部矛盾開始表面化、公開化，國家前景不妙！

三、俄羅斯閱兵成為領導人外交政策的宣示場域

2005年，普京為了讓西方國家領導人出席閱兵，持續與西方國家保持良好關係，特意把國防部長換成文職出身的伊萬諾夫，使得紅場閱兵出現第一位穿西服的國防部長檢閱軍隊的畫面。這期間西方錯誤認為俄羅斯不會很快崛起，還是個泥足巨人，也在這期間西方放心讓國際能源保持高價，賺取新興國家的利潤，但這恰恰保證了俄羅斯經濟的整體平穩運行。

2015年烏克蘭危機之後，俄羅斯地緣政治的擴張與北約東擴發生了正面衝突，此時俄中的緊密關係可以透過閱兵來向全世界展示！普京的亞洲外交也向世界展露無遺。金磚國家雖不是反美聯盟，但代表了新興國家的多極化時代的來臨，其「軟實力」的展示必然是閱兵，而且在媒體異常發達的今天，美國民眾、西方國家的各個單位、日本的民眾都會瞭解，閱兵是新興國家贏得未來國際尊重的儀式，絕對不可能被美國的某些勢力、日本政府的

故意誤判解讀為窮兵黷武！

　　聯合國秘書長潘基文本人在紐約聯合國總部表示，當前全世界都在紀念二戰結束七十周年，他此前也曾參加過多次相關紀念活動，吸取歷史教訓創造光明未來，是他作為聯合國秘書長的應有之義。當世界政治轉向單極與多極並存的時代時，新興國家並不能夠向西方國家內部有效傳達這些信息，周邊國家對於這個方向也並不確認的時候，適時的閱兵可以在保證和平的狀態下，把新興國家的戰略資訊有效傳達到周邊國家與西方國家。現在世界範圍內，需要傳達、並且能夠有效傳播的大國就只有中俄兩國，這也是為什麼中俄兩國比較偏愛閱兵！

　　冷戰期間，閱兵屬於地緣政治鬥爭的延續，冷戰後則是展示國家利益與國家意志的主要場所。美國沒有閱兵主要因為二戰之後美國與亞洲各國所建立的各種條約與第一島鏈、第二島鏈還依然起作用。現在世界已經進入單極與多極並存的時代，美國領導的西方國家雖然還佔據世界經濟的要角，但西方國家對於閱兵態度各異，法國每一年的國慶都非常喜歡閱兵，但只屬於輕型閱兵，比較少武器的檢閱。蘇聯在反法西斯戰爭中的戰前閱兵令人印象深刻，據俄羅斯歷史學家奧列格‧莫佐欣（Oleg Mozokhin）在《透視俄羅斯》網站上透露，史達林對於德國的入侵是基本知曉的，當時蘇聯軍隊的換裝還有半年才能夠完成，所以在戰爭初期蘇聯軍隊的失利不全然是肅反的原因。

　　1991年蘇聯解體之後，俄羅斯閱兵曾經停辦過四年。1995年，俄羅斯重新開始紀念五九勝利日，但為表示與蘇聯歷史拉開距離，葉利欽避開紅場閱兵卻選擇了緊鄰俯首山勝利紀念碑的

庫圖佐夫大街作為閱兵地點。1995年，隨著反法西斯勝利六十周年，西方國家領導人參加，但這次閱兵基本上沒有任何的武器展示，筆者當時在俄羅斯首都莫斯科留學，但感覺莫斯科民眾對於閱兵沒有燃起太多熱情，閱兵的效果並不明顯。莫斯科民眾首先認為蘇聯的解體之後的俄羅斯士兵基本上沒有任何的精神，閱兵完後的士兵都跑去喝啤酒與伏特加，並且晚上還有士兵喝酒缺錢而隨街向民眾要錢。而且這次閱兵更印證了民眾對於國防的失望，認為國防沒有任何武器的研發。蘇聯解體之後許多兵工廠都停止了生產作業，廢棄的坦克散落在倒閉的廠房四周。這是蘇聯計劃經濟過渡到自由市場經濟轉型下的典型景象之一，國家處於無政府狀態，國企不知道如何運營，這個問題同樣反應在其他政府部門。預算無法順利下達，新的法律尚未制定，轉型體制尚未發展健全，政府貪污腐敗情況嚴重，民眾完全喪失了信心。葉利欽末期選擇了普京，等於是向國家安全妥協，認為俄羅斯唯有回到國家安全才能夠保護俄羅斯。

當然，許多國家會誤解只有俄中這樣不民主的國家才需要閱兵，其實不然。美國沒有閱兵的原因主要有三個：首先，美國的聯邦法制使得部署於各州的國防資源很難進行集結；其次，是美國的精英政治基本上可以保證國家利益，而且在很多戰爭中，美國一般都會保持中立狀態，如在一戰、二戰前期，美國基本上都保持中立的狀態；再者，美國基本上為移民社會，在最近四十年內很多的黑人、拉丁裔大量加入軍隊，最近美國防部又下達七百個指標，如果在美國參軍，可以在十周之後就成為美國公民。對於北約東擴美國專家內部出現的解釋是，隨著蘇聯解體，歐洲國

家原來由美國主導的形式變為大家都平等參與狀態，這樣很多的
美國關於歐洲的政策且需要歐洲說明的政策都會被民意高漲的歐
洲國家所否定。俄羅斯對於歐洲面臨的困境也非常瞭解，但俄羅
斯對於美國在宣傳手法上把俄羅斯定義為冷戰的失敗國家表示出
強烈的不滿。在葉利欽時期，甚至普京執政初期，原來俄羅斯希
望通過成為北約的夥伴，甚至是最終加入北約來實現歐洲成為美
國與俄羅斯共管的狀態，但這個失敗的G2模式，美國、法國與
德國都不會同意的，那麼北約和歐盟在東擴的過程中也開始面臨
囚徒困境。並且西方的戰略進逼引起了普京的警覺，強化了俄羅
斯獨聯體外交的優先政策，並且加速了歐亞經濟聯盟的啓動。

四、中國閱兵爭取世界對中國作為戰勝國的認同

　　胡逢瑛撰文認為，[28]習近平主席參加了2015年5月9日俄羅斯
反法西斯戰爭七十周年的大閱兵活動，而不久以後的9月3日，俄
羅斯總統普京同樣將參加中國抗戰勝利七十周年的活動。俄中兩
國共同慶祝勝利節具有世界和平的重大含義。在筆者看來，那些
認為俄羅斯大規模慶祝五九勝利節是仇視西方與擁兵自重的看法
是沒有依據的。俄羅斯慶祝勝利節的紅場閱兵典禮是具有團結民
心、鼓舞士氣和宣揚國威的多種作用，前者在俄羅斯經濟陷入困
境之時，具有重要的意義。當然，後者威懾作用也不言而喻。回
顧蘇聯歷史，以犧牲2700萬人的生命換取反法西斯戰爭的勝利，

---

[28] 胡逢瑛，〈中俄軟硬實力合作是大趨勢〉，《國際金融報》－人民網，
　　2015年6月1日，<http://intl.ce.cn/sjjj/qy/201506/01/t20150601_5510097.
　　shtml>。

代價巨大，幾乎每個俄羅斯家庭都受到二戰影響。正因如此，普京才會在閱兵致詞中說，歐洲根本沒有意識到法西斯意識形態的危害。故俄中共同的紀念儀式具有向世界提醒的重大含義。

從蘇聯到俄羅斯，慶祝勝利節的紅場閱兵儀式是傳統，儘管蘇聯解體之後一度沒有進行。俄羅斯前總統葉利欽經歷了車臣戰爭的失敗與西方國家的拋棄之後，立刻意識到蘇聯國家意識形態作為團結所有人的重要性，1996年，勝利節閱兵傳統又回到了俄羅斯人的生活中。2015年的紅場閱兵規模空前盛大，至少有兩項重要意義：第一，歐亞經濟聯盟的主要國家都派出了閱兵方陣，俄羅斯又與多數的前蘇聯國家的人民「團結在一起」；第二，這是俄羅斯對西方的外交牌，普京向68個國家元首發出邀請函，西方國家領導人不參加是理虧，是站在了「歷史的背面」。習近平則表現出大國領袖風範，站在歷史正義的一方。習近平與普京站在一起，是一種宣示：俄中兩國不容外人指三道四，篡改或是抹滅歷史；共同慶祝二戰勝利是宣示反抗任何納粹與軍國主義的興起。從俄中「軟實力」傳播影響來看，西方國家尚未適應多極時代的來臨，及其所扮演傳播「多種聲音」國際傳播新秩序的時代到來。

事實上，西方對於中國閱兵是不夠瞭解的，起初認為可能是反日的民族主義再現。根據英國《衛報》的報導，美國總統奧巴馬的亞洲顧問艾凡・麥德羅斯（Evan Medeiros）表示，他有疑問關於是否一場大型的閱兵可以真正傳遞和解的訊息並且從中國勾勒出的責難中促進傷口癒合。根據美國《華盛頓郵報》的報導，正值地區緊張升高之際，世界領導者認識到假如他們出現在那場

吹響反日情緒號角聲進行曲當中，一定會被拍攝。七月份，歐盟駐華大使史偉（Hans Dietmar Schweisgut）表示，他認為西方領袖不太可能會參加中國慶祝抗戰勝利七十周年的閱兵典禮，因為西方共同關心的重點是包括閱兵在內的這場活動是否真得傳達和解的訊息。美國智庫詹姆士城基金會的刊物《中國簡報》刊文指出，中國在安倍演講之後、九月閱兵之前燃起了反日的情緒。日本首相參拜靖國神社長期以來都是中日關係緊張的主要來源。除非中日雙方能夠找到緊張降溫之道，否則將會傷害各方的關係。據此西方媒體的報導，顯示出西方尚未認同中國作為二戰的戰勝國，忘記了日本是侵略國並且也尚未做出明確的道歉。

這樣也就可以理解為何西方國家領導人不願意參加閱兵，但後來的國家領導人中很多也是抱持著試試看的態度，當普京總統在2015年5月做出宣誓之後，9月中國領導人習近平會再次確認中國對於二戰的真正態度，已經確定未來「一帶一路」政策的真正方向。美國的國防部和國會一般是反對二戰後的世界秩序，但在經濟全球化的今天，美國其他的部門及智庫並不反對單極及多極共存的現狀。這樣俄中在勝利節、及抗日戰爭勝利節紀念日來前後宣佈，使得美國、歐洲國家基本上得到了非常清晰的答案，這對於世界的和平反倒是產生重大的貢獻，可以避免讓一些美國的部門、智庫出現混淆視聽的觀點，防止再次出現另一個邱吉爾來宣佈冷戰的開始。現在世界逐漸變為單極與多極並存的狀態，在單極社會中，美國為首的西方價值觀基本上凌駕於其他國家之上，在此思維下，東歐劇變、華約組織的消失和蘇聯的解體都被解釋為蘇聯的全面失敗，這樣使得北約東擴、歐盟東擴以及歐安

會功能盡失成為歐洲主要面對的問題。中國的抗戰閱兵主要是希望世界各國對於中國作為二戰的戰勝國產生認同感，儘管一些國家的領導不能夠出席，但在閱兵中所展現的軍心、民心與國家富強決心將可以讓周邊國家感受的到。

伍、結語：「軟實力」結合大外交預防亞太衝突

在《俄羅斯聯邦對外政策概念》中言明，國際環境的轉變與全球金融危機有關，國際政治與經濟的中心轉向了亞太地區，而西方國家仍試圖在逐漸形成的多極中心體系中保持傳統的優勢地位，這增加了國際體系在轉型過程中的緊張和衝突。俄羅斯認為，國際安全問題應該是以平等與共同的方式去解決的，應該發展關係網路外交取代傳統集團對抗的模式，其中發展中國家間的經濟互賴是支持國際穩定的關鍵要素。[29]在經濟全球化的今天，經濟互賴成為世界各國不可避免的現象。俄羅斯自然不能夠在經濟互賴的全球金融體系中缺席，然而，如何才能運用自身經濟結構的特點與其他國家進行互惠互利才是重點。過去西方那種佔據絕對的資金、技術、人員和市場的優勢景象受到新興國家的挑戰，掠奪式的資本主義再度受到挑戰，一種平等與溝通的協調方式成為當前國際關係中的主要機制。而俄中之間正在遵循著這種理念來建立彼此的全面戰略協作夥伴關係。

---

[29] "Концепция Внешней Политики Российской Федерации,"<http://www.ng.ru/dipkurer/2013-03-04/9_concept.html>. (《俄羅斯聯邦對外政策概念》第5條～到第10條)

一、俄羅斯控制與歐洲之間最低限度的緊張關係

在《俄羅斯聯邦對外政策概念》中指出，要發展與亞太地區國家的一體化進程首先是要確定俄羅斯與歐盟和美國之間夥伴互動模式。[30]只要俄羅斯與歐盟保持最低限度的緊張關係並且維持低度和平的狀態，那麼，歐俄之間的衝突就不會是突出俄羅斯周邊地區不穩定的因素。而在烏克蘭危機過程中，俄羅斯只要不挑釁美國，保持烏克蘭分裂的最低限度，那麼，在美俄的零和遊戲中，烏克蘭的分裂可以使北約無法繼續擴大到高加索的地區，俄羅斯就可以在形成緩衝區之後有效防止北約東擴成為美俄衝突的不利因素。

當烏克蘭危機之後，俄中全面走近成為必然趨勢。俄羅斯阿穆爾國立大學中文教研室主任奧列格·季莫費耶夫（Олег Тимофеев）從中國戰略的角度認為，北京需要持續與莫斯科保持地緣戰略互動並且發展與克里米亞的經貿計畫，中國也需要俄羅斯的支援強化與金磚國家聯盟的合作關係。[31]此外，俄羅斯布拉戈維申斯克國立師範大學的副教授阿列克賽·基列耶夫（Алексей Киреев）也認為，烏克蘭危機之後，俄羅斯遭到西方國家的孤立，俄羅斯需要與周邊的區域大國加強關係，俄中關係在政治上

[30] "Концепция Внешней Политики Российской Федерации," <http://www.ng.ru/dipkurer/2013-03-04/9_concept.html>.（《俄羅斯聯邦對外政策概念》第54條）

[31] Олег Тимофеев, "Украинский Кризис и Его Явление на Российско-Китайские Отношение," Китай в Мировой и Региональной Политике. История и Современность № 19 / том 19, 2014, <http://cyberleninka.ru/article/n/ukrainskiy-krizis-i-ego-vliyanie-na-rossiysko-kitayskie-otnosheniya>.

具有深厚的基礎，刺激俄中之間的經貿關係成為強化俄中關係的重點。[32]由前外長伊戈爾‧伊萬諾夫（Игор Иванов）擔任主席的俄羅斯國際事務委員會發佈了一份由漢學家謝爾蓋‧盧賈寧（Сергей Лузянин）主持的《俄中對話：2015模式》指出，俄中兩國都面臨「安全赤字」的危機，在烏克蘭危機的背景下，俄羅斯與美歐日的關係惡化，俄羅斯特別需要中國的支援，為此，俄羅斯加大了俄中經貿合作的專案，特別在能源和軍事合作方面，中國也可借此機會佔據在俄羅斯經貿的地位。俄中關係可以使美國在「重返亞太」政策中保持一定的克制和顧慮，並且俄中均致力於建構多極化的國際新秩序，以遏止美國的單邊主義和軍事行動。[33]

胡逢瑛撰文認為，[34]烏克蘭危機問題的重要性在2014年9月4日－5日舉行的北約韋爾斯峰會前達到高潮，而在北約峰會過後幾乎從西方媒體關注的中心焦點消失殆盡。現在基輔當局已經意識到，烏克蘭危機已經不是國際安全議題的中心了，只是俄美談判桌上的籌碼，因為西方國家正面臨遭到恐怖主義的威脅而自身難保。「反恐優先於烏克蘭問題」趨勢必在伊斯蘭國猖獗之下逐

---

[32] Алексей Киреев, "Российско-Китайские Отношение После Украинского Кризиса, Теория и Практика Общенственного Развития, "Выпуск № 11 ,2015, <http://teoria-practica.ru/rus/files/arhiv_zhurnala/2015/11/history/kireev.pdf>.

[33] Игор Иванов, "Российско-Китайский Диалог: Модель 2015, Российский Совет по Международным Делам (РСМД)," Доклад № 18/2015, <http://russiancouncil.ru/common/upload/RIAC_Russia_China_Report.pdf>.

[34] 胡逢瑛，〈烏克蘭成地緣博弈犧牲者〉，《國際金融報》－人民網，2014年10月13日，<http://www.qstheory.cn/zhuanqu/bkjx/2014-10/13/c_1112806689.htm>。

漸變成歐洲的主要共識。這仍在於歐洲的安全過去重心放在北約東擴對俄羅斯地緣的圍堵戰略上，反恐顯得情報不足，俄羅斯在敘利亞的空襲速戰速決卻建立了國際反恐中心，為國際共同反恐打下的基礎，而美國及其盟友卻熱衷於分裂敘利亞並且推翻阿薩德政權，無視於伊斯蘭國坐大對於歐洲安全的衝擊，這成為俄羅斯與美國和北約和解的背景，也凸顯歐盟在美俄博弈中無力於安全獨立自主。俄羅斯在於以時間換取空間，希望能夠快速「轉向亞洲」，把自己的西伯利亞暨遠東地區發展起來，並且完成經濟轉型，減少經濟對於能源的依賴，建立自主性的進口替代產業，並且發展亞洲的市場。在歐盟走向衰落之際，故亞洲的安全暨經濟博弈將成為中美博弈的新戰場。然而，烏克蘭融入西方的進程，顯然在基輔親西派罷黜前總統亞努科維奇之後並且進行打擊烏東地區的內戰而更加艱巨困難了。烏克蘭的分裂已經成為大國地緣政治博弈下的犧牲品，這個惡果主要還是來自於基輔政黨之間的惡鬥以及親西派一貫採用顏色革命的政變躁進手段改變局勢的必然後果。目前來看，烏克蘭內部分裂成為事實。北約峰會過後，烏克蘭基輔當局頓時必須承擔所有來自於北約、歐盟和俄羅斯拋出的壓力。現在基輔當局和烏東頓巴斯的頓涅茨克和盧甘斯克人民共和國之間的不可磨合性已經在北約的操作之下完全顯現出來。而俄羅斯媒體仍然關心明斯克停火協議後頓巴斯居民的生存問題，顯然，面臨伊斯蘭國不斷對西方陣營公民進行斬首的威脅，西方媒體無暇去關心烏克蘭政府的成功與否，更不會關心頓巴斯地區難民居無定所和無辜居民不斷遭到炮火攻擊而死亡的問題，因為那是烏克蘭國家內部自己的問題，也是基輔政府自己必

須解決的責任。

　　基輔當局投入到烏東與反叛軍作戰的裝備六成以上已經遭到破壞，基輔當局希望以武力解決東部領土問題的能力越來越弱，而停火協議簽署之後的零星炮火射擊仍然從緩衝區朝向頓巴斯居民區發射，停火協議的和平進程立即達成顯然非常困難。2014年9月16日，前烏克蘭總統和議會儘管在國會拉達中已經通過大赦法案，並且同意以3年時間和頓巴斯區政府商議高度自治權入憲的內容問題。但是，在2014年4月烏克蘭政府軍與反對派武裝之間爆發戰鬥以來，親西的基輔當局和親俄的頓巴斯地區的分裂已經成為不可回復的事實了，也就是說頓巴斯已經具備了獨立的所有條件，烏克蘭能否維持領土完整就看未來執行停火的局勢發展而定了。與此同時，烏克蘭地緣優勢已經消失。俄羅斯在普京再度執政之後，親西的黨派逐漸失去了在議會中的生存權而走上了街頭，成為大規模示威遊行的組織者，但是由於普京政府已經在多年執政期間掌握了經濟命脈——能源和武器的所有權，並且對於國家媒體進行重組與擴張，使得普京政府具有進行所有改革的經濟和輿論基礎。因為人民日子過好了之後自然支持普京政府，而那些不同意見的親西派就成為了普京中央集權下的多元意見的補充，這樣會使得普京的政府在掌握輿論與政策時更具有活動力、積極性和準確度。然而，俄羅斯所具備的國土資源優勢是烏克蘭所沒有的，烏克蘭的優勢完全在於它和俄羅斯緊鄰以及地處黑海的地緣戰略優勢，因此烏克蘭手中原來具有和俄羅斯要價的籌碼，已經在烏克蘭危機當中消失殆盡。

二、俄中正加強中亞和東亞陸上與海上安全合作

　　胡逢瑛撰文認為，[35]2014年初俄羅斯已經著手加強提供哈薩克與吉爾吉斯斯坦兩國C300防空導彈系統，並且在吉爾吉斯斯坦的俄租空軍基地增加蘇25攻擊機的部署，以因應美國與北約聯軍於2014年從阿富汗撤軍之後的安全空白。包括負責獨聯體國家安全問題的集體安全條約組織，其主要成員國有俄羅斯、白俄羅斯、哈薩克、吉爾吉斯、塔吉克和亞美尼亞，以及上海合作組織成員國家包括中國、俄羅斯、哈薩克、吉爾吉斯、塔吉克和烏茲別克之間邊界勘定和共同反恐的國際安全合作機制，均將承擔起美國自阿富汗撤軍之後的中亞安全責任。俄羅斯面臨最大的安全挑戰在於：即將啟動的歐亞經濟聯盟在一體化空間後所構成的集體安全問題，主要威脅來自於國際恐怖組織和極端勢力的滲透以及存在已久的販毒問題。

　　目前塔吉克斯坦與吉爾吉斯斯坦的勞工主要在俄羅斯打工，收益已經構成這兩國國家總體生產總值的三成以上，因此來自于中亞的人員流動問題將在歐亞經濟聯盟啟動之後更加明顯。同時2014年一年約有470億美元在俄白哈三國邊境監管失控下非法外流。在關稅同盟的基礎上，歐亞經濟聯盟要逐步吸收獨聯體國家成員，未來十年的計畫是達到資金、技術、人員和市場自由流動的一體化目標，因此，如何防範來自於阿富汗的恐怖勢力對中亞

---

[35] 胡逢瑛，〈安全漏洞使中俄合作〉，《國際金融報》－人民網，2014年9月1日，<http://paper.people.com.cn/gjjrb/html/2014-09/01/content_1471512.htm>。

地區的滲透以及非法資金的外流，都是俄羅斯首要面對的安全監管問題。中亞安全對於中國能源安全和邊境安全同樣關鍵，中國主要有來自於土庫曼、烏茲別克和哈薩克的天然氣，連接三國所鋪設的天然氣管道每年提供中國天然氣將達550億立方米，約占全中國1/4的天然氣用量。同時中國在中亞投資高達600多億美元，超過俄羅斯在中亞投資額約3倍之多，新疆是中國連結哈薩克、吉爾吉斯與塔吉克自由貿易區的主要地帶，新疆安全問題已經嚴重打擊中國維穩的威信，也牽動中亞安全的整體危機感。由此觀之，俄中和中亞國家之間的邊境安全和能源安全是環環相扣的，如何聯合反恐與共同維護中亞地區的安全已經成為俄羅斯和中國責無旁貸的任務。

俄羅斯在中亞的戰略利益首先是借助俄哈關係的緊密性來拓展的。哈薩克同時緊鄰俄羅斯和中國，美國也急欲在哈國建立軍事基地，中美俄在中亞的競合關係脫離不了哈國的態度，例如亞信峰會的亞洲安全概念和歐亞聯盟區域經濟整合概念都是哈國總統納札爾巴耶夫倡議的，這對提高以哈國為主的中亞國家在中俄兩大強權之間扮演折衝聯繫的樞紐地位和橋樑角色有積極作用。中俄哈關係未來在沒有納札爾巴耶夫的時代也是一個未知數，因此，2015年是中亞安全問題提上俄中議事日程的關鍵年，藉著普京訪問中國與出席亞信峰會，使俄中雙方與包括哈薩克在內的中亞國家得以確認亞信的安全作用以及上合組織與歐亞聯盟未來可能合作的發展方向。美國在中亞的策略將是利用中亞國家的多邊大國平衡關係政策，突破俄羅斯在中亞地區的絕對安全優勢。美國將持續關注在俄羅斯與其他中亞參與者包括獨聯體、集體

安全條約組織、上海合作組織與歐亞經濟聯盟之間的矛盾。美國
仍將藉由中俄內部的不同意見以及與中俄外部的領土爭議問題，
作為美國施展平衡力量的支點。中亞的安全性漏洞將促使中俄兩
國之間有更多的合作。可以預期上海合作組織作為中俄兩國以及
其他中亞國家之間的安全合作平台，必將首先在安全問題上加強
合作。在美國與北約聯軍全面退出阿富汗之後，中國的絲綢之路
經濟帶和俄羅斯的歐亞經濟聯盟發展戰略計畫的成敗關鍵就在中
亞，而中亞的恐怖活動以及毒品都是當前影響兩國國家暨社會
安全的最不穩定因素，預期中俄之間在經濟、軍事和安全領域的
全面合作將對中亞和亞太安全體系以及地區權力結構產生深遠的
影響。

三、俄中軟硬實力合作是平衡亞太權力的大趨勢

　　俄羅斯遠東研究所的研究員米哈伊爾‧馬盟諾夫（Михаил
Мамонов）認為，[36]未來軍事的衝突可能是發生在經濟潛力發達
的亞太地區，尤其是南海地區。美國重返亞太的再平衡政策推出
之後，美國將在2020年把海外60%的軍力佈署在亞太地區，加強
美國與盟友之間的政治暨軍事聯盟關係，其特點就是：圍堵、干
涉、平衡；另外，跨太平洋戰略夥伴協議（TPP）是以美國為主
的自由經濟貿易區，在亞太地區建構一道圍堵中國影響力的高
牆。亞太地區的不穩定性還在於菲律賓、越南和臺灣可能為了爭

---

[36] Михаил Мамонов , ""Возвращение» США в Азию", Российский Совет по
Международным Дела (РСМД), Августа 22, 2012,< http://russiancouncil.ru/
inner/?id_4=708#top-content>.

取美國的經濟支持而採取對北京挑釁的舉措，這將會升高南海的緊張衝突。此外，其他不利的因素還包括中美的經濟競爭將迫使亞太國家在兩大強權中選擇。北京應該對此做出謹慎的解套舉措。

目前來看，中國與俄羅斯已進入全面深入合作階段。在軍事上，俄中兩國目前在陸上與海上聯合軍演的模式已經成為兩國國防安全重要的一環，具有相互磨合、提高互信以及震懾的作用。這是不針對協力廠商的不結盟合作。除了軍事與政治上的緊密合作，中國與俄羅斯在經濟層面上的合作，也在不斷深化，日益密切。俄羅斯希望歐亞經濟聯盟與中國的「一帶一路」戰略結合起來，形成一股互相支持，互相融合的經濟紐帶，通過合作共贏模式，把雙方共同捆綁在一起。這對俄羅斯來說，是應對目前西方不斷施加經濟壓力、突破制裁的最好路徑之一，能為它的經濟發展找到新的突破口與發展路徑。

對中國來說，這同樣是一個不錯的選擇。與俄羅斯、中亞國家合作，能夠更好地幫助中國經濟實現戰略升級，從而完善產業結構。當然，除了經濟合作，中國與俄羅斯的民間文化交流也在增加。俄中本來就有良好的民間文化交流基礎，未來可以相信，中俄之間的文化合作不但可以在現有的基礎上繼續深入，還可以產生出良好的經濟效益，能帶動中俄兩國的文化產業發展。冷戰結束之後，北大西洋公約組織持續東擴，試圖以單邊軍事力量掌握全球，但這個做法已明顯過時。俄中面對美國不放棄冷戰的模式，正在尋求更好的模式發展彼此的合作關係，是重要且正確的方向。

　　筆者認為，當前習近平主席提出的「一帶一路」國家發展經濟戰略極具有前瞻性和實質性：一方面，「一帶一路」是調動國家內部積極性和突出自身經濟特點的戰略方向，作為平衡中國內部區域差距和經濟結構轉型的主要計畫方向；另一方面，中國在與周邊的發展中國家加強彼此的經濟互賴關係，以期同時帶動新型國家經濟成長，這既不牽扯到美國傳統的經濟範圍、也不與美國傳統亞太政治軍事勢力範圍產生重疊，可以避免與美國正面的軍事交鋒和武力衝突。現在的困境就是如何面對美國在南海地區的代理人藉由島嶼爭議進行挑釁作出適當的反應。無論如何，中美之間仍須持續加強溝通以避免軍事衝突給中國經濟帶來的直接損害。美國自九一一事件之後即發動阿富汗戰爭和伊拉克戰爭，這對於美國後來爆發金融危機有直接的關係。目前美國正在經濟復甦與調整階段；然而，中國在尚未建構完成自己的經濟圈之前，應該謀攻為上。例如「一帶一路」作為國家的戰略就是最好的謀略，伐兵和攻城應是不得已的下策。「一帶一路」可作為夥伴國家之間「平等對話」的大框架，也就是中國需要與合作的國家持續集思廣益，以期減少經濟同質型競爭而增加經濟的互補性。上海合作組織和金磚國家成員國之間的軍事和經濟對接，都是向發展中國家推展中國經濟模式的極佳國際平台。落實「一帶一路」大外交結合「軟實力」，換句話說：落實「軟實力」即是建構「平等對話」平台和機制，也是中國施加「軟實力」來建構中國大外交的可操作路徑。俄羅斯模式與中國模式有一定的相似度和融合性。

參考文獻

中文部分

網際網路

2015/9/3。吳非、胡逢瑛，〈俄羅斯與中國為榮譽和國際秩序閱兵〉，《中國網》－觀點中國，<http://opinion.china.com.cn/opinion_90_136590.html>。

2015/8/17。胡逢瑛，〈俄公共外交為何受青睞〉，《國際金融報》，<http://paper.people.com.cn/gjjrb/html/2015-08/17/content_1599523.htm>。

2015/8/13。吳非、胡逢瑛，〈今日俄羅斯展示出傳媒外交新的發展方向〉，《中國網》－觀點中國，<http://opinion.china.com.cn/opinion_9_135409.html>。

2015/8/7。吳非、胡逢瑛，〈軟實力的體現在於贏得其他國家的尊重〉，《中國網》－觀點中國，<http://opinion.china.com.cn/opinion_82_135082.html>。

2015/6/1。胡逢瑛，〈中俄軟硬實力合作是大趨勢〉，《國際金融報》－人民網，<http://intl.ce.cn/sjjj/qy/201506/01/t20150601_5510097.shtml>。

2014/10/13。胡逢瑛，〈烏克蘭成地緣博弈犧牲者〉，《國際金融報》－人民網，<http://www.qstheory.cn/zhuanqu/bkjx/2014-10/13/c_1112806689.htm>。

2014/9/1。胡逢瑛，〈安全漏洞使中俄合作〉，《國際金融報》－人民網，<http://paper.people.com.cn/gjjrb/html/2014-09/01/content_1471512.htm>。

英文部分

網際網路

2013/1/16. 「Russia Drafts 3-Year Foreign PR Plan Based on Soft Power - Report, 」 *RT*, <http://www.rt.com/politics/foreign-plan-power-report-108/>.

Burlinova, N., 「Russian Soft Power Is Just Like Western Power But with a Twist, 」 *the Public Initiative «Creative Diplomacy»*, April 7, 2015, <http://www. picreadi.com/political-science/russian-soft-power.html>.

Lebedeva, M., 「Soft Power as the Integration Resource in Russia's Foreign Policy」, *Vestnik* 2(35), 2014, http://vestnik.mgimo.ru/en/razdely/ international-relations/soft-power-integration-resource-russias-foreign-policy>.

McGrath, T., 「Some Things You Should Know about RT, Russia's State-Funded News Network, 」 *Globalpost*, March 7,1014, <http://www.globalpost.com/ dispatch/news/regions/europe/russia/140307/things-you-should-know-about-rt-russia-today-state-funded-news>.

期刊論文

Budayev, A., 「BRICS: Soft Power Strategy Formation, 」 *International Affairs* (BRICS, Russia, Ufa 2015), 2015, p. 58.

Torkunov, A., 「Obrazovanie Kak "Mjagkaja Sila" vo Vnejshnej Politike Rossii」 [Education as a soft power source in the Russian foreign policy], *Vestnik MGIMO-Universiteta*, 2012, no. 4, pp. 85-93.

俄文部分

網際網路

2012/9/22.「《Мягкая Сила» России в Новом Тысячелетии: Имеющийся Потенциал и Перспективы Развития, 」 *Pandia*, <http://pandia.ru/text/77/325/40862.php>.

2013/9/26. Долинский, А., 「Публичная Дипломатия для Бизнеса, НКО и Университетов, 」 Российский Совет по Международным Дела (РСМД), <http://russiancouncil.ru/inner/?id_4=2399#top-content>.

「Евразийцы Москвы Обсудили Роль Мягкой Силы для Продвижения Евразийства, 」 <http://cont.ws/post/44339/>.

Киреев, А., 「Российско-Китайские Отношение После Украинского Кризиса, Теория и Практика Общеннственного Развития, 」 Выпуск № 11 (2015), <http://teoria-practica.ru/rus/files/arhiv_zhurnala/2015/11/history/kireev.pdf>.

「Концепция внешней политики Российской Федерации, 」 <http://www.ng.ru/dipkurer/2013-03-04/9_concept.html>.

Иванов, И., 「Российско-Китайский Диалог: Модель 2015, ⊠ Российский Совет по Международным Делам (РСМД), Доклад № 18/2015, <http://russiancouncil.ru/common/upload/RIAC_Russia_China_Report.pdf>.

Леонова, О., 「Мягкая Сила-Ресурс Внешней Политики Государства, 」 Обозреватель (3)2013, p. 39~40, <http://observer.materik.ru/observer/N4_2013/027_040.pdf>.

Мамонов, М., 「《Возвращение» США в Азию 」, Российский Совет по Международным Дела (РСМД), Августа 22, 2012, <http://russiancouncil.ru/inner/?id_4=708#top-content>.

Тимофеев, О., 「Украинский Кризис и Его Явление на Российско-Китайские

Отношение,」 Китай в Мировой и Региональной Политике. История и Современность № 19 / том 19 / 2014, <http://cyberleninka.ru/article/n/ukrainskiy-krizis-i-ego-vliyanie-na-rossiysko-kitayskie-otnosheniya>.

The Implications of Russian 「Soft Power」 and 「Public Diplomacy」 in the International Arena

Wu Fei

Professor of JiNan University,

Senior Fellow of Charhar Institute

Hu Feng-Yung

Ph.D of MGIMO University of the Russian Federation,

Postdoctoral Researcher of Communication and State Governance Center,

Fudan University

Assistant Professor of College of General Studies,

Yuan Ze University

Abstract

While Vladimir Putin was going back on the road for the Presidency in 2012, he was facing the pressure of different opinions from part of elite on him in terms of his return to the Kremlin. Putin had to absorb these different opinions for making the policy and thus public diplomacy became the approach for people's discussing national policy and participating in the decision-making process. From strengthening the Russian media system of propaganda for correctly reporting the Russian image overseas, to the overall launching out the information war against the West in the crisis of Ukraine, and continuing to the accelerating the integration of Eurasian area with broadening the cooperation sphere, it's for sure that seeking the support from the overseas Russian and the people from the post-communism region of CIS by means of teaching the Russian language is the priority of Russian public diplomacy and that could be regarded as the reappearances of soft power. In this paper, the research finds out that for building up the international dialogue platform for promoting the regional integration (especially for the Eurasian Economic Union, BRICS and SCO), Russia's big diplomacy for realizing the national strategy has the similar concept of China's Silk Road Economy strategy. The authors attempt to study the Russian case in order to know its experience of overcoming the difficulties while Russia is facing the containment of the West. It's worthy of analyzing and elaborating the Russian rising methods for China's taking into consideration.

Keywords: Russia, public diplomacy, soft power, regional integration, information war

第二章　克里米亞事件後
俄中戰略協作夥伴關係之發展

胡逢瑛

莫斯科國立國際關係大學博士

復旦大學傳播與國家治理研究中心博士後研究

元智大學通識教學部助理教授

摘　要

　　普京於2014年5月20日訪中之後，俄中戰略協作夥伴關係變得更加的明確，本文試圖說明克里米亞事件後此一關係的動向。美國智庫則提醒須關注俄羅斯的軍事動向，其中包括軍售問題。本文研究顯示，普京將會運用手上的兩張牌：軍工和能源。中國則因東海和南海問題須與俄羅斯攜手合作，其既具有雙邊的商業利益，也發揮安全結盟的作用。本文將俄中目前的軍事合作狀態稱之為準軍事同盟關係，故俄中軍事動向也成為亟待關注的議題。

關鍵詞：俄中戰略協作夥伴關係、俄羅斯軍工產品出口戰略、俄中準軍事同盟、能源、亞太安全

壹、前言

　　自美國總統歐巴馬(Barack Obama)在第二任內將外交政策定位在亞洲「再平衡」（Rebalancing）[1]之後，預計到達2020年以前美國將把海外60%的軍事力量部署在亞太地區（現為50%）。[2]俄國總統普京（Vladimir Putin）於2012年5月7日重返克里姆林宮執政之後，也執行「重返亞太」（Pivot to Asia）[3]的政策作為全球布

---

[1] 閻鐵麟教授在〈從美國亞太地區軍事部署之規劃認識「再平衡」政策〉一文中認為，美國「再平衡」政策主要在於維持其在亞太地區的區域影響力，具有嚇阻衝突和維持穩定的戰略意義，非以制衡和圍堵中國為首要考量，而是重點強調「穩定部署」和「人道救援與災害救助」的非傳統戰略安全。本文認為中美的認知差距將是亞太地區的不穩定因素，故中美之間的溝通問題值得我國特別關注。關於閻鐵麟教授的觀點，請見閻鐵麟，〈從美國亞太地區軍事部署之規劃認識「再平衡」政策〉，包宗和主編，《美國「再平衡」政策對東亞局勢之影響》（臺北：財團法人兩岸交流遠景基金會，2013年），頁59-61。

[2] 亞歷山大・薩德奇科夫(Aleksandr Sadchikov)，〈「和平使命」：新的國際背景下的俄中關係〉，《透視俄羅斯》，2013年8月23日，<http://big5.tsrus.cn/junshi/2013/08/23/27645.html>。

[3] 俄羅斯的亞太戰略不是美國的具體外交政策，而是一個戰略概念和目標方向，作為平衡西方關係的一種策略，不會馬上取得成效，但具有改善亞洲關係、內部經濟結構轉型以及吸引國家級投資的效益。俄羅斯總統普京在2012年底重返克宮之後的首次國會國情咨文提到了亞洲戰略，他說：「21世紀俄羅斯的發展將會是亞洲的發展。西伯利亞和遠東代表著我們無限的潛力。而且我們現在需要認識到我們的潛力。我們有機會重新恢復在亞太地區的應有地位，這個在世界上最具動力的地區。」請見"Address to the Federal Assembly," *President of Russia*, December 12, 2012, <http://eng.kremlin.ru/news/4739>；就在2014年5月20日，普京訪問中國大陸時，俄羅斯國家電視

台新聞節目《消息》用了「俄羅斯轉向亞洲」（Поворот России в Азию）的標題，強調這是一個自2000年以降經常討論的國家方向。普京2012年總統選前即寫道：「要借助中國的風，揚俄羅斯的帆」，為提升中俄關係作為俄羅斯國家發展方向定調，烏克蘭事件的西方經濟制裁加速了這樣戰略目標。請見"Поворот России в Азию. Реплика Федора Лукьянова,"Май 22, 2014, Вести. RU, <http://www.vesti.ru/doc.html?id=1607387>；美國《外交家》雜誌則以「轉向亞洲」（Shift to Asia）為題，稱普京是在尋求加強與亞洲的聯繫（strengthen ties with Asia），俄羅斯將深深地依賴亞洲，會避免給人二戰後與西方關係中斷後彈回關係（rebound relationship）的印象。該文提到克里米亞事件後，克里姆林宮加強了亞洲的關注，回溯1854年當沙俄為了克里米亞與英法土聯軍作戰失利之後，亞歷山大二世皇帝即在1858年致友人的一封信函中提到：「正是在亞洲，在那裏決定了我們國家未來的命運」；二戰之後，中共成為蘇聯最親密的夥伴，蘇聯解體之後，恢復與中共的關係成為了俄羅斯尋求抗衡西方圍堵和北約東擴的反轉力量（counterweight）。請見Joshua Kucera, "Putin Signals Russia's Shift to Asia," October 31, 2014, The Diplomat, <http://thediplomat.com/2014/10/putin-signals-russian-shift-to-asia/>；美國的《外交事務》期刊則以「普京的樞紐—為何俄羅斯尋求亞洲」（Putin's Pivot-Why Russia Is Looking East）為題，看待俄羅斯尋求亞洲作為支撐歐亞橋樑和歐亞太強權的基礎（"Euro-Pacific" power），以擺脫被區域聯盟邊緣化的困境。該文認為俄羅斯執行的與美國的「重返亞太」非常相似，莫斯科當局是希望把亞洲作為俄羅斯經濟增長與增加軍事部署的重點。但是莫斯科無法與北京爭霸，更多需要和中國的合作，這與霸權中國（hegemonic China）和單邊主義者的美國（unilateralist United States）並不相同。請見Fiona Hill & Bobo Lo, "Putin's Pivot : Why Russia Is Looking East," July 31, 2013, Foreign Affairs, <http://www.foreignaffairs.com/articles/139617/fiona-hill-and-bobo-lo/putins-pivot>；《日本時報》社論則聲稱俄羅斯自身的「重返亞洲」是合理的，這個具有橫跨九個時區的歐亞大陸，幾個世紀以來都以爭論國家是歐洲或是亞洲或是歐亞橋樑作為國家認同與國家利益的基礎，2012年9月海參崴舉行的亞太經合會普京宣稱「重返亞洲」也是對歐巴馬「重返亞洲」的回應。請見"Mr. Putin's 'Pivot' toward Asia," September 29, 2012, The Japan Times, <http://www.japantimes.co.jp/opinion/2012/09/29/editorials/mr-putins-pivot-toward-asia/#.VRhGo8-Jh3c>。

局的首要戰略步驟，以期將亞太、中亞和歐洲整合為一個以俄羅斯為歐亞橋樑的大歐洲板塊，這以2015年1月1日啟動的歐亞（經濟）聯盟作為區域整合的核心組織。[4]歐亞經濟聯盟成員國目前包括俄羅斯、白俄羅斯和哈薩克（創始國）、亞美尼亞（2015年1月2日加入）、吉爾吉斯斯坦（2015年5月1日加入）。2014年5月29日，俄、白、哈三國總統簽署《歐亞經濟聯盟條約》，目

---

[4] 普京稱歐亞（經濟）聯盟是走向歐亞聯盟的前身，稱此計畫為「俄羅斯的大歐洲計畫」（Big Europe）。據普京在《消息報》〈新的整合計畫—未來歐亞聯盟於今日誕生〉（Новый интеграционный проект для Евразии—будущее, которое рождается сегодня）的一文章中表示，作者總結普京談話，預期的歐亞（經濟）聯盟的發展綱領如下：第一，成為當代世界的一極：未來歐亞（經濟）聯盟是超國家聯盟，要成為當代世界有力的一極，這是俄羅斯主張多極世界的看法。歐亞（經濟）聯盟將會扮演聯繫歐洲和亞太地區橋樑的角色，在關稅同盟和經濟一體化的基礎上走向經濟同盟，進一步吸納獨立國協國家（獨立國家聯合體）包括了塔吉克與吉爾吉斯等國家進入；第二，歐亞（經濟）聯盟作為未來區域整合的主體：歐亞聯盟將會和其他現行的區域經濟體進行談判。以歐亞（經濟）聯盟為一個談判整體，再去和歐盟、東協等區域聯盟或是在亞太經濟論壇與北美自由貿易協定等多邊架構下進行經濟合作的談判；第三，歐亞（經濟）聯盟不會與獨立國協國家之間對立：未來歐亞（經濟）經濟聯盟將在WTO的架構下發展自由貿易並成立自由經濟區，逐步達到完全消除貿易壁壘的目標。歐亞（經濟）聯盟的計畫將是對所有獨立國協國家開放大門的；第四，推動歐亞（經濟）聯盟與歐盟的大歐洲整合計畫：2003年，俄羅斯和歐盟就開始進行經濟整合的談判進程，如何將葡萄牙的里斯本（Lisbon）和俄羅斯的符拉迪沃斯托克（Vladivostok，中方原稱海參崴）之間變成一個大歐洲經濟區域體，這將會使這片區域成為最強的地緣政治和地緣經濟的影響實體。以大歐洲經濟體和亞太地區與北美之間進行互動和談判。請見Владимир Путин, "Новый Интеграционный Проект для Евразии–Будущее, Которое Рождается Сегодня," Известия, Октябрь 3, 2011, <http://izvestia.ru/news/502761#ixzz2yjFh2f7C>。

標是在2025年前實現聯盟內部商品、服務、資本和勞動力的自由
流動，推行協調一致的經濟政策。[5]中國國家主席習近平推出的
「中國夢」也有此意，以打造中國「絲綢之路經濟帶」作為歐亞
區域整合的橋樑。[6]儘管俄中同時拉大地緣橫跨歐亞板塊的空間
戰略，但由於中國在中亞的投資額超過俄羅斯大約三倍，[7]俄中
本有強烈的競爭關係，從過去緩慢的俄中雙邊貿易額及延宕10年
的天然氣管道合約可以看出端倪。然而，普京於2014年5月20日
訪中之後，卻使俄中關係有了重要的深化轉折，以天然氣合約的
簽署作為能源互信的基礎，能源是戰略儲備物資，代表俄羅斯將
從俄中商業利益的結合隨時準備走向軍事的結合。[8]綜觀烏克蘭

5　黃文帝、謝亞宏，〈歐亞經濟聯盟正式啟動〉，《人民日報》，2015年1
　　月2日，<http://paper.people.com.cn/rmrb/html/2015-01/02/nw.D110000renmrb_
　　20150102_5-03.htm>。
6　習近平於2013年9月7日在哈薩克納扎爾巴耶夫大學演講提出絲綢之路經
　　濟帶。請見魏建華、周良，〈習近平訪發表重要演講，籲共建「絲綢
　　之路經濟帶」〉，《新華網》，2013年9月7日，<http://news.xinhuanet.
　　com/world/2013-09/07/c_117272280.htm>。
7　中國與吉爾吉斯、塔吉克和哈薩克建立的自由貿易區，與中國連結的區
　　域有60-70%在新疆，中國在這裡的投資額約有640億美元，俄羅斯大約
　　為150~200億美元。俄羅斯主導的集體安全條約組織某種程度保障了中
　　國在中亞的投資安全。因此，俄羅斯的漢學家過去一直主張俄中加強經
　　貿合作，但是歐俄經濟的穩定和歐洲對俄羅斯議會的遊說，延緩了俄中
　　合作的積極性。任教於莫斯科國際關係大學的俄羅斯漢學家盧賈寧教
　　授（Сергей Лузянин）即有此觀點，其認為儘管俄中之間沒有軍事和政
　　治聯盟的義務和相互意識型態的施加，但是彼此的關係已經如同兄弟聯
　　盟了。此觀點可參照盧賈寧教授接受俄羅斯《論點週刊》（Аргументы
　　Недели）的訪談，請見Александр Чуйков, "Российско-Китайский «Каток»,"
　　Аргументы Недели, Май 15, 2014, <http://argumenti.ru/society/n437/338548>。
8　蘇聯解體之後，俄羅斯經濟施行激進的休克療法（Shock Therapy），通

危機事件（Ukraine Crisis）[9]的發展直至普京訪中之前爆發的中、越南海船隻衝撞事件，國際環境中的武力衝突壓力若逐步升高，這將促使俄中產生軍事結盟的意願。2015年2月2日，中印俄外長在北京進行了第十三次外長會議，中俄外長表示歡迎印度在2015年7月於俄羅斯烏法（Ufa）舉行的上海合作組織領袖峰會時加入，並成為正式的會員國。[10]未來中印俄的亞太軸心安全關係將

貨膨脹的同時國內生產線幾乎萎縮，能源企業變相落入寡頭手中，然後由西方資本介入經營，使得俄羅斯至今的能源產業還都是西方資本在俄羅斯市場中賺錢的工具。這次西方對俄經濟制裁是以限制俄羅斯銀行融資暨對俄能源企業輸出探勘技術以期打擊俄能源企業，這使得俄羅斯認真考慮中國投資俄羅斯能源企業的可能性，因此我們看到俄羅斯已邀請中國入股俄羅斯石油公司的子公司萬科爾油氣公司，未來俄能源從中方融資成為俄緩解經濟制裁的方向。請見胡逢瑛，〈挑戰美經濟霸權仰賴中俄聯手〉，《國際金融報》，2014年12月1日，<http://paper.people.com.cn/gjjrb/html/2014-12/01/content_1504755.htm>。

9 本文認為，普京看待烏克蘭事件包括：（2013年11月烏克蘭反對派在首都基輔邁丹廣場上的大規模示威遊行，抗議亞努科維奇推遲烏歐準聯盟成員簽署協議；2014年2月22日，反對派發動推翻亞努科維奇的政變；4月中旬基輔與烏東反叛軍開戰；5月25日，由2004年顏色革命橘色陣營背後的金主波羅申科在總統大選中勝出）是針對俄羅斯而來的，是美國主導烏克蘭加入北約（North Atlantic Treaty Organization, NATO）的徵兆。普京認為，美國的下一步設想就會按照北約東擴的模式，把反導系統部署在克里米亞半島與烏克蘭東部的俄烏邊境，那將使俄羅斯喪失緩衝地帶。因此克里米亞公投「脫烏入俄」（2014年3月18日公投獨立，3月20日俄羅斯聯邦完成了批准入俄的法律程序），以及烏克蘭東部頓巴斯地區的聯邦化（頓涅茨克與盧甘斯克2014年5月11日進行公投，翌日5月12日宣布獨立，並向俄羅斯提出加入聯邦的請求）成為西方向俄施加經濟制裁且推動俄中關係快速融合的重要轉折事件。，正是普京的預防性攻擊措施。

10 〈中俄印外長會晤：中俄歡迎印度申請成為上合成員〉，《人民網》，2015年2月4日，<http://military.people.com.cn/n/2015/0204/c1011-26503929.

更加穩固，尤其俄羅斯還是中印的主要武器供應國。在2015年5月9日俄羅斯慶祝反法西斯戰爭七十周年期間，或是7月8-10日上合組織和金磚國家領袖高峰會舉行期間，習近平訪問俄羅斯時預期將完成俄中西線的阿爾泰天然氣管線合約的簽署。[11]屆時，俄羅斯的能源和軍工外交將成為近一步穩定中印俄三邊安全關係的黏合劑。

　　事實上，雙邊在蘇聯時期早有結盟的基礎，本文分析認為，可以將現在俄中加強軍事演習、高層的政治互訪、區域組織的建構及軍工暨能源貿易的緊密關係視為一種準軍事同盟關係，儘管雙方聲稱不結盟關係，但是本文認為這是有利於雙邊對外進行獨立的外交政策及發展各自的經貿市場，但這並不會阻礙雙邊持續強化軍事互信，其程度是否會走到結盟的那一刻？這一切還是將依據美國與日本的動作來決定。例如，僅在2014年的前半年之內，俄中雙方已在海上進行了兩次的軍事合作。[12]俄羅斯國防部長紹伊古(Shoygu)曾於2014年11月中旬表示，俄羅斯和中國2015年將在地中海海域和太平洋地區舉行聯合演習。據俄新社報道，俄東部軍區司令部代表將與中國武裝力量於2015年舉行幾次會

---

html>。

[11]　〈俄氣欲在勝利日同中國簽訂第二份西線供氣大單〉，《透視俄羅斯》，2015年3月20日，<http://tsrus.cn/jingji/2015/03/20/40591.html>。

[12]　2014年1月25日，俄中首次海上執行國際合作。俄羅斯導彈巡洋艦「彼得大帝」號（Russian missile cruiser "Peter the Great"）和中國導彈護衛艦「鹽城」號，為攜帶首批敘利亞化武的丹麥「阿爾克・富圖拉」號（Ark Futura）護航。2014年5月20-26日，俄中舉行了第三次「海上協作」聯合軍事演習，首度將雙方人員進行混編演練，以促進彼此溝通和協調的融合度和信任度。

議，協商並確定演習地點、人員組成和物質技術保障的程序。[13]
本文分析認為，俄中展開全面的戰略性協作夥伴關係是體現在三
個方面：第一，俄中貿易逐年攀升，預期相互擴大投資範圍將推
動雙邊經貿關係大步向前；第二，俄羅斯持續加強遠東暨西伯利
亞地區的能源開發，引入中資與其他外資，盡快完成俄中能源管
道鋪設和提高運輸量，同時發展聯繫歐亞板塊的路上與海上通
道；第三，俄中軍事合作持續加強，包括陸上和海上的聯合軍演
和軍工貿易，在俄羅斯擴大亞太武器市場的前提下，以及克里米
亞歸屬俄羅斯之後，中國將更加依賴俄羅斯的軍工產品。[14]從俄
羅斯對於中國的軍工與能源產品輸出的影響來看，一旦俄中雙方
在遠東暨東海的利益與美日之間發生衝突時，俄中結盟的意願和
選項將可能成真。[15]

---

[13]　〈2015年俄中將舉行多次聯合軍演〉，《透視俄羅斯》，2014年12月2
　　　日，<http://big5.tsrus.cn/kuaixun/2014/12/02/2015_38543.html>。

[14]　過去20年，烏克蘭將主要兩成的武器都輸往中國。2013年4月，第一艘
　　　由克里米亞製造的最先進的野牛級兩棲氣墊登陸艇交給了中國；在2014
　　　年3月克里米亞歸屬俄羅斯之後，第二艘野牛級兩棲氣墊登陸艇的控制
　　　權轉交給俄羅斯，中國的付款對象將成為俄羅斯的克里米亞船公司。
　　　在中國面臨東海與南海島嶼爭議問題尖銳化之後，中國更加需要俄羅
　　　斯提供最先進的船艦與武器，可以設想中國與俄羅斯的合作在未來安
　　　全戰略考量下會體現在軍售關係上。過去四年以來，中國武器進口64%
　　　來自於俄羅斯，11%來自於烏克蘭，俄中軍售關係代表的兩國發展的長
　　　遠穩定性顯然已經超越貿易量的重要性。請見Владимир Вяткин, "Киев
　　　Теряет Возможность Поставлять Оружие в Китай," Украина.ру, Декабрь 9, 2014,
　　　<http://ukraina.ru/opinions/20141209/1011435296.html>。

[15]　1894年中日甲午戰爭爆發，1895年中日兩國簽署《馬關條約》，其中規
　　　定清廷需割讓臺灣島、澎湖列島與遼東半島給日本，馬上引起俄德法三
　　　國干涉還遼。1896年，中俄簽署《聯合防禦協定》抗日，沙俄因此獲得

貳、普京訪中強化俄中戰略協作夥伴關係

2014年5月20日，俄羅斯總統普京率領了大規模團隊訪問中國大陸，俄中領導人於該日簽署了共同聯合聲明，隔天普京出席了亞洲相互協作與信任措施會議（Conference on Interaction and Confidence-Building Measures in Asia，以下簡稱亞信峰會）[16]，與此同時，20日至26日，雙方還舉行了該年的第三次「海上協作－2014」（Joint Russian-Chinese Naval Exercise「Joint Sea 2014」）聯合軍演。儘管在聯合聲明當中，俄中雙方強調「亞信框架」、「亞太地區」及「世界格局」，[17]並沒有將俄中聯合軍演放入聲

了築建從赤塔進入滿州里通往符拉迪沃斯托克（海參崴）的中國東清鐵路北段（北滿鐵路）權益，1898年沙俄獲得租借大連港及旅順軍港25年的租約，俄羅斯太平洋艦隊進駐促使俄日關係的衝突白熱化。由於當時沙俄也面臨國內革命的風潮與改革的動盪，俄中聯盟並沒有遏止日本在英美支持下的宣戰，1904年爆發日俄戰爭，1905年沙俄戰敗讓出東清鐵路之南滿權益及割讓庫頁島南部。1928年張作霖在皇姑屯遭炸傷後慘死，張學良決定與南京政府言和。1931年爆發九一八事變，日本關東軍進入瀋陽，1932年滿州國成立，加速日本侵華而導致全面戰爭的爆發。1945年二次世界大戰結束後，由於日本戰敗，蘇聯收回庫頁島。俄中重要的聯盟條約有二：第一，當年的中華民國政府和蘇維埃政府於1945年簽訂的《中蘇友好同盟條約》；第二，是1950年蘇共和中共簽訂了為期30年的《中蘇友好同盟互助條約》，後因蘇中關係惡化沒有續約，軍事同盟關係隨後自動終結。目前，俄中的緊密關係可以作為隨時提升雙邊合約內容層級的準備。

[16] 姚培生，〈前大使回憶首屆亞信峰會：哈薩克總統首倡〉，《解放日報》，2014年5月19日，<http://news.sina.com.cn/c/2014-05-19/140530168171.shtml>。

[17] 〈中俄簽署全面戰略協作夥伴關係新階段聯合聲明（全文）〉，《中國

明當中，但是俄中聯合軍演的具體行動儼然成為一項訴諸於文字之外的行動模式，其作用在於擺脫雙方聲稱不結盟的束縛，具有可操作的彈性空間。依據英國廣播公司（British Broadcasting Corporation, BBC）報導指出，日本媒體稱亞信峰會由中國、俄羅斯及中亞國家組成，跟上海合作組織（Shanghai Cooperation Organization）基本重合，是中俄聯手打造的「沒有美國的亞洲安全系統」一部分。[18]儘管美國的壓力為俄中雙邊合作創造了外部壓力的前提條件，但這應當也是順應彼此足以延續到2020年甚至到2030年以前的各自戰略目標，考量的是如何強化安全機制以確保經濟成長並且降低任何突發狀況。以烏克蘭危機現象為例，俄羅斯外交高層已形成這樣的想法：顏色革命是西方利用他國分裂的民意及媒體宣傳機器造成他國內部和外部產生巨大的輿論壓力，直到輿論壓力鬆動或崩解他國政權為止，這儼然成為美國最新的外交利器。[19]

莫斯科國立國際關係大學（Moscow State Institute of International Relations）校長托爾庫諾夫（Anatoly Torkunov）院士

新聞網》，2014年5月20日，<http://www.chinanews.com/gn/2014/05-20/6192687.shtml>。

[18] 陳志芬，〈中俄兩軍將於東海聯合軍演配合普京訪華〉，《BBC中文網》，2014年5月19日，<http://www.bbc.co.uk/zhongwen/trad/china/2014/05/140519_china_russia_putin.shtml>。

[19] 例如俄羅斯外交與國防政策理事會主席費奧多爾‧盧基亞諾夫（Fedor Lukyanov）與俄外交部副部長謝爾蓋‧里亞布科夫（Sergey Ryabkov）即有此觀點。請見"Посольство США Заверило в Отсутствии Стремления Добиться Смены Власти в России," Взгляд, Декабря 8, 2014, <http://vzgliad.ru/news/2014/12/8/719340.html>。

認為，超級強權美國所構成的世界警察和單極體系模式不能為全球化和民主化帶來足夠的資源。[20]他認為，俄中關係的穩定有助於俄羅斯呼籲建立更加公平、平衡和穩定的多極世界。[21]普京訪中的第一天與習近平簽署的共同聲明，其象徵雙方將以準軍事同盟關係[22]攜手共建世界多極體系。如果說俄羅斯主張地是多極世界，那麼，中國希望在支持這一主張中獲得在亞洲的霸主地位，也就是在亞信峰會中習近平提出亞洲事務歸亞洲人管的概念，中國稱霸亞洲的企圖可從習近平出席上海亞信峰會的一段談話「亞洲的事情歸根結底要靠亞洲人民來辦」可以得知。[23]本文認為，普京相信北約東擴的導彈部署模式已經在喬治亞和烏克蘭展開，在歐洲的黑海領域之內，俄羅斯可以靠自身的軍事力量去抗衡。[24]未來北約東擴模式也可能在日本和韓國展開，俄羅斯漢學

---

[20] Анатолий Торкунов, Китай в Мировой Политике (Москва: МГИМО, 2001), c.5.

[21] Анатолий Торкунов, Китай в Мировой Политике, c.11.

[22] 莫斯科國立國際關係大學（MGIMO）的俄羅斯漢學家盧賈寧教授稱為「兄弟聯盟的關係」，請見Александр Чуйков, "Российско-Китайский «Каток»"。

[23] 習近平提到：「亞洲的事情歸根結底要靠亞洲人民來辦，亞洲的問題歸根結底要靠亞洲人民來處理，亞洲的安全歸根結底要靠亞洲人民來維護。」請見〈習近平在亞洲相互協作與信任措施會議第四次峰會上的講話（全文）〉，《新華網》，2014年5月21日，<http://news.xinhuanet.com/world/2014-05/21/c_1110796357.htm>。

[24] 普京認為，俄羅斯外部的兩大威脅是外國利用抗議與極端民族情緒進行煽動，以及北約勢力的擴張，俄羅斯基於自衛，故有動用核武的條件。請見"Новая военная доктрина определила угрозы для РФ: НАТО, территориальные претензии, дестабилизация в регионах", Московский Комсомолец (МК), Декабря 26 2014, <http://www.mk.ru/politics/2014/12/26/novaya-voennaya-doktrina-opredelila-ugrozy-dlya-rf-nato-territorialnye-pretenzii-destabilizaciya-v-regionakh.html>。

家盧賈寧（Sergey Luzianin）即持這個觀點。故促使俄中走向緊密的軍事合作須將美國北約東擴和導彈防禦系統的部署作為首要因素考慮進來。[25]美國傳統基金會（the Heritage Foundation）資深研究員柯翰（Ariel Cohen）主張強化美國的軍事支出（至少維持4%的GDP）及擴大對俄軍情的研究（包括對武器和軍事技術的銷售），以遏制俄羅斯軍事現代化對全球的影響力。[26]華府的智庫例如伍德羅・威爾遜國際學者中心（Woodrow Wilson Center）有觀點認為，中國的軍事化等於是準備以戰爭奪取島嶼，這將改變美國在亞太地區的傳統勢力範圍。[27]美國傳統基金會則呼籲美國政府維持國防預算及關注俄羅斯的軍火走向。[28]從美國智庫的言論可以顯示，俄中的軍事合作將對美國亞太政策構成巨大的挑戰；反之，美國的軍事部署也加速了俄中的軍事合作。當前美俄雙方都宣布重返亞洲，可預見雙方在未來幾年內最大利益衝突地點會是在亞太地區。

一、俄中重大合約之經濟與安全戰略意涵

為達到俄中已經制定的2015年1,000億美元及2020年2,000億美

---

[25] 〈美國反導系統是對俄中兩國的共同威脅〉，《俄羅斯之聲》，2014年6月2日，<http://big5.sputniknews.cn/tchinese.ruvr.ru/2014_06_02/273068930/>。

[26] Ariel Cohen, "A U.S. Response to Russia's Military Modernization," *The Heritage Foundation*, May 29, 2014, <http://www.heritage.org/research/reports/2014/05/a-us-response-to-russias-military-modernization>.

[27] "Strategic Asia: China's Military Challenge," *Woodrow Wilson Center*, October 3, 2012, <http://www.wilsoncenter.org/event/strategic-asia-china%E2%80%99s-military-challenge>.

[28] Ariel Cohen, "A U.S. Response to Russia's Military Modernization."

元的貿易目標，甚至是未來2030年雙邊貿易都超過彼此和歐盟的
貿易額目標，俄中雙方協議成立共同投資委員會，來監督雙方投
資戰略發展計畫的實施。[29]一方面，俄中戰略協作夥伴關係的深
化與美國對俄中戰略的擠壓有關，另一方面，其也符合雙邊內外
戰略布局的長期需求。廣州暨南大學吳非教授將俄羅斯與美國之
間互動與博弈比喻是跳一支探戈，他認為，美國進一步，俄羅斯
也跟著進一步，普京要做的就是把握節奏，不用太緊逼。中美之
間的摩擦越來越頻繁，中俄之間一旦能夠突破投資限制，兩國關
係將進一步向前邁進。從中國的角度看，可以找到真正的盟友，
在政治、經濟等領域開展互信合作。[30]俄中雙邊領導人的定期會
晤與聯合聲明及俄中雙方共同主導的區域性聯合組織〔上海合作
組織、金磚國家（BRICS）與亞信峰會〕則彌補了俄中軍事當前
不結盟的不足。當俄中雙邊在意識形態不構成對立的基礎上，雙
邊因國家安全所建構的利益結合將促使兩邊可以成為具有區域安
全穩定性的盟友般關係。

　　在普京訪中的第二天（2014年5月21日），俄中雙方簽訂了
一份長達30年價值4,000億美元的天然氣合約，俄方預計2018年或
是2019年以後每年將向中方提供380億立方公尺的天然氣，最高
也可能達到600億立方公尺的天然氣供應量。俄羅斯天然氣工業

---

[29] 「中俄關於全面戰略協作夥伴關係新階段的聯合聲明」第2條：「雙方均
支援完善中俄總理定期會晤機制，包括建立副總理級的中俄投資合作委
員會、中俄經濟合作戰略性專案高級別監督工作組，以及能源領域專門工作
組。」請見〈中俄簽署全面戰略協作夥伴關係新階段聯合聲明（全文）〉。

[30] 張穎，〈俄羅斯外逃2220億美元〉，《國際金融報》，2014年5月19日，
<http://paper.people.com.cn/gjjrb/html/2014-05/19/content_1429472.htm>。

集團公司（Газпром）的總裁米勒（Алексей Миллер）表示這樣大
的合約在該公司史無前例。俄羅斯總統普京表示，俄中將在俄
羅斯西伯利亞天然氣管道「西伯利亞力量」（Сила Сибири）的
東部支線鋪設上於四年之內完成世界最大的投資案，俄方出資
約550億美元，中方大約出資200億美元。普京還強調，該是雙方
研議西伯利亞西部支線的時刻。[31]目前俄羅斯將能源戰略轉向東
方並不容易，俄羅斯的天然氣管道主要在歐洲部分，以2013年為
例，俄羅斯天然氣出口到歐盟約為1,250億立方公尺，出口中國
僅6億立方公尺。[32]普京表示，俄中天然氣合約對於俄羅斯合理
開發遠東和西伯利亞地區是有幫助的。[33]普京的西伯利亞西線天
然氣戰略目標應該更多地是希望藉由管道鋪設而連結俄印中三邊
領土，以利俄中印關係獲得鞏固，預期西伯利亞天然氣管道西部
支線主要是要經過中國西部到印度，這條管道是強化「俄－中－

---

[31] 事實上，儘管目前俄中雙邊貿易額為900多億美元，受到全球經濟不景
氣和中國經濟下滑的衝擊略有倒退。2020年貿易目標是2000億美元，但
雙方在四年之內將投資770億美元的資金就僅僅在天然氣管道鋪設的項
目上，這就保證了基本貿易額的穩定。更重要的意義是，在宣示開發西
伯利亞與遠東的計畫上，俄羅斯已經向最大的鄰邦伸出歡迎的手臂，也
就是緊接中國之後，日本、韓國及東南亞國家都會是俄羅斯亞太戰略的
貿易合作夥伴及貿易市場。請見 "Газпром" и CNPC Подписали Контракт
о Поставках Газа в Китай," ИТАР-ТАСС, Май 21, 2014, <http://itar-tass.com/
ekonomika/1202314>。

[32] Елена Трегубова, "Эра Поднебесной. Поможет ли Российской Экономике
Сотрудничество с Китаем," Аргументы и Факты, Май 19, 2014, <http://www.aif.
ru/money/economy/1171680>.

[33] "Путин: Контракт с Китаем Делает Целесообразной Газификацию Востока РФ,"
РИА Новости, Май 24, 2014, <http://ria.ru/economy/20140524/1009171430.html>.

印三角戰略關係」的重要支線。如今，俄中之間已取得一定的信任基礎，中國西部將因為俄羅斯天然氣管道過境而帶動西部的工業開發和賺取過境費用。中國的西部相當於俄羅斯西伯利亞的資源價值與戰略意涵。這應是俄中關係在過去50年的一大突破，雙方過去在歷史上因領土爭議和意識形態對峙還導致邊境軍事衝突。[34]這次普京訪中達成多項協議，儘管俄羅斯對中國天然氣的供應量不如歐盟多，不過當前對於俄羅斯的亞太戰略而言，其基礎思維應是以發展內部在遠東和西伯利亞地區為基礎，利用地緣政治和能源經濟的優勢，從遠東地區延伸出太平洋形成通往亞太的海上通道。俄羅斯在選擇日本和中國之間作出了向中國靠攏，

---

[34] 筆者與臺灣大學政治學系石之瑜教授進行口述歷史合作的俄羅斯漢學家劉宇衛（Valentin Golovachev），在採訪遠東權威漢學家拉林（Victor Larin）時問到：「問題是誰勝了，至今為止這是昭然若揭的。或許，兩邊都輸了，以今天的觀點來看，這根本是一場沒有必要的戰爭。」依對珍寶島事件的註解：「珍寶島位於烏蘇里江，根據中俄之間的條約，兩國之間的邊界是到中國的河岸這邊，所以該島當時應屬於俄羅斯的領土，俄羅斯劃入濱海邊疆區的波扎爾斯基區（Пожа́рский райо́н—район Приморского края/Pozharsky district–District of Primorsky Krai）。1950年代中期以後，蘇中關係惡化，中國升高一連串的內外政策與意識形態的衝突。1969年中蘇邊境在珍寶島發生軍事衝突，自該年的3月2日開始，蘇聯邊防軍和中國軍隊在島上對峙，戰鬥結果造成雙邊的傷亡，事件到1969年夏末結束，9月雙邊領導人見面，蘇聯政府代表是柯西金（Косыгина А.Н）和中國國務院總理周恩來會晤，商議採取措施解決邊境局勢的正常化。蘇中雙方進行了一連串談判，承認必須要重新審視蘇中邊境問題。談判結果是根據烏蘇里江河道與國際法，1991年該島歸屬為中國。」請見胡逢瑛譯，〈訪問拉林教授〉，《中國學－口述歷史》計畫，臺灣大學中國大陸暨兩岸關係教學研究中心，2010年3月25日，<http://politics.ntu.edu.tw/RAEC/comm2/ra10ch.pdf>。

這也源於俄日之間在中國東北和朝鮮半島利益的衝突，以及北方四島問題仍是歷史遺留下來阻撓俄日關係的諸多問題；在過境中亞陸路上，從西伯利亞延伸出的戰略是結合「俄－中－印三角」的新軸心關係。

隨著全球消耗性能源經濟須轉向節能減碳的綠色能源經濟，中國的天然氣需求市場亦將會持續攀升。目前中國自身有1,150億立方公尺的供應量，其中購買的液態天然氣大約800億立方公尺，當中的400億立方公尺從亞太地區取得供應。預期在2020年以前的中國天然氣需求量大約在3,000-3,500億立方公尺，2030年以前，中國的天然氣需求量預期將會超過歐盟，目前歐盟的需求量大約在5,500-6,000億立方公尺。依俄羅斯預期，2020年以前可從西伯利亞東部支線和西部支線供應中國680億立方公尺的天然氣。俄中雙方的天然氣談判供應大約始於2004年，過去雙方僵局主要是在價格，如果按照當時俄羅斯給歐盟的價格大約在每千立方公尺450美元，但是中方當時要求的價格在250美元。2013年中方還提出140-150美元的價格，遭到俄方斷然拒絕。[35]由於過高的進口價格將使中國無法在國內市場進行銷售，因此，中國方面可以接受的價格底線是每千立方公尺350美元。目前中國天然氣是從土庫曼進口約年供應量200億立方公尺，預計2020年以前達到年供應量650億立方公尺。2013年完成了由緬甸供應的天然氣管道，過去10年中國和卡塔爾與澳洲都先簽訂了長期供應天然氣

---

[35] "Новак Подтвердил, что Цена на Газ для Китая Близка к \$350 за Тысячу Кубометров," Росбалт, Май 23, 2014, <http://m.rosbalt.ru/business/2014/05/23/1271966.html>.

的合約。[36]過去俄羅斯有歐盟市場，中國有多元化能源進口管道，因此價格可以成為談判的爭議問題。現在在俄中雙方可以在長達10年的談判過程中在價格上作出妥協。俄羅斯能源部長諾維科夫（Alexander Novak）接受俄羅斯資訊頻道（Россия-24/Channel Vesti）電話詢問後證實，俄中天然氣供應30年4,000億美元的這份合約價格是每千立方公尺將近350美元。[37]30年的貿易合約意味著安全和穩定至上的重大價值，有助於雙方共同面對安全上的挑戰。

　　普京訪中引起關注的另一項重大合約是在航空領域，這項經貿關係從2011年開始有明顯的成長，該年初中國向俄羅斯訂購了150架AL-31F航空渦輪風扇發動機，該年中又訂購了123架AL-31FN型的發動機。以2012年為例，發動機即占俄羅斯出口到中國軍工產品的90%；2013年中國向俄羅斯買了價值超過18億美元的軍工產品，目前中國位居俄羅斯武器技術訂單排行的第四位。[38]普京此行訪中簽署了多達近50項合約，可以說開啟了未來俄中經貿關係全面提升的大門。在普京訪中期間，俄羅斯聯合飛機製造公司（Объединенная авиастроительная корпорация）總裁波國相（Mikhail Pogosyan）證實，已經與中國商用飛機公司簽署了聯合開發寬體客機的合約，[39]雙方研發將以超過波音和空中巴

[36] Алексей Топалов, Александр Орлов, Карина Романова, Рустем Фаляхов & Владимир Тодоров, "Китай Тянет Время," Газета.Ру, Май 20, 2014, <http://www.gazeta.ru/business/2014/05/20/6040517.shtml>.

[37] "Новак Подтвердил, что Цена на Газ для Китая Близка к $350 за Тысячу Кубометров."

[38] "Россия и Китай Сконструируют Новый Пассажирский Самолет," Вести, Май 20, 2014, <http://www.vesti.ru/doc.html?id=1600260>.

[39] "Россия и Китай Создадут Новый Пассажирский Самолет," Российская Газета,

士（Airbus-A380 & Airbus-A350, Boeing-777-300 & Boeing-787）為目標。[40]未來光是滿足雙方的內需市場及新興國家的民用客機市場就有很大的利潤前景，過去中國僅與美國合作的這項大餅現被俄中合作取代，未來在民用飛機生產方面將有龐大的商機。其他合作領域如航太、電力、交通、醫療、化材、木材、有色金屬、機械設備、漁業及農業等。普京此時掌握了俄中合作的絕佳契機，而習近平也權衡利弊而向俄羅斯靠攏，這正是雙邊合作最關鍵的人為決策因素。預期俄羅斯將開始較為積極接受中國的資金，而中國也會更積極接受俄羅斯參與國內重大工程項目。俄中的航太合作不但為雙方內需市場奠定基礎，也將搶占國際新興市場，預期將可改變由西方壟斷的國際航空市場。

國內研究俄羅斯與歐盟的學者郭武平教授即認為，遠東地區的天然資源豐富並且具有聯繫歐亞板塊的陸上運輸道路，例如西伯利亞大鐵路，如果亞太各國都與俄羅斯發展了很好的經貿關係，也都從俄羅斯獲得穩定的能源供應，並且紛紛進入遠東地區投資，那將來對臺灣的影響就太大了，臺灣應該要提早因應未來俄羅斯深入亞太地區之後的影響。[41]由於美國與東南亞經濟整合圈已經逐漸形成擴大，俄羅斯和中國若在沒有經濟整合主體的劣勢下會無法真正獲得經濟合作的主動權，故經濟和安全問題會持續促使俄中更加緊密的合作。2014年5月20日簽署的〈俄中聯合

Май 20,2014, <http://www.rg.ru/2014/05/20/samolet1-anons.html>.

[40] "Россия и Китай Сконструируют Новый Пассажирский Самолет."

[41] 郭武平，〈台俄經貿關係發展現況與未來展望〉，2003年遠東區合作發展學術研討會，<http://203.72.2.115/dbook/101041002.pdf>。

聲明〉第21條特別指出：「雙方將尋找絲綢之路經濟帶專案和將建立的歐亞經濟聯盟[42]之間可行的契合點。」這是雙方擺脫區域經濟整合受到孤立的措施，並且就貿易重疊領域進行相互諒解和支持。俄羅斯將透過鋪設俄中印能源管道支持中國西部開發，俄羅斯也會同時增加兩到三倍對中國能源的出口，[43]在2015年預期將完成俄中西線的阿爾泰天然氣管線合約的簽署。[44]

二、俄中海上聯合軍演的商業和軍事意涵

2014年5月20日至26日，俄中雙方在東海領域舉行了「海上協作－2014」聯合軍事演習，這是俄中在該年的第三次的海上聯

---

[42] 歐亞經濟聯盟（ЕАЭС）亦稱為歐亞聯盟（EEU），是一個由白俄羅斯、哈薩克、俄羅斯、吉爾吉斯斯坦、亞美尼亞和其他前蘇聯國家為加深經濟、政治合作與融入而計畫組建的一個國際組織。2015年1月1日正式生效運行。關於該組織構想，請見Владимир Путин, "Новый Интеграционный Проект для Евразии——Будущее, Которое Рождается Сегодня"。

[43] 1998-2008年期間，俄羅斯對中國的產品出口比例占全額出口的4-5%。到了2012年，為9.9%。2012年，俄羅斯是中國原油進口的第三位國家（8.98%），僅次於沙烏地阿拉伯（19.89%）和安哥拉（14.81%）。俄羅斯在中國的能源前景還有在煤炭、電力與核電廠等方面。俄中在安全方面的合作尚有助於能源貿易的提升，以2013年為例，俄羅斯出口到中國的主要產品項目：能源燃料（67%）、木材（7%）、有色金屬（5%）；俄羅斯從中國進口的主要產品項目：機械設備（40%）、衣服鞋帽等紡織品（10%）、化學製品（10%）。中俄能源貿易相關數據可參考俄羅斯經濟發展部（Министерство Экономического Развития Российской Федерации）網頁，請見 "Российско-Китайское Торгово-Экономическое Сотрудничество", Министерство Экономического Развития Российской Федерации, <http://www.ved.gov.ru/exportcountries/cn/cn_ru_relations/cn_ru_trade/>。檢索日期：2015年3月10日。

[44] 〈俄氣欲在勝利日同中國簽訂第二份西線供氣大單〉。

合軍演，[45]顯示雙邊在政治、經濟、軍事和安全領域合作的全面提升。俄羅斯從符拉迪沃斯托克軍港派出了由瓦良格號巡洋艦（Slava-Class Cruiser Varyag）領航的太平洋艦隊駛往上海，俄中雙方共同就反導和火砲射擊不同射程的準確性與反潛突擊等項目進行了演練。值得關注地是，俄羅斯從2008年開始進行了大規模的整裝軍備，包括以合約制提高了軍官的收入，以及大量更新武器裝備，2020年以前將達到70%的軍備更新汰舊率，2014年俄國防部的支出高達了2兆3千億盧布（約760億美元）。[46]由於俄羅斯武裝力量的全面現代化將構成美國在國際安全角色上的最大挑戰，預期美國軍方將會對俄羅斯軍事發展方向持續向白宮施壓。[47]據

---

[45] 俄中海上聯合軍演第一次是在2012年，稱為「海上協作－2012」，演習定是在中國黃海海域舉行。「海上協作－2013」聯合軍演在俄羅斯的彼得大帝灣（Peter the Great Bay）和符拉迪沃斯托克港海域舉行。「海上協作－2014」聯合軍演是在中國東海海域進行。普京在上海吳淞港發表演習的開幕致詞表示：「今天我們開啟了俄中聯合海上軍事演習『海上協作－2014』……其實這是我們雙方同志般的過去戰鬥傳統，早在第二次世界大戰期間，我們早就是盟友，共同擊退了敵人的侵略，我們的中國盟友仍感謝我們為了中國解放東北所犧牲的數以千計的戰士生命。」請見"Открытие Военно-Морских Учений «Морское Взаимодействие–2014»," Президент России, Мая 20, 2014, <http://www.kremlin.ru/news/21048>。

[46] "Суда Тихоокеанского Флота России Прибыли в Китай для Совместных Учений," РИА Новости, Май 19, 2014, <http://ria.ru/defense_safety/20140519/1008324142.html>.

[47] 美國五角大廈一名資深官員布賴恩・麥克科恩（Brian P. McKeon）向一名國會軍售服務小組審查委員表示，美國對俄羅斯的武器發展應有兩項潛在目標：第一，需要勸服俄羅斯回到雙方認同的武器發展限制的條約框架內；第二，限制俄羅斯有進一步新的武器發展動作。美國一名國務院的資深官員羅斯・戈特莫勒（Rose Gottemoeller）表示，美國會用經濟的手段對俄進行懲罰。美國參議員麥克爾・羅傑斯（Mike D. Rogers）表

此，本文認為美國針對俄羅斯的經濟制裁有可能是以克里米亞事件作為掩飾的藉口，其深層目的更可能在於懲罰俄羅斯在國內武器的擴張與雷達系統的部署。

此外，俄中演習還包括聯合解救被劫持船舶與防空監測和識別。[48]顯然，藉由俄中海上聯合演習，一方面，俄羅斯的海上裝備對中國急需發展海上絲路所需的安全防衛提供了最好的武器宣傳，具有商業意涵；另一方面，在美日韓不斷提升海上軍演層級的同時，俄羅斯太平洋艦隊如何發揮作用，俄中的聯合軍演成為了俄羅斯走向太平洋的重要軍事戰略布局。由於2014年海上聯合軍演是針對在面臨突發狀況時所進行具有防空識別針對性與實戰性的模擬，北京清華大學國際關係學系吳大輝教授對此認為，聯合查證識別的演練意味俄方對中方在東海防空識別區的承認和

示，已經對白宮進行多年的施壓，使得白宮終於在2014年7月宣稱：俄羅斯違反1987年的《中程核子武力條約》（*The Intermediate-Range Nuclear Forces Treaty*）；他要求美國政府當局要說服莫斯科遵守1972年的《反彈道飛彈條約》（*Anti-Ballistic Missile Treaty*），並同時要求俄羅斯拆除位於克拉斯納雅爾斯克州與西伯利亞部署的雷達系統。請見Michael R. Gordon, "Pentagon to Press Russia on Arms Pact Violation," *The New York Times*, December 10, 2014, <http://www.nytimes.com/2014/12/11/us/politics/pentagon-to-press-russia-on-arms-pact-violation.html?ref=world&_r=2>；美國國會通過一項關於美日韓三邊的終端高空區域防禦系統法案，但南韓擔心會影響韓中與韓俄關係，暫緩加入美日韓三邊防衛體系。請見Sarah Kim, "U.S. House of Representatives Passes Asia Missile Defense Bill,"*The Korean Joongang Daily*, December 11, 2014, <http://koreajoongangdaily.joins.com/news/article/Article.aspx?aid=2998375>。

[48] "Россия и Китай Начали Учения "Морское Взаимодействие-2014"," Вести Интернет-Газета, Май 20, 2014, <http://www.vesti.ru/doc.html?id=1600326&cid=5>.

支持。[49]中國海軍軍事學術研究所研究員李傑表示，釣魚臺適用《日美安保條約》（Treaty of Mutual Cooperation and Security between the United States and Japan），中國可以透過軍演表達維護領土完整的決心，並透過展示聯合作戰的實力與能力，對美國進行警示和嚇阻。[50]未來亞太地區恐將是主權延伸的海權爭奪戰，對臺灣亦是挑戰，亦即中日在釣魚臺的奪島衝突有可能殃及池魚。本文經由中方態度而認為，中日若在釣魚島附近發生軍事衝突，對臺灣等於是侵犯國家主權，應對中日可能之衝突防患未然，避免被迫介入戰爭。

　　對於俄中海上聯合軍演的意涵，俄羅斯漢學家盧賈寧認為俄中之間儘管沒有正式建立同盟關係，但是可以就雙邊的需求而擴充這項關係，這將以俄中領導人之間簽署的聯合聲明作為這項法律訴求的文件模式，而海上聯合軍演是落實這項關係的行動模式。俄中已建立起每年舉行大規模陸上和海上聯合軍演的機制。現在看來，未來3-5年將對該聲明的安全與戰略合作部分充實新的條款。」[51]俄羅斯公共政策研究中心（The Center for Public Policy Research）主任葉夫謝耶夫（Vladimir Evseev）認為，這反映出烏

---

[49] 何天天，〈中俄軍演將演練敏感課目　意味著俄支持我東海識別區〉，《人民網》，2014年5月19日，<http://military.people.com.cn/n/2014/0519/c1011-25033850.html>。

[50] 〈中方5月下旬與俄舉行聯合演習〉，《透視俄羅斯》，2014年5月2日，<http://tsrus.cn/kuaixun/2014/05/02/5_33937.html>。

[51] 葉普蓋尼·舍斯塔科夫（Yevgenv Shestakov），〈俄中同盟：法律上未建立　事實上已形成〉，《透視俄羅斯》，2014年5月20日，<http://tsrus.cn/guoji/2014/05/20/34329.html>。

克蘭危機爆發後出現的新的地緣政治局勢。其表示：「演習絕非偶然，它是向西方，首先是美國發出的信號：俄中將建立新的軍事政治關係。」俄羅斯《國防》（The Russian Defense Policy）雜誌主編克羅特琴科（Igor Korotchenko）認為，俄中海上聯合軍演就是這方面的例證。其指出：「俄羅斯現在將中國視為主要戰略夥伴。但以前我們首先是這樣看待美國和北約國家，但由於他們在烏克蘭事件上所持的不友好立場，俄羅斯的轉向將在亞太地區更加活躍。烏克蘭事件後普京首次出國訪問地點恰恰是中國。除了中國，我們還將同亞洲其他權力中心建立更加緊密的關係。海上聯合演習無疑是俄中對美國擴張、西方施壓的回應。應當把聯合軍演放在當前地緣政治形勢的背景下來看待。」科羅特琴科還認為：「考慮到國際地緣政治形勢，俄羅斯和中國逐步加強戰略協作夥伴關係，而且雙方合作將不僅涉及經濟領域，還有軍事領域。從這個層面講，舉行聯合軍演能夠展現雙方在關鍵的政治軍事問題上彼此特別親近。」[52]

　　在因應美國的挑戰上，俄中軍事關係的提升將兼具商業和軍事的雙重戰略意涵。盧賈寧認為，烏克蘭危機和中國南海暨東海島嶼爭議問題適時地使俄中雙方找到了相互合作和諒解的基礎。在過去，俄羅斯由於內部發展的因素，並沒有意願積極開發遠東，也沒有讓中國資金進入西伯利亞和遠東地區的迫切性。其主要原因在於俄羅斯遠東的基礎建設過於落後，又缺乏足夠的勞

---

[52] 〈專家點評俄中軍演對美國的影響〉，《透視俄羅斯》，2014年5月22日，<http://big5.tsrus.cn/junshi/2014/05/22/34371.html>。

動力，中國非法勞工在遠東超過合法的勞工，中國勞工在遠東也有適應不良問題，諸多因素使得中俄兩國之間的經貿關係無法提升，「黃禍論」（Yellow Peril）的擔憂倒成了其次的問題。[53]盧賈寧還認為，習近平的「絲綢之路經濟帶」要同時取得陸上絲路和海上絲路雙贏的成功，以目前的亞太的局勢看來將遭遇到很大的阻力。在陸上絲路方面，中國的投資是較為成功的，隨著上海合作組織的安全關係及集體安全條約組織的雙重安全保障，中國在中亞的投資額遠遠要超過俄羅斯，並且中國與中亞國家彼此之間也建立了雙邊自由貿易區的關係。基此，中國在中亞投資的成功刺激了其國內西部的發展，[54]若沒有俄羅斯的默許是不可能的，中亞的勞工在俄羅斯的經濟效益幾乎占中亞各國總體國家生產總值的最重要來源。[55]然而，美國將軍隊逐漸撤出阿富汗[56]，未來中亞的恐怖威脅是必須靠俄中雙方同時來維繫的。中國新疆問題將是路上絲路的最大安全障礙，強化上合組織打擊恐怖分子需要俄羅斯的支持。中國也開始展開所謂的反恐外交，中央政法委書記

---

[53] Сергей Лузянин, "Китай: «Щелковая Политика» Возвышения," Март 19, 2014, *MGIMO* (Russia), <http://www.mgimo.ru/news/experts/document249626.phtml>.

[54] Сергей Лузянин, "Китай: «Щелковая Политика» Возвышения."

[55] 以2009年為例，塔吉克在俄的勞工收益占該國GDP的46%，吉爾吉斯約26~35%，烏茲別克10%，勞工的犯罪成為獨立國協國家社會安全的隱憂，請見Арустан Жолдасов, "Хорошо Там, Где Нас Нет? Значит, Хорошо станет там, Где Нас Не Будет," Информайионно-Аналитический Центр МГУ, Октябрь 22, 2010, <http://www.ia-centr.ru/expert/9188/>。

[56] 歐巴馬於2014年5月28日表示，在北約作戰部隊於今年年底撤離阿富汗後，2015年，美國仍有可能在阿富汗保留9800名美軍。到2015年底，美軍數量將減少一半。所有美軍將在2016年底全部撤出。

孟建柱對伊朗、土耳其進行訪問，就反恐和執法安全合作達成一系列共識。[57]2015年夏季，在俄羅斯作為輪值主席國的烏法市上合組織峰會上，成員國擴大將成為主要問題之一。印度和巴基斯坦成為首批成員國候選國。德黑蘭已經向上合組織提出了相應的要求。[58]顯然，上海合作組織將以擴大成員國作為未來改變現狀的戰略目標。印巴同時成為上合組織正式成員國之後將有助於中印巴三方關係的改善，而未來若是伊朗和阿富汗獲准成為正式的會員國，同樣可以加強整個泛中亞地區反恐的效果，對於俄羅斯的歐亞經濟聯盟與中國的「一帶一路」歐亞橋樑經濟戰略都是重要的方向。以「反恐合作是建構命運共同體」的想法已經是習近平近期提出來的重要安全概念，甚至「命運共同體」還是2015年3月28日，習近平在博鰲亞洲論壇開幕演講中的關鍵詞彙。[59]

事實上，烏克蘭事件、朝鮮危機、東海與南海爭議，對俄羅斯而言，都有可能成為美國部署彈道飛彈防禦系統的理由，而軍事衝突首當其衝將破壞俄羅斯歐亞經濟聯盟和中國的「絲綢之路經濟帶」，歐亞板塊最集中與最紊亂的地區就在中亞，這裡不但是恐怖主義的溫床，也是俄中與中亞建立軍事同盟、關稅同盟

---

[57] 〈京華時報：反恐合作是構建命運共同體的一部分〉，《人民網》，2014年11月21日，<http://opinion.people.com.cn/n/2014/1121/c1003-26067341.html>。

[58] 〈學者稱伊朗想入上合組織成員國 和中國抗美壓力〉，《北京新浪網》，2015年1月23日，<http://dailynews.sina.com/bg/chn/chnmilitary/sinacn/20150123/22396409623.html>。

[59] 劉旭，〈「命運共同體」一詞高頻出鏡 習近平博鰲聲音成聚焦點〉，《人民網》，2015年3月29日，<http://xj.people.com.cn/n/2015/0329/c188514-24314174.html>。

和政治同盟的衢道。普京和習近平將「以武制武」抵禦美國破壞
歐亞戰略的可能性發生，同時會對該區域內的任何不穩定因素進
行嚇阻和預防。為確保俄中各自經濟成長的戰略目標可以持續達
成，加強俄中軍事合作完全有其安全環境上的迫切性需求。從
2014年5月20日俄中簽署的聯合聲明來看，雙方有許多的妥協和
諒解之處，傾向俄方的妥協包括：上海合作組織限縮在打擊恐怖
主義的範圍，提升亞信峰會作為在亞太地區的聯合安全平臺；傾
向中方的妥協包括：促進歐亞經濟聯盟與絲綢之路經濟帶的契
合，俄羅斯支持中國在亞太安全上的軍事合作和需求。[60]

　　2014年的俄中「海上協作」是在中國東海海域的北部範圍執
行，2012年主要在黃海領域，2013年是在靠近日本海域的彼得大
帝灣，這裡的變化在於：俄羅斯太平洋艦隊活動範圍的擴大，以
及首度進入中國防空識別區的海域之內進行聯合演習，顯示雙邊
提升友好信任關係。與此同時，具有對美日韓進行海上聯合軍演
的海域產生相互平衡的宣示作用。未來在亞太地區俄中「海上協
作」聯合軍演及《美日安保條約》的安全模式將相互抗衡，預期
未來俄中戰略協作夥伴關係不僅是表現在貿易額上的增長，同時
還將對亞太地區海權擴張產生安全上的影響。大國在彼此權力平
衡的角力過程中將對小國產生威脅，小國在外交上的合縱連橫也

---

[60] 第24條：「亞信是就維護地區和平與安全問題開展對話的有效機制」；
第21條：「俄方認為，中方提出的建設絲綢之路經濟帶倡議非常重要，
高度評價中方願在制定和實施過程中考慮俄方利益。雙方將尋找絲綢之
路經濟帶專案和將建立的歐亞經濟聯盟之間可行的契合點。」請見〈中
俄聯合聲明:全面戰略協作夥伴關係進入新階段〉，《新華網》，2014年
5月20日，<http://news.sina.com.cn/c/2014-05-20/194530178276.shtml>。

將不可避免。[61]防止克里米亞事件在亞太地區遭到複製應是我國持續加強關注的重點方向。2015年3月，普京在克里米亞回歸一周年時表示未來任務有二：第一，建成刻赤大橋，將克里米亞和高加索，和俄羅斯領土連接起來的著名大橋應為克里米亞能源，而且是自身能源發展創造條件；第二：建立從太空可以見到的全世界最有效的岸防防禦系統。[62]

參、俄羅斯軍工產品與能源出口戰略

　　普京上任之後，把許多重要的國家安全資源都收歸到政府控管的國有國營公司的壟斷之下。2006年12月15日，普京簽署總統令，規定把俄羅斯國防出口公司（Рособоронэкспорт）作為國家唯一對外出口的武器公司，這是俄羅斯經歷了九〇年代自由化階段之後，軍工產業再度回歸到國家控管的體制上來。普京認為集中管理是避免內部惡性競爭及掌握售後維修服務以提高武器市場利潤的方式。該公司是繼天然氣石油公司之後成為俄政府建立

---

[61]　《新華網》刊載了這一觀點的文章：「克里米亞事件再次證明了一個鐵的事實，那些凡是企圖玩弄所謂『大國平衡』戰略，挑起大國間爭端以便從中牟利的『小國』最後都必將毫無例外成為國際政治鬥爭的『犧牲品』。在國家利益至上的原則之下，過於明顯的『投靠』某一大國，寄望僅僅依靠一紙空頭安全協議就能確保萬無一失，並試圖以此為要脅、對抗另一『大國』的想法十分愚蠢，所得到的結果也必定適得其反。」請見〈港媒：克里米亞模式或成中國解決南海問題藥方〉，《新華網》，2014年4月29日，<http://www.qh.xinhuanet.com/2014-04/29/c_1110470451.htm>。

[62]　〈普京談克里米亞回歸一周年〉，《透視俄羅斯》，2015年3月16日，<http://tsrus.cn/shizheng/2015/03/09/40471.html>。

的第二間國營出口壟斷公司。[63]根據俄羅斯國家安全的智庫—俄羅斯國家事務委員會（Russian International Affairs Council）的軍情分析家克拉姆尼科（Ilya Kramnik）的分析，他認為俄羅斯武器出口的戰略有三：第一，向具有政治意義及勞力密集度高的戰略夥伴國家輸出武器技術並且進行共同聯合研發，這些國家包括了印度、中國、巴西，以及具有合作前景的韓國。他認為中國可以自主研發，所以針對俄羅斯技術換代的新式武器興趣較大，比如：蘇愷35S殲擊機；第二，向購買量大的國家輸出，包括：印尼、馬來西亞、越南、阿爾及利亞、伊拉克、委內瑞拉和亞塞拜然等國家，這些國家的缺點就是容易因為政治風險而使雙邊的技術合作蒙上陰影；第三，向亞非拉三大洲的第三世界貧窮落後的國家輸出，但囿於購買的單價不高，故需要大量撒網。[64]可以預期，武器和能源將作為俄羅斯重返亞太的外交工具。

一、俄羅斯軍工產品出口結構及其戰略思考

俄羅斯的武器對印度武器技術提升的效果最大（2012-2015年印度的購買量預計高達143億美元，位居俄軍工產品出口國的第一位，請見圖1）。此外，俄中印三方都是金磚國家聯盟的成

---

[63] "'Рособоронэкспорт' Получил Монополию на Экспорт Оружия," *NEWS.ru*, Декабрь 25, 2006, <http://www.newsru.com/arch/finance/15dec2006/rosoboron.html>.

[64] 伊利亞‧克拉姆尼科（Ilya Kramnik），〈軍情解碼：俄羅斯武器出口的三大戰略〉，《透視俄羅斯》，2014年4月7日，<http://big5.tsrus.cn/junshi/2014/04/07/33415.html>; Илья Крамник, "Экспорт Российского Вооружения: Стратегии Влияния," Росийский Совет По Международным Делам, Март 5, 2014, <http://russiancouncil.ru/inner/?id_4=3246#top>。

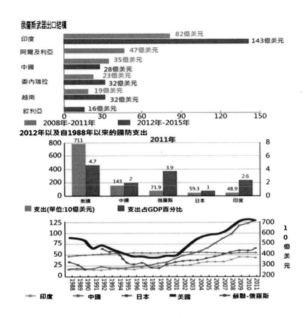

圖1　俄羅斯武器出口結構

資料來源：作者整理自安德烈‧基斯良科夫（Andrei Kislyakov），〈2012俄羅斯武器出口或創新高　印度成為優先對象國〉，《透視俄羅斯》，2012年10月16日，<http://big5.tsrus.cn/articles/2012/10/16/17967.html>。

員，印度本身還是上海合作組織的觀察員國家，顯然，「俄－中－印的三角戰略夥伴關係」是俄羅斯作為重返亞洲，以及平衡美國在亞太地區的安全合作力量的基石。印度同時受到美日的拉攏，中印關係也在改善。印度作為第三方平衡力量的大國地位正在提升，而俄羅斯對印度的武器供應促使印度在偏向俄中關係上更向前邁進了一步。故觀看他國的籌碼正在增加之際，也應亟思因應大國角力的籌碼，思考印度如何成為大國拉攏的對象。

　　2012年的亞洲太平洋經濟合作會議（Asia-Pacific Economic Cooperation, APEC）提高了北韓在俄羅斯亞太政策中的作用，關鍵是俄羅斯的哈桑（Hasan）和北韓的羅津（Rajin）之間於2013年9月22日正式開通鐵路，這條鐵路提高了北韓在朝鮮半島上的歐亞樞紐作用。[65]普京還註銷了在蘇聯時期北韓欠下的100億美元債務，現在北韓的債務大約只有2,400萬美元。[66]因為南韓是俄羅斯極力要開發的對象，[67]北韓是通往南韓的重要道路，俄羅斯會以穩定與恢復在北韓的影響力來提高俄羅斯在東北亞安全問題上的角色，並堅持以六方會談的架構作為達成朝鮮半島無核化目標。[68]蘇聯對北韓的核研究支持始於五〇年代，這在蘇聯地質學

---

[65] 過去，蘇聯幫助北韓建了70家現代化企業，培養了許多專業工程師。從八〇年代末北韓每年至少要播放150部蘇聯電影，成為北韓民眾最重要的文化娛樂來源之一，蘇聯電影的大量播放顯示北韓與蘇聯之間的友好關係。蘇聯解體之後雙邊的發展受到了限制。2012年俄羅斯在符拉迪沃斯托克舉辦亞太經合會的前一個月，已經開通了哈桑與羅津之間的鐵路，未來預期北韓作為俄羅斯能源和貨品進入南韓的通道指日可待，而南韓事實上看到了這樣的前景。普京對此表示：「北韓作為我們的鄰居是別無選擇的，我們要積極與這個國家的領導人進行對話，發展睦鄰友好的關係，敦促北韓進行核子問題的談判。」請見Александр Жебин, "Россия–КНДР: Соседей не выбирают," Независимая Газета, Октябрь 14, 2014, <http://www.ng.ru/courier/2013-10-14/9_rus_kndr.html>。

[66] "Россия Списала около $10 Млрд Долга КНДР в Отношении СССР," Газета.*Ru*, Май 5, 2014, <http://www.gazeta.ru/business/news/2014/05/05/n_6131293.shtml>.

[67] 過去20年來，南韓對俄羅斯而言是非常重要的貿易夥伴，若俄羅斯與北韓之間關係持續加強，北韓將是俄羅斯通往南韓的重要交通要道，以及俄羅斯對於朝鮮半島無核化的角色。因此，南韓同樣重視韓俄與韓中關係，對美國建構的美日韓三邊防禦系統會保持謹慎的態度，避免過度刺激俄羅斯與中國，方能對於兩韓統一與朝鮮半島的和平帶來曙光。

[68] 俄羅斯方面認為，美韓海上演習刺激了北韓，其主張應回歸六方會談的

家發現北韓有2,600萬噸的鈾藏量之後。[69]俄羅斯加強對北韓的經貿關係，使得南韓在烏克蘭事件中看到是俄羅斯改善北韓經濟條件將有利於俄韓關係的投資前景。[70]因此，俄羅斯對於亞太國家關係的改善實際上是影響力擴大的顯示。

　　俄羅斯在亞太地區軍工產品的輸出國當中以印度和越南持續增長幅度最大（預計2012-2015年越南向俄羅斯購買武器的金額將高達32億美元，請見圖1），其他購買國家的包括：委內瑞拉32億美元），中國（28億美元），敘利亞（18億美元）。由此可見，敘利亞有俄羅斯龐大的軍火利益，未來敘利亞政權的變化仍關係著美國和俄羅斯在中東的利益與地緣政治的戰略競逐。從

模式，才能往無核化的目標邁進。韓國對俄羅斯武器與天然氣的需求，有助於提升俄羅斯在兩韓關係中的協調角色。假設目前美日韓的聯合軍演並無益於北韓回到談判桌，故俄羅斯有理由相信美國在這裡的軍事部署是針對俄羅斯而來。2016年2月初，北韓試射導彈突顯中國對金正恩政權失控，美國將利用此一事實與南韓再談薩德導彈系統，作為向中國展示其在亞太權力「再平衡」中影響力的再現，中國應在「公共外交」的強化宣導，中國會積極參與多國協調解決衝突的意願和能力。此外，俄越雙方的軍售關係也越來越密切，這點當然也會引起中方的不快，尤其是中越之間的具有領土和島嶼的爭議問題。2015年5月20日普京訪中前夕，越南與中國在南海爆發船隻衝撞，普京在選擇中國或是越南當中必須作出衡量。普京訪中期間俄中雙邊簽署的40多項合作項目（包括天然氣、寬體客機製造等大型訂單）將使越南顧慮俄越友好關係使越南不致於過度刺激中國。顯然，俄羅斯在扮演亞太地區逐漸升高的軍事衝突當中的協調角色會越來越鮮明。

[69] "Ядерная Программа КНДР," РИА Новости, Март 30, 2013, <http://ria.ru/spravka/20130330/930107861.html>.

[70] Олег Кирьянов, "Эксперты: Санкции Запада Активизируют Сотрудничество Южной Кореи с РФ," Российская Газета, Май 10, 2014, <http://www.rg.ru/2014/05/10/koreya-site-anons.html>.

圖1來看，自1988-2012年期間，美國、俄羅斯、中國、印度和日本皆把軍事支出占國家生產總值當中很重要的部分。以2011年為例，可知軍事支出占國家生產總值的百分比為：美國（4.7%）、中國（2%）、俄羅斯（3.9%）、日本（1%）及印度（2.6%）。因此，可以預見在未來很長的一段時間，世界的軍備競賽仍然就在這些強權中展開，並且這些強權國家也決定了區域的穩定與安全，她們之間的衝突也將會成為區域安全最不穩定的因素。

表1　2009-2013世界十大軍工產品出口國家

2009-2013世界十大軍工產品出口國家				
世界出口比例（%）		出口國當中的份額		
出口國	2009-2013	2004-2008	第一位	第二位	第三位
美國	29	30	澳洲（10%）	韓國（10%）	阿拉伯聯合大公國（9%）
俄羅斯	27	24	印度（38%）	中國（12%）	阿爾及利亞（11%）
德國	7	10	美國（10%）	希臘（8%）	以色列（8%）
中國	6	2	巴基斯坦（47%）	孟加拉（13%）	緬甸（12%）
法國	5	9	中國（13%）	摩洛哥（11%）	新加坡（11%）
英國	4	4	沙烏地阿拉伯（42%）	美國（18%）	印度（11%）
西班牙	3	2	挪威（21%）	澳洲（12%）	委內瑞拉（8%）
烏克蘭	3	2	中國（21%）	巴基斯坦（8%）	俄羅斯（7%）
義大利	3	2	印度（10%）	阿拉伯聯合大公國（9%）	美國（8%）
以色列	2	2	印度（33%）	土耳其（13%）	哥倫比亞（9%）

資料來源：作者整理自俄羅斯《軍事工業信使報》。Николай Новичков，「Объем Торговли Оружием Растет，」Общероссийская Еженедельная Газета, Март 26, 2014, <http://vpk-news.ru/articles/19631>。

　　2013年，世界前五位的軍工產品輸出國是美國（29%）、俄羅斯（27%）、德國（7%）、中國（6%）和法國（5%），其中美

俄兩國就占了近六成的國際武器市場。俄羅斯國防出口公司的總
經理伊薩金（Anatoly Isaikin）接受俄羅斯最大的商業報紙《生意
人報》（kommersant）的採訪表示，該公司基本的任務就是繼續保
持成長的勢頭並且維持世界武器市場第二的地位。[71] 從表1和表2
可以見到，印度的軍工產品進口量在2009-2013年期間是大幅成長
的，比前一個時期2004-2008年期間成長了一倍。俄羅斯是印度軍
工產品最大的來源國（75%），從這裡可以看出來俄羅斯對印度的
影響力。俄羅斯也是中國主要的武器供應國家，[72]但是中國自主研
發和生產的能力提高，俄中的軍售成長幅度會比較緩慢（克里米
亞脫烏入俄之後是俄中軍事合作的新突破口，中國是烏克蘭最大
的軍工產品對外輸出的國家）。由於中國則是巴基斯坦軍工產品
的最大供應國，在喀什米爾地區（Kashmir）的關係穩定上，俄
中分別是印巴兩國軍事對峙上的後盾，俄中關係提昇也將有助於
印巴關係的改善。中國從武器進口國變成武器出口國，可以顯現
其武器研發能力的提升及參與地區安全的企圖。前文已說明在克
里米亞事件之後，俄中在軍事合作上的依存度更高了。未來，隨
著俄羅斯在亞太地區的軍火與能源市場的擴大，俄羅斯在扮演區
域衝突協調者的角色上會更具有關鍵性。從俄羅斯對於中國和印
度武器和能源輸出的主要地位來看，俄羅斯倡議的「俄－中－印

---

[71] "Наша задача—Сохранить за Россией Второе Место в Области поставок
Вооружений," *kommersant.ru*, Январь 27, 2014, <http://www.kommersant.ru/
doc/2393070>.

[72] 從蘇愷35殲擊機的出售問題來看，俄羅斯出售中國新型武器的關鍵在於
數量和價格，在有利潤的情況下，俄羅斯將會協助買方進行機械維修和
人員訓練，作為彼此武器更新換代的基礎。

三角戰略關係」是有跡可尋的。印度和中國在同時追求國家權力擴張的最大化過程中都是依賴俄羅斯的軍工產品作為主要來源，因此促進中印關係成為重要問題，預計將在2015年7月8日至10日的上合組織擴大成員國會議上，印度與巴基斯坦預期同時成為正式會員，中俄印巴在上合組織架構內共同反恐也為該組織增加了力量，似乎在美國撤出阿富汗之後更加被俄中有意排擠在亞洲的安全體系外。包括亞信峰會也被認為沒有美國的安全體系，俄中的安全結盟態勢趨於強烈。目前，不熟悉這項議題對於區域安全防衛將形成漏洞，故俄中關係也成為各國亟待研究的新議題。

表2　2009-2013世界十大軍工產品進口國家

2009-2013世界十大軍工產品進口國家					
世界進口比例（%）			進口國當中的份額		
進口國	2009-2013	2004-2008	第一位	第二位	第三位
印度	14	7	俄羅斯（75%）	美國（7%）	以色列（6%）
中國	5	11	俄羅斯（64%）	法國（15%）	烏克蘭（11%）
巴基斯坦	5	2	中國（54%）	美國（27%）	瑞典（6%）
阿拉伯聯合大公國	4	6	美國（60%）	俄羅斯（12%）	法國（8%）
沙烏地阿拉伯	4	2	英國（44%）	美國（29%）	法國（6%）
美國	4	3	英國（19%）	德國（18%）	加拿大（14%）
澳洲	4	2	美國（76%）	西班牙（10%）	法國（7%）
韓國	4	6	美國（80%）	德國（13%）	法國（3%）
新加坡	3	2	美國（57%）	法國（15%）	德國（11%）
阿爾及利亞	3	2	俄羅斯（91%）	法國（3%）	英國（2%）

資料來源：作者整理自俄羅斯《軍事工業信使報》，請見Николай Новичков,「Объем Торговли Оружием Растет」。

　　從表2顯示，中國從2009-2013年之間軍工產品進口的整體比例是下降的，其理由如前所述，一方面由於中國自行研發能

力的提高，另一方面，也可能牽涉到俄羅斯武器出口多元化的影響。[73]由於在六〇至八〇年代中蘇關係惡化，蘇聯解體之後雙方才慢慢恢復關係。因此也有俄國分析家伊利申科（Andrei Ilyashenko）表示，俄中軍事聯盟的可能性也取決於美國的態度，他認為美國的導彈系統和在亞太地區的軍事部署會使俄中軍事合作更加密切，在俄羅斯多極政策的目標下，俄中睦鄰友好與戰略協作夥伴的關係將不足以因應美國的戰略圍堵。[74]儘管如此，俄羅斯對中國的武器輸出和能源出口方面，目前看來應是在俄羅斯重返亞太政策，以及戰略物資出口政策多元化的基礎上來考量的。[75]俄羅斯副總理羅戈金（Dmitry Rogozin）表示，俄羅斯的國防產業也在轉型，包括：國內訂單增加、出口多元化、國防民用的業務增加，目前出口僅占22%，國內訂單45%與防務產品33%。由此可見，在俄羅斯擴大亞太武器市場的同時，仍把國內軍事現代化作為首要考量，不但提升俄羅斯的軍事能力，內需市場仍是具有前景的方向。根據俄國官媒《透視俄羅斯》（Russia

---

[73] 近年來，亞太地區在島嶼及海域的爭議問題上不斷升高緊張，俄羅斯對亞太出口武器政策的多元化，可以降低其他國家對俄羅斯與中國結盟關係的質疑；中俄不結盟並且雙方都強調戰略性關係的合作，也是雙邊擴大對外交往的基本共識，具有可操作性空間。

[74] 安德烈‧伊利亞申科（Andrei Ilyashenko），〈俄中聯盟：可預見的發展前景〉，《透視俄羅斯》，2012年6月12日，<http://tsrus.cn/articles/2012/06/12/15211.html>。

[75] 俄羅斯本身也希望扮演區域協調者和平衡者的角色來提高自身的國際地位和影響力。俄羅斯已經對東西伯利亞和遠東地區的能源進行開發，未來隨著俄羅斯國防產業的轉型，當地的基礎建設也會進行更新換代，當地的能源產品和軍工產品的加工產業會需要外部的資金進入。

Beyond the Headlines）的報導，目前中國對蘇愷35購買有高度興趣，俄羅斯會出售但不附帶技術轉讓，蘇愷35優越的雷達系統可以提升中國在東海的危機應變能力；另外，雙邊持續談判出售S-400導彈系統，該導彈射程400公里，射程涵蓋釣魚臺和臺灣，對日本與臺灣均構成威脅。[76]臺灣對此一導彈軍售動向應該特別關注，並且評估其對我方的影響與衝擊。目前這項合約是從2012年開始談判，2014年5月20日普京訪中期間確認，同年秋季期間，俄中雙邊已完成購買六個師S-400級《凱旋》（Триумф）地對空飛彈超過售價30億美元的合約簽署，預期2017年交貨給中國大陸。[77]

二、俄中戰略協作夥伴關係深化的方向：從軍工產品觀之

　　普京2012年6月在北京參加上海合作組織高峰會時，俄中雙邊訂下了2015年雙邊貿易額達到1,000億美元的目標。早在2013年3月習近平首度國是訪問莫斯科時，俄中雙方將雙邊貿易戰略目標定在2020年達到2,000億美元。未來雙邊貿易成長的缺口應該首先會來自於能源和武器的滿足。中國對俄羅斯的武器需求成長空間應當就來自對俄羅斯先進武器的需求，以及俄羅斯可以提供的技術服務和研發生產的授權。根據俄羅斯官方通訊社伊塔塔斯社

---

[76] 瓦西里‧卡申（Vasily Kashin），〈多項協議待實施　樂觀看俄中軍事合作新飛躍〉，《透視俄羅斯》，2013年11月19日，<http://big5.tsrus.cn/junshi/2013/11/19/30113.html>。

[77] "СМИ Сообщили о Продаже Китаю Зенитных Комплексов С-400," KM.RU, November 26, 2014, <http://www.km.ru/v-rossii/2014/11/26/ministerstvo-oborony-rf/751428-smi-soobshchili-o-prodazhe-kitayu-zenitnykh-kompl>.

（TASS Russian News Agency）的報導，俄羅斯國防出口公司將於
2014年與中國簽訂價值約15億美元的合約，俄羅斯將於2015年出
售中國24架蘇愷35戰鬥機和4艘677計畫型的拉達級潛艦（Project
677 Lada-class submarine）。由於考慮遭到購買方複製的可能性，
所以僅是出售成品並沒有授權自行研發生產的許可證。[78]

　　俄羅斯聯合航空製造集團（Объединенная авиастроительная
корпорация/United Aircraft Corporation）總裁且是俄羅斯蘇霍伊公
司總經理的波國相（Mikhail Pogosyan）則認為，俄中雙方對共同
研發有清楚的認知，飛機製程是一項不斷發展進步和具有複雜技
術的工程，俄中不應該受到過去的限制，應該往前看。[79]蘇愷35
戰機的出售問題在過去主要受到中國縮減訂購數量的影響，俄羅
斯方面認為至少出售50-60架才有利潤，中國減少數量使俄羅斯
方面認為中國有複製的想法因而一再拖延雙方合約的簽署，但是
在克里米亞事件之後，俄羅斯將改變態度，也會在中國建立維修

---

[78] 2012年底俄羅斯國防出口公司與中國國防部已經簽訂初步的意向合約，
2013年3月簽署框架性協定關於銷售24架蘇愷35戰機給中國，具體合約應會
在2014年底完成簽署，2015年交貨。請見"Россия Продаст Китаю Истребители
Су-35 в 2014 Году," *Lenta.ru*, Сентябрь 9, 2013, <http://lenta.ru/news/2013/09/09/
su35>；關於俄國銷售蘇愷35給中國的消息，請見"Военное и Военно-
Техническое Сотрудничество России и Китая," РИА Новости, Мая 20, 2014,
<http://ria.ru/spravka/20140520/1008416110.html>；2015年1月16日，中國第
一批空軍飛航員抵達俄羅斯學習駕駛蘇愷35戰機，請見Китайские Летчики
Прибыли в Россию Переучиваться на Су-35, Военный Паритет, Январь 16, 2015,
<http://www.militaryparitet.com/perevodnie/data/ic_perevodnie/6542/>。
[79] "Россия и Китай Вместе Будут Модернизировать Су-35?" Военное Обозрение,
Сентябрь 20, 2014, <http://topwar.ru/39990-rossiya-i-kitay-vmeste-budut-
modernizirovat-su-35.html>.

服務公司並且培訓中方人員，[80]因此，有觀點認為中國因支持俄羅斯而獲利。[81]

在普京訪中之後，俄中關係的模式將著眼在雙方長期戰略的合作上，其餘的價格與細節問題都將成為次要的問題。俄羅斯關心的應是未來出售蘇愷35的模式：出售戰機本身與專業維修人員的培訓（這在蘇聯時期已經具有前例可循）。過去這是中蘇軍事同盟的表現，但現在這不以軍事同盟為目標，可見在西方經濟制裁的情況下，俄羅斯首先考慮的多是自身的商業利益。普京在訪中結束之後，仍然強調俄中之間是戰略夥伴關係，不是針對哪個國家，俄羅斯仍然會考慮自己與第三邊國家發展的互動關係。[82]普京的意思是指，俄羅斯會以自身的國家利益來決定與世界各國

---

[80] 早在1949-1962年間，蘇聯已經提供中國650項軍工技術許可證，派駐5,250名蘇聯軍事顧問與專家，培訓1,578名軍事專家。1992年11月24日，俄中簽署《軍事技術合作備忘錄》（*Memorandum on Military-Technical Cooperation*）；1993年11月11日簽署《俄中國防部合作條約》（a five-year military cooperation agreement）。2001年7月16日，俄中簽署《俄中睦鄰友好合作條約》（*The Treaty of Good-Neighborliness and Friendly Cooperation Between the People's Republic of China and the Russian Federation*, Договор о добрососедстве, дружбе и сотрудничестве）。1993-2004年期間，俄羅斯專家參加了中國殲-10、梟龍戰機（JF-17）和高級教練機L-15的研發。俄羅斯對於售予舊式戰機與運輸機製造許可證給中國與協助中方共同研究，對於中國自製研發具有吸引力。俄羅斯不但深入中國軍事領域，而且可藉由出售舊式武器的技術轉移和複製許可證賺取更多的經費，以研發更新型的武器技術。請見"Военное и Военно-Техническое Сотрудничество России и Китая"。

[81] "Поддержать Россию–в Интересах Китая, а Украина Китаю—не Брат," Накануне. *RU*, Апрель 4, 2014, <http://www.nakanune.ru/news/2014/4/4/22347612>.

[82] "Путин: РФ не Дружит с Китаем Против Кого-то, Это Партнерские Отношения," РИА Новости, Май 24, 2014, <http://ria.ru/politics/20140524/1009180842.html>.

軍售的程度，這是符合俄羅斯對外經貿關係的交往，不會受限於俄中友好關係、冷戰對立思維或是區域結盟的影響。俄中的軍事關係主要會依據美國是否藉由北韓核試射威脅加快部署反導系統而定。軍售關係將大幅提高俄中軍演的層級。俄羅斯與中國在軍事合作上已是多方面的展開，目前俄羅斯還訓練來自於中國的140名軍事人員，包括海軍人員、空軍飛行員，以及反導彈飛彈系統的工程運算人員的訓練最多。[83]

首先，俄羅斯提高對中國軍工產品的出售也有助於聯合軍演的推動。俄中軍演反映了雙方強化軍事合作的決心；其次，反映了俄中雙邊對於東亞局勢的不安情緒；再者，俄中逐漸形成的軍事合作軸心將因應與抗衡美日軸心，以及美國主導的國際軍事聯盟。[84]普京訪中期間展開的「海上協作－2014」聯合演習的作用在於以下兩點：第一，對於俄中之間軍事人員的互動、武器裝備的使用和突發狀況的處理而言，這是雙方建立的一個重要且可以遵循的軍事合作機制；第二，俄中也會預設在衝突海域發生島嶼爭奪戰時進行實戰的模擬操練，以促進彼此作戰的融合程度，同時也是回應美日韓三國在東北亞海域的聯合演習，故俄中聯合軍演具有內部軍事調度及對外施壓且嚇阻敵人的雙重效用。俄羅斯

---

[83] Валерий Бовал, "Российско-Китайское Военное Сотрудничество," Военнное Обозрение, Июль 16, 2013, <http://vpk.name/news/93194_rossiiskokitaiskoe_voennoe_sotrudnichestvo.html>.

[84] "Совместные Учения России и Китая Как Противостояние Политике США в Восточной Азии," Глобальный Конфликт, Июль 30, 2014, <http://globalconflict.ru/foreign-media/29794-sovmestnye-ucheniya-rossii-i-kitaya-kak-protivostoyanie-politike-ssha-v-vostochnoj-azii-iras-iran>.

軍工產品的出售及培訓中國軍人操作俄式武器，這些合作模式將更加影響中國未來制定實際軍事行動的決策。由此推演，俄羅斯對中國在東海防空識別區的軍事行動將有決定性的影響。

三、克里米亞事件後的俄中能源合作

俄中的能源合作前景主要在石油、天然氣、電力和煤炭的供需關係上。俄羅斯於2010年之後開始成為全球石油與天然氣年產量與出口的最大國家，5億500萬噸的石油（其中3億7,000萬噸的石油作為出口）與11億噸油當量（6,500億立方公尺）的天然氣（其中1,850億立方公尺的天然氣作為出口）。俄羅斯目前在西西伯利亞的油氣開發占了俄羅斯石油70%和天然氣90%以上的開採量。未來開採和加工碳氫化合物的工業重心將會逐漸挪到東西伯利亞和遠東地區，預期俄羅斯未來對中國的能源市場供應成長的空間是相當可觀的。[85]

2010-2011年開始使用的俄羅斯到中國的石油管道是從「斯克沃羅季諾—大慶」（Сковородино-Дацин），這是俄羅斯「東西伯利亞到太平洋」石油管道的支線（отвод от системы «Восточная Сибирь–Тихий океан»），這條東部支線每年約可以供應1,500萬噸的原油。俄羅斯對中國原油供應目標將可以達到3,500-4,000萬噸的原油（2020年以前中國將是俄羅斯東部石油管線出口的主要國家，可以佔到50%以上的份額，還有薩哈林島的

---

[85] Адольф Махин , "Энергетическая Стратегия Китая," Российсий Совет по Международным Делам, Июнь 15, 2012, <http://russiancouncil.ru/inner/?id_4=489#top>.

石油管線同樣可供應東北亞的國家）。「東西伯利亞到太平洋」
第一期石油管道主要從斯克沃羅季諾進入中國大慶，第二期石油
管道將從斯克沃羅季諾經過哈巴羅斯克與克茲名諾（Козьмино/
Kozmino），最後進入到朝鮮半島和日本。

　　至於俄羅斯東西伯利亞與遠東地區天然氣管道鋪設和供應的
問題，此前雙方在天然氣管道路線上產生爭議。俄羅斯偏好從西
西伯利亞聯邦區域內建立「阿爾泰」（Алтай）天然氣管線，中
國則喜好從連接俄羅斯遠東地區的雅庫特（Якутия/Yakutia）通
過阿穆爾州（Амурская область/Amur region）進入中國，以及從
薩哈林島通過哈巴羅夫斯克邊疆區（Хабаровский край/Khabarovsk
Krai）和濱海邊疆區（Приморский край/Primorsky Krai）鋪設到中
國這兩條天然氣管道的路線，主要因素在於中國的東北地區有超
過一億的人口和眾多的企業需要天然氣，而西部地區中國已經從
中亞國家有足夠的進口計畫，一條從中亞到中國的天然氣管道
將於2015年完工（2011年供應170億立方公尺，2012年供應300億
立方公尺，2015年供應650億立方公尺），從土庫曼進口約年供
應量200億立方公尺，從烏茲別克進口100億立方公尺，從哈薩克
進口約100-200億立方公尺。[86]「阿爾泰」管線可供應中國300億
立方公尺的天然氣（最多可以提供700億立方公尺的天然氣），
同時從東部管線可供應中國380億立方公尺的天然氣（最多可以
提供600億立方公尺的天然氣），成為其中障礙的價格問題已在
普京這次訪中行程中獲得了最終的解決。俄羅斯能源出口占俄

---

[86]　Адольф Махин , "Энергетическая Стратегия Китая."

總體出口結構的64~68%，亞太地區未來絕對是俄羅斯經濟成長的指標來源。中國對於俄羅斯而言正是能源出口最有潛力的市場。[87]2013年3月22-24日，習近平首訪俄羅斯期間，雙方簽署了俄方通過東、西兩線對中國增供原油的合作協定。總金額達到2,700多億美元，每年增供油總量達到2,200萬噸，包括從東線在現有中俄原油管道年供油1,500萬噸的基礎上逐步增供、自2018年起達到總供油量3,000萬噸，從西線通過中哈原油管道每年對華供油700萬噸。2014年5月20-21日，俄羅斯總統普京訪華期間，雙方簽署了中俄東線天然氣專案合作協定。合同總價值超過4,000億美元，每年供氣380億立方公尺，期限30年，中國境內的用戶將超過5億人。普京總統將其稱為全球規模最大的建設工程。2014年9月初，俄方境內段管道「西伯利亞力量」管道已經開工修建，計畫2018年建成並投產運營。[88]俄羅斯慶祝反法西斯戰爭七十周年期間（2015年5月9日），或是上合組織和金磚國家領袖高峰會舉行期間（2015年7月8-10日），習近平訪問俄羅斯時預期將完成俄中西線的阿爾泰天然氣管線合約簽署。[89]

四、克里米亞事件後的俄中軍事合作

長期以來，俄羅斯的黑海艦隊是作為阻擋北約東擴的最重要陣地，克里米亞併入俄聯邦之後，俄羅斯將加編六艘11356

---

[87] Адольф Махин , "Энергетическая Стратегия Китая."
[88] 常遠，〈中俄能源合作提速前行〉，《瞭望觀察網》，2014年10月15日，<http://www.lwgcw.com/NewsShow.aspx?newsId=36716>。
[89] 〈俄氣欲在勝利日同中國簽訂第二份西線供氣大單〉。

塔爾瓦級護衛艦（Talwar class Frigate）進入黑海艦隊，第一艘格里哥洛維奇海軍上將號（Admiral Grigorovich-class frigate）已經於2014年3月14日下水，並於同年底抵達塞瓦堡／塞瓦斯托波爾（Sevastopol）服役，另外還要加編六艘636基洛級的柴電動力潛艦，第一艘636‧3型新羅西斯克號柴電潛艦（Novorossiysk）於2015年夏天進駐。過去基輔一直反對這艘潛艦進駐黑海艦隊，如今克里米亞成為俄羅斯聯邦管轄區的範圍，俄羅斯立刻就順理成章可以提升黑海艦隊的戰鬥力了。另外黑海艦隊還需要圖22M3逆火遠程導彈轟炸機，裝備S-350和S-400導彈系統（中方希望未來兩年內購買取得的新型導彈系統，對臺灣的威脅性最大）。塞瓦斯托波爾的海軍造船廠和修船廠、刻赤海灣（Strait of Kerch）的造船廠及替中國製造氣墊船的費奧多西亞海洋造船廠（Feodosia shipbuilding company「Sea」）都將現代化。[90]多年來，俄羅斯與烏克蘭一直存在戰略和利益不一致的問題，這也反應在兩國在天然氣價格及黑海艦隊的租期和軍艦設備更新問題的矛盾上面。烏克蘭內部的分裂及俄烏的戰略矛盾被美國在地緣政治的利用下凸顯出來，烏克蘭被美俄地緣擴張鬥爭而犧牲了。美國挑戰俄羅斯傳統安全底線將被俄羅斯視為最大的安全威脅，也是俄中確認走向政治軍事深化關係的推動力。

　　克里米亞事件之後，中國最擔心受到波及地是烏克蘭向中國供應的軍工產品會受到影響。不過，莫斯科方面認為，北京在這

---

[90] 維克托‧李托夫金（Victor Litovkin），〈俄軍動態：俄將大幅提高黑海艦隊戰鬥力〉，《透視俄羅斯》，2014年5月5日，<http://big5.tsrus.cn/junshi/2014/05/05/33873.html>。

次烏克蘭危機當中還是支持莫斯科的決策，因此，俄羅斯仍會支持克里米亞軍工廠定期完成中國方面的訂單。根據克里米亞新聞通訊社（агентство Крыминформ）援引克里米亞共和國的國防工業部長斯克里寧克（Андрей Скрынник）的講話，過去烏克蘭國防出口公司和烏克蘭專業出口公司都沒有把錢交給克里米亞，不過克里米亞仍會完成中國方面的訂單，因為俄羅斯聯邦中央銀行已經以一年8.25%的利率貸款65億盧布（約2億美元）借貸給32家的克里米亞公司，其中包括了23家的國防企業，這些企業主要是集中在塞瓦堡和費奧多西亞（Feodosiya），這裡主要生產無線電通訊與導航系統、緊急救難設備及設有氣動彈性與直升機科學研究中心。除了造船與維修廠以外，還有直升機、發動機及導航系統建造與維修廠。在俄羅斯重組克里米亞的過程中，俄羅斯傾向克里米亞與中國的軍事科技合作不會中斷。[91]俄羅斯控制克里米亞之後，會影響到克里米亞向中國輸出關鍵軍事產品與技術，未來中國要成為世界武器市場的提供者，勢必仍須仰賴俄羅斯提供關鍵技術與產品，以及高級軍事專才的培訓。

　　烏克蘭東部地區主要生產俄羅斯導彈系統的關鍵零件，故烏克蘭危機是美國投入對付俄羅斯軍事崛起最有效的方式。對於俄羅斯在烏克蘭危機中進行的軍事行動，其影響在於挑動西方國家最敏感的武力領土擴張的核心利益。美國的因應之道在於穩定北約在東歐的協防作用，強調並非要訴諸於軍事路徑。美國智庫戰

---

[91] "Крым Продолжит Поставлять Продукцию Военного Назначения в Китай," *Glavlenta.ru*, Апрель 15, 2014, <http://glavlenta.ru/ru/16679-krym-prodolzhit-postavlyat-produkciyu-voennogo-naznacheniya-v-kitay.html>.

略暨國際研究中心（CSIS）研究員康利（Heather Conley）即呼應
了國務卿凱瑞（John Kerry）的說法，即俄羅斯的舉動使美國與
歐盟均感到意外。[92]俄羅斯併入了克里米亞的結果也強化了未來
北約的協防作用，美國智庫對於俄羅斯突如其來的兼併行動也大
為震驚，這個觀點反映在卡內基基金會（the Carnegie Endowment
for International Peace）的意見上。[93]美國亞太「再平衡」戰略中
的軍事力量在亞太地區的加強部署對俄中兩方都有影響。俄羅斯
能源是以透過中國和朝鮮半島為出口；武器市場是以亞太國家為
大宗（印度、中國、越南……等其他亞太國家為出口導向的優先
戰略）。歐盟由於和俄羅斯有能源安全與供需的依賴關係，並且
歐盟與中國也都有高度緊密的貿易關係，俄中雙方已經把扮演歐
亞大陸的橋樑作為未來發展國家經貿戰略的主要方向。俄羅斯在
2030年之前開拓亞太市場使之達到與歐盟相同水平之前，[94]很難
快速因應近期歐盟政策轉變及烏克蘭加入西方陣營後的雙重損
失。觀看美國在歐洲的北約東擴戰略最後進程中，以培養親西政

---

[92] Howard LaFranchi, "Ukraine Crisis: What's the Point of US military Activity near Russia?" *The Christian Science Monitor*, March 7, 2014, <http://www.csmonitor.com/World/Security-Watch/2014/0307/Ukraine-crisis-What-s-the-point-of-US-military-activity-near-Russia-video>.

[93] George Perkovich, "Nuclear Zero After Crimea," *The Carnegie Endowment for International Peace*, April 5, 2014, <http://carnegieendowment.org/2014/04/05/nuclear-zero-after-crimea/h77m>.

[94] "Дорожная Карта Сотрудничества России и ЕС в Сфере Энергетики до 2050 г.," Министерство Энергетики Российской Федерации, Февраль 24, 2011, <http://minenergo.gov.ru/activity/co-operation/russia_eu/road_map/>.發布日期: 2011年2月24日。

權在烏克蘭的邊際效應最高（2004年橙色／栗子花革命與2014年政變），故烏克蘭分裂危機的原因可歸於以下兩點：第一，是烏克蘭寡頭執政貪腐的結果；第二，是內部民意結構分裂遭到大國地緣戰略競逐的利用，屬於遭到美俄雙方在歐洲戰略競逐解構下的結果。對於未來喬治亞、摩達維亞與烏克蘭有可能加入北約的進程顯示，俄羅斯外交界普遍認為，美國運用顏色革命的形式最具有攻擊性，再以軍事和經濟力量將分裂後的前蘇聯國家納入北約的範圍，使俄羅斯在地緣政治上無法回到蘇聯。普京在2014年11月20日的俄聯邦安全委員會會議中表示：「當今世界，極端主義被作為地緣政治和勢力範圍的工具。我們看到，所謂顏色革命的浪潮所帶來的悲劇後果，國家人民所經歷和承受的動蕩，那些不負責任的、潛在的、有時甚至是拙劣的極端主義分子對人民生活的干擾。對我們來說，這是既是教訓，又是警示，我們會竭盡所能避免它（顏色革命）在俄羅斯發生。」[95]目前烏克蘭顏色革命的後遺症除了克里米亞獨立公投入俄以外，頓巴斯地區武裝衝突仍未完全解除，主要爭執點就在烏克蘭基輔當局不同意盧甘斯克與頓涅茨克民間武裝控制區組建地方政權和警察隊伍。[96]

---

[95] 〈普京：俄羅斯不會重蹈他國「顏色革命」覆轍〉，《國際在線》，2014年11月21日，<http://big5.cri.cn/gate/big5/gb.cri.cn/42071/2014/11/21/3245s4774029.htm。

[96] 2014年9月5日，三方聯絡小組與烏克蘭東部民間武裝簽署了包含12點內容的《明斯克議定書》。2015年2月12日，三方聯絡小組與烏克蘭東部民間武裝簽署《履行明斯克協議綜合措施》，媒體廣泛將其稱為《新明斯克協議》。請見〈綜述：新明斯克協議的執行步履沉重〉，《新華網》，2015年3月4日，<http://news.xinhuanet.com/world/2015-03/04/c_1114517854.htm>。

肆、俄中準軍事同盟關係的形成

　　自蘇聯解體之後，俄羅斯沒有足夠的經費進行軍事現代化，也無力阻擋北約東擴到波羅的海三小國。普京執政後把能源、武器和媒體進行國家化重組，開啟了國家現代化的進程，2008年8月1-16日的俄羅斯－喬治亞戰爭之後顯示了俄羅斯軍事打擊的能力。克里米亞事件之後，俄羅斯透過調派軍隊撤除烏克蘭武裝部隊以保護克里米亞完成公投以及完成入俄程序，「合法」奪回了通往歐洲的地緣通道（西方認為是武力佔據，故採取對俄施行經濟制裁），這個在西元988年曾是古羅斯國家的基輔大公弗拉基米爾受洗為東正教徒的地方。[97] 從俄喬戰爭到克里米亞獨立後加入俄羅斯聯邦，對北約產生正面的嚇阻作用，並且俄羅斯也試圖穩定俄歐能源供應的路線關係。俄羅斯把多極世界作為全球戰略布局的目標，其中亞太戰略以俄中的聯合是最為重要的。普京訪中期間進行了俄中第三次海上聯合軍演，這等於表明了雙方未來在海域主權爭奪戰中聯手進行軍事行動的可能性，似乎新的兩極

---

[97] 東正教成為羅斯國家的國教在俄羅斯歷史上是一樁大事，象徵俄羅斯統一國家意識形態的開端，成為立國以來解決俄羅斯諸侯王公內鬥的首要工具。普京的意識形態基礎主要來自於東正教的鞏固，加上葉利欽（Yeltsin）政權轉交給普京時當面告誡的名句「保護俄羅斯」的愛國主義，以彌補蘇聯解體之後缺乏統一意識形態造成國家意志散亂的困境，俄羅斯強國是需要建立在一個統一強大的意識形態基礎上。俄羅斯要以傳統文化作為自己國家意識形態的基礎，不要西方式的民主與自由主義的意識形態，俄羅斯與西方之爭也可以被看作是兩大強權國家在國際上的意識形態之爭。

對抗體系正以軍事結盟的模式在亞太地區逐漸展開。

歐巴馬的亞洲「再平衡」戰略等同挑戰了俄羅斯歐亞經濟聯盟戰略，以及習近平「中國夢」要建構的「絲綢之路經濟帶」的歐亞橋樑計畫；反之亦然，俄中的準軍事同盟關係也挑戰了美國的亞太政策與其在亞太的主導地位。當俄中雙方在東北亞的利益首先與美日衝突時，結盟將有可能是一個必然的選項，以接續過去《中蘇友好同盟互助條約》（*Sino-Soviet Treaty of Friendship, Alliance and Mutual Assistance*）的傳統結盟關係。本文總結未來俄中由利益基礎走向安全之軍事結盟的主客觀特點有三：第一，俄中已形成準軍事同盟關係；第二，俄中軍事合作將更加緊密；第三，美俄交惡促使俄中結盟性增高。

一、俄中已形成準軍事同盟關係

多年來俄羅斯主張建構多極體系，因此俄中關係逐漸成為挑戰美國的一組競爭關係。2014年在亞信峰會上習近平提出「亞洲的事情歸根結底要靠亞洲人民來辦」，普京則多年倡議以歐亞經濟聯盟建構大歐洲，似乎俄中雙邊欲聯手將美國的影響力排擠出歐洲和亞洲。過去俄羅斯和中國在中亞的競爭大於合作，俄羅斯對遠東消極的態度也無法促進俄中關係的全面合作。當前俄中關係的提升也是內部需求，也是外部壓力。回顧歷史，如果俄羅斯不能在歐洲部分穩定陣腳，那也無法為俄中軍事同盟關係帶來實質的作用，同樣穩定俄中關係將確保遠東與西伯利亞作為發展俄羅斯歐洲地區的寶庫和後盾。因此，俄羅斯內部軍事現代化的完成及外部軍工產品的擴張是俄羅斯全球布局的武器。此時俄羅斯在併入克

里米亞後遭到美國聯合歐盟向俄羅斯發動了一連串的經濟制裁，此時被迫站在美國對立面的俄羅斯才能為中國帶來結盟的好處。

　　普京2014年訪中的意涵至少有三：首先，俄羅斯從九一一事件之後的俄美合作關係中最終還是走到了美國的對立面，因為美國單極行動和支持顏色革命迫使俄羅斯必須在反美的國際勢力上擔任主角。2008年的全球金融危機和俄喬戰爭的爆發讓俄羅斯從被動的外交走向與中國合作的主動外交。在2014年3月16日克里米亞事件爆發後，美國對俄羅斯進行了一波又一波的經濟制裁和國際輿論撻伐，把俄羅斯推到了美國的對立面，這也顯示美國共和黨的主戰派在經過伊拉克和阿富汗戰爭之後的力量復甦，這將迫使歐巴馬與民主黨向其妥協，以亞洲「再平衡」的軍事部署為例，這已被俄中當局解讀為制衡與圍堵，俄美雙邊在烏克蘭危機中的交惡也促使中國在面對惡化的中日關係和中越關係中走向了俄羅斯；其次，普京訪中期間完成了雙邊10年的天然氣價格談判，這為接下來雙邊增加投資額和投資項目奠定了信任基礎，雙邊貿易額將逐步攀升，這是俄中透過利益結合走向安全結盟的關鍵時刻；其三，「和平使命」陸上反恐軍演與海上聯合軍演使得俄中在安全與貿易上的合作關係更加緊密，再者，俄羅斯的先進武器一直是中國自製研發的基礎，俄羅斯是中國最大的軍工產品供應者，雙邊軍事合作的層級具有安全和商業雙層意涵。未來俄中將在許多重要領域上進行內需市場的合作，包括技術、資金、人員和市場的合作，這等於是在沒有關稅同盟的基礎上實現共同市場，具有準同盟的經濟基礎與軍事政治的基礎。雙方都為走向結盟作出鋪墊，因此，結盟不必是結果，但是必須為此作好準

備，屆時結盟與否將僅會是時機問題。

二、俄中軍事合作將更加緊密

　　2013年，在世界前五位的軍工產品輸出國當中，美俄兩國就占了近六成的國際武器市場。俄羅斯國防出口公司的總經理伊薩金表示，該公司基本的任務就是繼續保持成長的趨勢並且維持世界武器市場第二的地位。目前，俄羅斯是印度軍工產品最大的進口國，也是中國主要的武器進口國，俄中印三國的安全軸心關係將逐漸形成。在普京訪中之後，俄中關係的模式將著眼在雙方長期戰略合作上，能源和軍火的價格與細節問題都將成為可以談判妥協的次要問題。關於俄羅斯出售軍機給中國的問題，俄羅斯關心的應是未來出售蘇愷35的模式，也就是出售戰機本身與維修服務之中對於購買國家專業飛航和維修人員的培訓作為俄羅斯商業的基礎，在利益的基礎上形成安全合作關係。目前俄中雙方聲稱並不以軍事同盟為目標，但未來美日的安全動向將影響俄中是否結盟的進程。普京在訪中結束之後，仍然強調，俄中之間是戰略夥伴關係，不是針對哪個國家，俄羅斯仍然會考慮自己與第三邊國家發展的互動關係。總結俄中軍事合作的現況：其一，在軍工產品的供應鏈上有更為順暢且持久的合作發展；其二，對於俄中之間軍事人員的互動、武器裝備的使用和突發狀況的處理不斷進行相互的磨合；其三，聯合海上軍演將會持續完善在衝突海域進行島嶼爭奪的實戰模擬演練技術。未來隨著俄中軍售關係的強化將提高雙邊軍演的合作層級。另外，針對俄羅斯與中國之間可能的S-400導彈供應合作，俄羅斯戰略和技術分析中心專家瓦西

里・卡申（Vasily Kashin）表示，對華出口S-400防空導彈系統將改變東海地緣政治的力量平衡。[98]

　　如果中國大陸要成為一個全球性的強權，遠洋海軍是不可或缺的。而在海權大國的遠洋海軍規模當中，航空母艦所屬艦隊及飛機是必備的。但以目前成軍服役的遼寧號（從中國大陸改裝烏克蘭製航空母艦瓦良格號成為遼寧號）而言，不僅艦體老舊、噸數小、可攜帶飛機數量少、動力在測試航行中出現重大缺點，這些存在問題根本就無法形成遠洋戰力，更難以抗衡美日等國的海軍戰力。尤其在面對處理東海、南海主權爭議，以及未來西出印度洋保衛石油安全航道的任務而言，也必須要有足堪重任的航母戰鬥群。尤其新型航空母艦的成軍非常重要。沈明室認為，一般航空母艦的運用，若只有一艘，表示僅具象徵性意義，若要發揮遠洋戰力，至少須發揮航母使用的「三三制」原則，即一艘戰備值勤、一艘實施訓練、一艘進港補給維修，需三艘才夠。過去，包含中國大陸解放軍軍官及國防部發言人在內，都曾明確表示中國大陸不會只有一艘航母，原因就是如此。更何況在近程階段中國大陸至少要有三艘航空母艦及其所屬戰鬥群。中國大陸如何彌補與趕上這樣的差距？航母艦隊建構完成後，其所需的海外軍事與補給基地如何取得等問題，都是中國大陸研發航空母艦所需面對的關鍵問題。第二艘航母可能以遼寧號為基本範本，第三艘有可能跳脫遼寧號的範本，參考俄羅斯或其他國家新型航空母艦。[99]

---

[98] 〈俄對華供應S400導彈或改變東海格局〉，《透視俄羅斯》，2014年12月2日，<http://tsrus.cn/junshi/2014/12/02/s400_38519.html>。
[99] 沈明室，〈中國大陸自製第二艘航空母艦戰略意涵，《亞太評論電子

三、美俄交惡促使俄中結盟性增高

回顧俄中近代關係歷史的時刻，普京稱俄羅斯與中國之間早已經是盟友了。從1945年的《中蘇友好同盟條約》與1950年的《中蘇友好同盟互助條約》的基礎來看，如果沒有外敵的入侵，俄中雙方可以不必結盟，也不需要回到冷戰，這裡對比的是北約還保持著冷戰的組織並且對俄羅斯不斷進行戰略壓縮。蘇聯解體之後，北約東擴到東歐國家俄羅斯礙於自身實力尚弱無法大聲旗鼓地反抗，但是這不意味著俄羅斯不會進行反制措施。

反觀美國甚至自身也違反了1972年的《反彈道飛彈條約》，在東歐國家波蘭與捷克部署飛彈系統，但是自身卻指責俄羅斯軍事的提升。同時美國還對2008年喬治亞入侵南奧塞梯戰爭與2014年烏克蘭基輔當局在頓巴斯的軍事行動表示聲援，故不論美國怎樣聲稱俄羅斯違反1987年《中程核子武力條約》與1972年的《反彈道飛彈條約》，俄羅斯已經認定美國的諸多作法是嚴重危害到俄羅斯的國家安全，只要美國持續在北約當中有擴張動作，以及在俄羅斯遠東地區從事美日韓高空防禦系統，俄羅斯就不會放棄與中國之間的結盟選項，美俄當前的軍事博弈似乎缺乏緩和條件與相互尊重的基礎。根據2001年7月16日俄中簽署為期20年且自動延長5年的《俄中睦鄰友好合作條約》規定，在出現構成和平與侵略威脅的情況下，莫斯科與北京要立刻聯繫對方且共謀對

版》，2015年2月，<http://www.faps.org.tw/Pages/Movie/MovieDetail.aspx?id=14>。

策，以消除出現的威脅。[100]據此推演，如果局勢演變到戰爭一觸即發，俄中走向軍事同盟的結盟時刻也就到來。

伍、結語：不結盟政策與結盟可能性不相悖

　　2015年5月9日，俄羅斯舉辦了盛大的反法西斯戰爭70週年慶祝大會，習近平夫婦成為了當天紅場上閱兵的首要賓客，中國也派出閱兵方陣參與閱兵儀式；當天晚上的音樂會，習近平夫婦仍然與普京總統並肩而坐，相互時有交談，關係顯得非常親暱友好。[101]之前，普京還稱中國是自然而然的鄰居與盟友，我們首先要與這個逐漸成為世界領導的強國持續發展合作，特別是經濟合作關係。[102]面對快速變化的國際體系與世界格局，俄中關係到底

---

[100] "Военное и Военно-Техническое Сотрудничество России и Китая"；該條約第9條規定：「如出現締約一方認為會威脅和平、破壞和平或涉及其安全利益和針對締約一方的侵略威脅的情況，締約雙方為消除所出現的威脅，將立即進行接觸和磋商。」請見〈中俄兩國簽署睦鄰友好合作條約〉，《人民網》2001年7月16日，<http://www.people.com.cn/GB/historic/0716/6761.html>。

[101] 筆者觀看了俄羅斯反法西斯戰爭70週年慶祝典禮，習近平成為普京總統的首席嘉賓，中國方面也聲稱會安排普京出席中國抗戰70週年紀念活動，俄中元首在這樣反法西斯戰爭與軍國主義的正義制高點上坐在了一起，並且成為了雙方甚至是國際媒體鎂光燈下的當紅人物。在俄中媒體的推波助瀾之下，當前兩大巨頭互動的形象已經透過媒體的鏡頭深入到了民心。2015年會俄中抗戰成功的正義形象推到一個歷史的新高點上。此間，2015年5月11日，俄中首度在地中海進行了海上聯合軍演，並在14日穿越了黑海海峽。同年8月，雙方還在日本海海域進行聯合軍演，把聯合軍演的程度與頻率再度拉高到歷史的新高峰。

[102] Егор Владимиров, Россия—Китай: Естественные Соседи, Устественные

要以怎樣的面貌來因應？並且，俄中關係對於國內外局勢以及兩岸關係又有怎樣的影響？本為將針對俄羅斯與中國在烏克蘭危機之後的互動關係，作為探討這些問題的基礎，試圖了解俄羅斯與中國在建構新型國際關係抱持怎樣的觀點以及蘇中關係到俄中關係的意識形態特點又是如何發生了變化。

一、國際體系轉向成為多極和單極並存

本文認為，俄羅斯方面已經形成這樣的意識形態思維：不管美國喜歡或是不喜歡，俄羅斯要與中國已經決定要聯手面對快速變化的國際格局與新的區域衝突和恐怖主義的挑戰，不會陷入冷戰思維或僵持與美國進行意識形態的集團鬥爭。從這個角度而言，俄中關係的內涵需要有新的解釋，需要更貼近俄中雙方的真正想法，故本文試圖從俄羅斯觀點來切入解析，發現俄羅斯與中國目前的關係需要新的國際觀係思維去解構，如果完全以美國式的理論去解釋就無法對俄中關係作出準確的評估，其主要原因在於除了雙方沒有北約組織那樣的共同的軍事義務去參與對方的軍事衝突並且為此編列預算，也不存在蘇中同盟的大哥與小弟的不平等關係，但是有四點合作是俄羅斯方面認為是超越聯盟關係的發展現實：第一，雙方都有共識要持續強化海陸空與太空軍事合作進行共同研發計畫；第二，俄羅斯對於中國的軍工產業與戰略能源供應都達到歷史空間前高峰且不斷還要進展攀升；第三，俄

Союзники, Торгово-Промышленные Палата,Апрель 10, 2015, <http://www.tpp-inform.ru/analytic_journal/5659.html>.

中的海上聯合軍演以及陸上反恐演習具有共同打擊敵人的軍事基礎，這敵人有可能是恐怖份子，或是在雙方演習海域上出現的軍事威脅；第四，區域整合的一體化進程已經在上海合作組織、金磚國家聯盟高峰會、歐亞經濟聯盟與一帶一路的策略聯盟下展開，雙方在國際組織與相互經濟計劃下展開投資銀行的經濟聯盟策略，例如中國倡議的亞洲基礎設施投資銀行，更是發展中國家甚至是先進國家所需要的資金和市場，而俄羅斯與中國已經就此展開了區域經濟整合的進程。

二、俄中目前合作的狀態是軟硬實力的聯盟

　　隨著俄中的軍事合作關係與聯合軍演逐漸加強，雙方又簽署了為期30年的天然氣合同，因此，對於俄羅斯與中國是否需要結為軍事同盟的問題在俄羅斯引起熱烈關注。曾任俄羅斯遠東聯邦大學答辯委員會主席、也是名譽教授的佩徹理策（Владимир Печерица）認為，這種熱烈關切和討論也說明中國在當前世界格局中的重要角色。他認為，俄中的合作關係需要新的經驗。他認為，國家與國家之間不是一種無菌關係，在華盛頓長期反俄的政策下，美國擔憂俄中會以政治軍事結盟形式和北約抗衡，因此，主要會以離間的概念在俄中關係中把俄中兩國歷史問題與利益衝突問題加深，作為俄中不結盟的解釋。然而，俄羅斯方面認為，要尊重中國不結盟的國防政策，俄羅斯與中國相同，要發展經濟與安全，雙方同樣需要確保國家安全以提升人民生活水準的經濟政策得以落實。故俄羅斯與中國都有意識地要超越冷戰時期的軍事同盟關係的概念，在雙方推動多極國際體系目標方向之下則需

要另闢道路且避免重啟冷戰，這也使得當前俄中關係的程度要超越軍事同盟的關係，俄中雙方的專家有此共識並且感同身受。他還認為，當前俄中關係已經達到全面戰略協作夥伴關係，這意味著雙方仍然堅持要在平等、互惠、互諒、尊重的概念下發展全面友好關係，不是要去結盟針對其他國家，因此俄中關係是新型的國際關係，相對於美國還企圖要保持冷戰的產物和思維，俄中關係不具有侵略性但是深具戰略性。俄中關係如同俄羅斯漢學家季塔連科所說的是一種「深入靈魂中的精神盟友」。[103]

本文將俄中「準軍事同盟」關係作為一假設命題，亦即俄羅斯並不忌諱探討這個議題，因為蘇聯與中國早有結盟的經驗基礎，只是俄中雙邊在崛起階段不宜樹立敵人，不宜主動挑起戰爭，但這並不意味著雙邊會自我孤立束手就擒。尤其在區域整合的潮流下，俄中推出歐亞橋樑戰略與擴大上海合作組織，其中能源與交通所帶來的經濟結構一體化必然要使雙方的國家安全首先受到保護，以確保俄中雙方的利益可以落實在國家發展中。俄中軍事合作的技術與貿易關係都在說明俄中將成為命運共同體的核心國家，然後以周邊睦鄰關係向外輻射發展。「命運共同體」正是習近平2015年博鰲亞洲論壇的主旨。俄中雙邊看到未來的挑戰主要有兩項：美國軍事圍堵造成的軍事衝突和經濟制裁；上海合

---

[103] Владимир Печерица, "Новый Этап в Российко-Китайские Отношения: Союз или Стратегическое Партнерство", Служу Отечеству, Январь 26, 2015, <http://www.sluzhuotechestvu.info/index.php/gazeta-sluzhu-otechestvu/2014/dekabr-2014/item/1383-novyj-etap-v-rossijsko-kitajskikh-otnosheniyakh-soyuz-ili-strategicheskoe-partnerstvo.html>.

作組織的擴大作為共同打擊恐怖主義的反恐聯盟，確保歐亞經濟聯盟與「一帶一路」的經濟合作項目可以成功。雙方的軍事合作包括海上與陸上的聯合軍事演習，以及俄羅斯對於中國軍售成品以及軍工產品技術轉移。現在俄羅斯正遭到西方的經濟制裁與軍事圍堵的各種孤立，俄中國看到了這點並產生了警惕心。俄羅斯也加入中國倡議的亞洲基礎設施投資銀行，俄羅斯非常需要資金現代化，未來中國的利益也就會是與俄羅斯利益有關。甚至美國也非常關切俄中軍事結盟這個議題。因為俄中的軍事關係與聯合軍演都可以作為北約與美日同盟在歐洲與亞洲的對手。俄中作為不結盟國家，目前還構不上與北約和美日同盟集團之間作戰，但是，具體的運作都可以在俄中領導人之間在上合組織、亞信峰會以及金磚國家峰會的框架內以及在《俄中睦鄰友好合作條約》的基礎上進行磋商，這等於是為軍事結盟作出準備。

　　俄中雙方目前不需要去限制自身的國際空間重回冷戰而正式結盟，擺脫冷戰的思維可以吸引更多新興體與俄中合作，例如與東協加大經貿合作。但是俄中還是可以透過軍售關係以及上合組織聯合軍演關係，形成一種「準軍事同盟」的合作關係，這是一種準備的過程，在這個準備的過程中雙方也試著簽訂各種協議和創立以俄中為核心的國際組織，也是對美國聯盟進行心理壓力的一個過程，保護俄羅斯與中國的國家利益與國家安全不受制於美國的絕對控制，然後趁勢完成崛起或稱霸的過程。在俄中聯合的情況下，美國要考慮對中國爆發軍事衝突的可能性就必須考慮俄羅斯的因素，也就是若是日本與越南在東海與南海問題引發中國出兵，至於俄羅斯會不會支持中國?在沒有結盟的情況下，俄羅

斯和中國需透過增加貿易依存度和軍事關係來強化這種可能性，這需要時間，俄中在西方經濟制裁中已經看到加快這進程的必要性了，也就是當中國的利益一旦遭到威脅時，俄羅斯感覺亦受到威脅，如果是中國被動遭到威脅，俄羅斯出面軍事支援的機率就會加大，這是本文論述的觀點。

三、俄中印亞洲經濟命運共同體逐漸形成中

2015年2月2日，俄印中三方外長拉夫羅夫、斯瓦拉吉和王毅在北京進行會談，這是自2003年莫斯科倡議俄印中三邊外長會晤機制以來的第13次會晤，三邊機制的重要性在區域衝突的複雜性下逐漸鮮明。2015年外長會晤特別是在美俄投入基輔當局與頓巴斯之間軍事衝突的持續較量下召開的，這對中國大陸格外具有警惕性與借鑑性。在俄印中三方外長會談期間，中國大陸外長王毅強調了在「一帶一路」戰略架構下與俄羅斯和印度同時進行經濟發展，並且同時在金磚國家聯盟和上海合作組織架構下增加對國際問題的討論。顯然，「一帶一路」不但具有經濟作用，同時也具有安全作用。若是以克里米亞事件後俄羅斯因應西方經濟制裁的模式為例，「一帶一路」是否能夠成為中國大陸擺脫區域孤立的腹地需端看美中衝突的局勢而定。當俄羅斯可以利用歐亞經濟聯盟與亞太戰略來擺脫西方的經濟制裁時，那麼，中國大陸經濟的轉身是否可以如同俄羅斯東轉一樣，能有足夠的戰略資源與外交籌碼吸引鄰國的支持？「一帶一路」若是中國大陸因應東邊威脅的西轉戰略方針，那麼，中國大陸如何在連結印俄中三邊區域的自然地緣條件上建立有利於中國大陸長期投資的經濟項目和硬

體建設就顯得非常關鍵。[104]本文認為，北京不宜對克里米亞有過多表態的原因在於自身有相同問題的考量，反而是借助俄羅斯東轉向亞洲的趨勢，與俄羅斯加大經濟貿易與軍事合作的依存度，主要是中國看到了俄羅斯受到制裁，俄羅斯借助自身經濟結構的調整與亞洲戰略的加速，因應困境，本文相信習近平的歐亞戰略是以經濟帶動軍事的動能，唯有歐亞戰略可以擴大中國西部的發展與「一帶一路」的落實，俄中成為一個經濟體的命運共同體之後，中國在東海和南海就是地緣戰略轉身的後盾。

　　俄中之間的貿易量自蘇聯解體以來已經成為雙邊領導人見面的重要約定項目之一。然而，雙邊貿易主要在於互補性與互信程度。中國首先需求的就是俄羅斯的能源與軍工產品，但是雙方在價格方面始終無法談攏。此外，過去以來中國方面也有中亞的能源和烏克蘭的軍工產品作為補充的來源。西方對俄施行經濟制裁以前，俄羅斯與歐盟的穩定貿易也足以因應俄羅斯逐年的發展需求，西方的能源公司主要已經占據俄羅斯的能源開發市場，中國的資金沒有太多的機會進入俄羅斯的能源開發市場，因此，雙方在產品價格方面的妥協意願不高。但是自1996年俄中建立戰略協作夥伴關係以來，雙邊關係持續穩定加強成為彼此的共識目標，只是不會立即反應在市場貿易的額度上面，因為彼此的貿易主要夥伴都不是對方。2000年普京上任之後早有平衡歐亞發展的想法，同樣這也不會立即反應在俄中雙邊貿易關係上，不過仔細觀

---

[104] 胡逢瑛，〈印俄「中」外長會談對區域情勢之影響〉，《亞太評論電子版》，2015年2月，<http://www.faps.org.tw/Pages/Movie/MovieDetail.aspx?id=10>。

看上海合作組織的逐年發展，包括開啟陸上聯合反恐演習「和平使命－2005」與2012年開啟的海上聯合軍演「2012－海上協作」等軍事合作機制，以及2009年開始舉行的金磚國家聯盟領袖高峰會，都可以看出俄中深化戰略協作夥伴關係的共識。

四、俄中軍事合作需脫離西方冷戰聯盟思維

美國加州大學聖地牙哥分校特聘教授雷克（David Lake）在比較冷戰時間美蘇之間的聯盟特點時認為，美國與盟友之間的關係是無政府特點，藉著共同協防作為彼此的共識而存在，不具有附屬關係；蘇聯與盟友的關係呈現的是階級制度的聯盟（hierarchy alliance），具有嚴格垂直上下級關係的指導性質。兩者之間相似的地方在於安全的維繫，美式聯盟好比是不同公司之間的長期武器合約關係，用以製造安全；蘇式聯盟好比是一間公司的天下。[105]雷克還認為美式聯盟像是一種機會主義的花費，各國決策自主性較高，例如北約組織的成員國之間可以根據自己國家的政策決定參與協防費用的多寡；蘇式聯盟的管理費用較高，蘇聯會介入盟國的政治與經濟領域，盟國必須根據蘇聯當局的指令來投入協防，因此，華沙公約組織（The Warsaw Treaty Organization）下的東歐各國自主性不高，受蘇聯控制程度高。[106]

因此，美式安全聯盟更像是一種武器買賣關係，而武器買賣

---

[105] David A. Lake, "Anarchy, Hierarchy, and the Variety of International Relations," *International Organization*, Vol. 50, Issue 1, Winter 1996, pp. 1-2.

[106] David A. Lake, "Anarchy, Hierarchy, and the Variety of International Relations," pp. 23-25.

下的安全關係使得聯盟之間不會被要求承擔過多的協防費用，由
各國之間自己決定花費，但同時也意味著不保證決定安全的權責
關係，而是從經濟與道德層面來維繫彼此之間的安全領域；蘇式
安全聯盟更像是行政管理關係，各國投入的軍事費用比例過高，
可想而知，蘇聯作為管理階層的領導，投入的軍事費用也會過
高，在這種情形之下，聯盟的經濟容易被過高僵硬的軍事費用所
拖垮，只是為了穩定某種嚇阻與脅迫的作用，而在冷戰時間，在
完全不發生戰爭的情況下，蘇聯及其盟友會被過高的軍事費用而
拖垮財政，使得東歐各國亟思與西歐建立經濟市場關係，這也是
出於國家民生與經濟考量。

　　換言之，目前俄中之間在武器買賣關係上也決定了彼此在
聯盟理論中的關係程度。一方面，彼此根據安全需求提高武器合
約；另一方面，彼此沒有附屬關係，可以根據自己的財政來決定
軍售的額度，類似美式聯盟，俄中之間簽署的一份協防條約，但
是條約並沒有要求要共同協防的權屬責任，只是建議共謀對策，
因此，俄中之間還稱不上是正式聯盟關係。依據2001年7月16日的
《俄中睦鄰友好合作條約》規定，在出現構成和平與侵略威脅的
情況下，莫斯科與北京要立刻聯繫對方且共謀對策，以消除出現
的威脅。雖然如此，俄中的軍事合作程度儘管具有美式聯盟軍售
關係，卻還沒有上升到共同打擊第三方對盟邦的軍事威脅那樣的
軍事同盟程度，更不具有蘇式聯盟的行政垂直的附屬關係。但是
俄中之間在上海合作組織的架構下，每年會定期進行陸上反恐軍
事演習，再加上從2012年以來，俄中也開始進行海上聯合軍演，彼
此的軍事演習行動逐漸增多並且融合度也在增高，這種趨勢不容

忽略。或許，我們可以稱之為「俄中準軍事同盟」的關係。目前俄中不結盟政策仍具有反恐與地緣雙重安全的務實與彈性作用。

陳麒安於《台北論壇》撰文「中國與俄羅斯聯盟的可能性初探」指出，對於中俄結盟關係有懷疑論和支持論兩方。他綜合歸納不同學者對於「聯盟」的定義，國家參與軍事聯盟的主要目的就是為了共同合作以防衛彼此的國家安全。換之，聯盟只是手段，終極目標仍然是為了國家安全與生存。當國家擁有強大的傳統軍事力量以及核子武力足以保護自己時與其他國家締結聯盟的動機便會降低許多。如果採取嚴格標準，以簽訂條約來認定聯盟關係。參與聯盟就意味著要信守盟約而對自主權利設限，那麼國家在參與之前就必須思考，此舉對於換得安全保障的成本效益評估。[107]

俄中結盟關係須從雙方的國家安全利益上考量，俄羅斯要的是對國家長期發展有利的互動關係，首先會建立這個目標的架構，之後會再進一步提升貿易量。2014年國際環境的驟變因素是克里米亞事件，中國頓時成為美俄拉攏的對象，普京於2014年5月率大規模訪問團訪問中國大陸，就是要滿足中國十餘年希望達成的天然氣管道鋪設的目標；與此同時，普京此行促成俄中之間還簽署了多達近50項合約，可以說開啟了未來俄中經貿關係全面提升的大門。普京訪中期間不但參加俄中海上聯合軍演的開幕式，還出席亞信峰會，在在顯示了此行對於認同俄中關係緊密性的重大意涵。普京投桃報李也是順應國際環境，西方經濟制裁方

---

[107] 陳麒安，〈中國與俄羅斯聯盟的可能性初探〉，《台北論壇》，2015年2月3日，http://www.taipeiforum.org.tw/>。

興未艾，沒有比中國的支持更為重要的了。同樣地，中國自身也面臨美國「再平衡」政策，以及日本和越南在東海與南海的挑釁，中國需要俄羅斯也是非常明顯的，俄中未來走向結盟是自然的方向，也是美國戰略的壓縮，也是俄中雙邊貿易的需求，結盟的可能性仍然要視國際局勢的變化而定。如果局勢演變到俄中雙方在共同磋商之後，認為有必要為因應軍事衝突而採取共同軍事行動以打擊第三方敵人的攻擊時，也就是說，如果局勢演變到戰爭一觸即發，《俄中睦鄰友好合作條約》可以隨時修正成為正式結盟的條約基礎。屆時，俄中走向軍事同盟的結盟時刻也就正式到來。

　　從蘇聯到俄羅斯，當國家發展正常的情況下，領導人的戰略思維很少會以純粹貿易為目的。國際油價與盧布貶值危機成為2014底與2015年初中美俄三邊關係的角力戰場。使俄中之間在短時間之內無法在能源貿易方面達到彼此經濟互賴的局面，拖延俄羅斯能源外交在亞太地區的影響力才是美國最希望看到的結果。那麼，中國方面是否還有意願積極投資俄羅斯在西伯利亞和遠東的能源產業？習近平的親俄戰略應該主要著眼還是在於東海與南海的安全利益，若日本、越南、臺灣在東海與南海生事，中國的任何軍事行動都可能如同克里米亞事件後引發美國的經濟制裁，故俄中關係的深化不僅是軍火與能源貿易，其目的在於因應美日同盟而建構俄中印戰線，備戰恐也為止戰。[108]

---

[108] 胡逢瑛，〈國際油價下跌與盧布貶值危機對俄羅斯內外局勢的影響〉，《台北論壇》，2015年1月27日，<http://140.119.184.164/taipeiforum/view_pdf/190.pdf>。

參考文獻

中文部分

專書論文

閻鐵麟，2013。〈從美國亞太地區軍事部署之規劃認識「再平衡」政策〉，包宗和主編，《美國「再平衡」政策對東亞局勢之影響》。臺北：遠景基金會。頁59-61。

網際網路

2001/7/16。〈中俄兩國簽署睦鄰友好合作條約〉，《人民網》，<http://www.people.com.cn/GB/historic/0716/6761.html>。

2014/04/29。〈港媒：克里米亞模式或成中國解決南海問題藥方〉，《新華網》，<http://www.qh.xinhuanet.com/2014-04/29/c_1110470451.htm>。

2014/5/2。〈中方5月下旬與俄舉行聯合演習〉，《透視俄羅斯》，<http://tsrus.cn/kuaixun/2014/05/02/5_33937.html>。

2014/5/20。〈中俄簽署全面戰略協作夥伴關係新階段聯合聲明（全文）〉，《中國新聞網》，<http://www.chinanews.com/gn/2014-05-20/6192687.shtml>。

2014/5/20。〈中俄聯合聲明:全面戰略協作夥伴關係進入新階段〉，《新華網》，<http://news.sina.com.cn/c/2014-05-20/194530178276.shtml>。

2014/5/21。〈習近平在亞洲相互協作與信任措施會議第四次峰會上的講話（全文）〉，《新華網》，<http://news.xinhuanet.com/world/2014-

05/21/c_1110796357.htm>。

2014/5/22。〈專家點評俄中軍演對美國的影響〉，《透視俄羅斯》，
<http://big5.tsrus.cn/junshi/2014/05/22/34371.html>。

2014/6/2。〈美國反導系統是對俄中兩國的共同威脅〉，《俄羅斯
之聲》，<http://big5.sputniknews.cn/tchinese.ruvr.ru/2014_06_02/
273068930/>。

2014/12/2。〈俄對華供應S400導彈或改變東海格局〉，《透視俄羅
斯》，<http://tsrus.cn/junshi/2014/12/02/s400_38519.html>。

2014/11/21。〈京華時報：反恐合作是構建命運共同體的一部分〉，
《人民網》，<http://opinion.people.com.cn/n/2014/1121/c1003-
26067341.html>。

2014/11/21。〈普京：俄羅斯不會重蹈他國「顏色革命」覆轍〉，《國
際在線》，<http://big5.cri.cn/gate/big5/gb.cri.cn/42071/2014/11/21/3
245s4774029.htm>。

2014/12/2。〈2015年俄中將舉行多次聯合軍演〉，《透視俄羅斯》，
<http://big5.tsrus.cn/kuaixun/2014/12/02/2015_38543.html>。

2015/1/23。〈學者稱伊朗想入上合組織成員國　和中國抗美壓力〉，
《北京新浪網》，<http://dailynews.sina.com/bg/chn/chnmilitary/
sinacn/20150123/22396409623.html>。

2015/2/4。〈中俄印外長會晤：中俄歡迎印度申請成為上合成員〉，
《人民網》，<http://military.people.com.cn/n/2015/0204/c1011-
26503929.html>。

2015/3/16。〈普京談克里米亞回歸一周年〉，《透視俄羅斯》，<http://
tsrus.cn/shizheng/2015/03/09/40471.html>。

2015/3/4。〈綜述：新明斯克協議的執行步履沉重〉，《新華網》，
<http://news.xinhuanet.com/world/2015-03/04/c_1114517854.htm>。

2015/03/20。〈俄氣欲在勝利日同中國簽訂第二份西線供氣大單〉，
《透視俄羅斯》，<http://tsrus.cn/jingji/2015/03/20/40591.html>。

瓦西里‧卡申（Vasily Kashin），2013/11/19。〈多項協議待實施 樂觀看俄中軍事合作新飛躍〉，《透視俄羅斯》，<http://big5.tsrus.cn/junshi/2013/11/19/30113.html>。

何天天，2014/5/19。〈中俄軍演將演練敏感課目 意味著俄支持我東海識別區〉，《人民網》，<http://military.people.com.cn/n/2014/0519/c1011-25033850.html>。

伊利亞‧克拉姆尼科（Ilya Kramnik），2014/04/07。〈軍情解碼：俄羅斯武器出口的三大戰略〉，《透視俄羅斯》，<http://big5.tsrus.cn/junshi/2014/04/07/33415.html>。

沈明室，2015/2。〈中國大陸自製第二艘航空母艦戰略意涵，《亞太評論電子版》，<http://www.faps.org.tw/Pages/Movie/MovieDetail.aspx?id=14>。

安德烈‧伊利亞申科（Andrei Ilyashenko），2012/6/12。〈俄中聯盟：可預見的發展前景〉，《透視俄羅斯》，<http://tsrus.cn/articles/2012/06/12/15211.html>。

安德烈‧基斯良科夫（Andrei Kislyakov），2012/10/16。〈2012俄羅斯武器出口或創新高 印度成為優先對象國〉，《透視俄羅斯》，<http://big5.tsrus.cn/articles/2012/10/16/17967.html>。

亞歷山大‧薩德奇科夫（Aleksandr Sadchikov），2013/8/23。〈和平使命：新的國際背景下的俄中關係〉，《透視俄羅斯》，<http://big5.tsrus.cn/junshi/2013/08/23/27645.html>。

陳志芬，2014/05/19。〈中俄兩軍將於東海聯合軍演配合普京訪華〉，《BBC中文網》，<http://www.bbc.co.uk/zhongwen/trad/china/2014/05/140519_china_russia_putin.shtml>。

姚培生，2014/5/19。〈前大使回憶首屆亞信峰會：哈薩克總統首倡〉，《解放日報》，<http://news.sina.com.cn/c/2014-05-19/140530168171.shtml>。

胡逢瑛，2014/12/01。〈挑戰美經濟霸權仰賴中俄聯手〉，《國際金融

報》，<http://paper.people.com.cn/gjjrb/html/2014-12/01/content_1504755.
htm>。

胡逢瑛，2015/1/27。〈國際油價下跌與盧布貶值危機對俄羅斯內外局
勢的影響〉，《台北論壇》，<http://140.119.184.164/taipeiforum/
view_pdf/190.pdf>。

胡逢瑛，2015/2。〈印俄「中」外長會談對區域情勢之影響〉，《亞
太評論電子版》，<http://www.faps.org.tw/Pages/Movie/MovieDetail.
aspx?id=10>。

胡逢瑛譯，2010/3/25。〈訪問拉林教授〉，《中國學－口述歷史》計
畫，臺灣大學中國大陸暨兩岸關係教學研究中心，<http://politics.
ntu.edu.tw/RAEC/comm2/ra10ch.pdf>。

郭武平，〈台俄經貿關係發展現況與未來展望〉，2003年遠東區合作發
展學術研討會，<http://203.72.2.115/dbook/101041002.pdf>。

常遠，2014/10/15。〈中俄能源合作提速前行〉，《瞭望觀察網》，
<http://www.lwgcw.com/NewsShow.aspx?newsId=36716>。

張穎，2014/5/19。〈俄羅斯外逃2220億美元〉，《國際金融報》，
<http://paper.people.com.cn/gjjrb/html/2014-05/19/content_1429472.
htm>。

陳麒安，2015/2/3。〈中國與俄羅斯聯盟的可能性初探〉，《台北論
壇》，<http://www.taipeiforum.org.tw/>。

黃文帝、謝亞宏，2015/1/2。〈歐亞經濟聯盟正式啟動〉，《人
民日報》，<http://paper.people.com.cn/rmrb/html/2015-01/02/
nw.D110000renmrb_20150102_5-03.htm>。

維克托・李托夫金（Victor Litovkin），2014/05/05。〈俄軍動態：俄將
大幅提高黑海艦隊戰鬥力〉，《透視俄羅斯》，<http://big5.tsrus.
cn/junshi/2014/05/05/33873.html>。

葉普蓋尼・舍斯塔科夫（Yevgenv Shestakov），2014/05/20。〈俄中同
盟：法律上未建立　事實上已形成〉，《透視俄羅斯》，<http://

tsrus.cn/guoji/2014/05/20/34329.html>。

劉旭，2015/3/29。〈「命運共同體」一詞高頻出鏡　習近平博鰲聲音成聚焦點〉，《人民網》，<http://xj.people.com.cn/n/2015/0329/c188514-24314174.html>。

魏建華、周良，2013/09/07。〈習近平訪哈發表重要演講，籲共建「絲綢之路經濟帶」〉，《新華網》，<http://news.xinhuanet.com/world/2013-09/07/c_117272280.htm>。

英文部分

期刊論文

Lake, David A., 1996/Winter. 「Anarchy, Hierarchy, and the Variety of International Relations, 」 *International Organization,* Vol. 50, Issue 1, pp.1-33.

網際網路

2012/09/29. 「Mr. Putin's 'Pivot' toward Asia, 」 *The Japan Times,* <http://www.japantimes.co.jp/opinion/2012/09/29/editorials/mr-putins-pivot-toward-asia/#.VRhGo8-Jh3c>.

2012/10/03. 「Strategic Asia: China's Military Challenge, 」 *Woodrow Wilson Center,* <http://www.wilsoncenter.org/event/strategic-asia-china%E2%80%99s-military-challenge>.

2012/12/12. 「Address to the Federal Assembly 」, *President of Russia,* <http://eng.kremlin.ru/news/4739>.

Cohen, Ariel, 2014/05/29. 「A U.S. Response to Russia's Military Modernization, 」 *The Heritage Foundation,* <http://www.heritage.org/research/reports/2014/05/a-us-response-to-russias-military-modernization>.

Hill, Fiona & Bobo Lo, 2013/7/31. 「Putin's Pivot : Why Russia Is Looking East,」 *Foreign Affairs*, <http://www.foreignaffairs.com/articles/139617/fiona-hill-and-bobo-lo/putins-pivot>.

Gordon, Michael R., 2014/12/10. 「Pentagon to Press Russia on Arms Pact Violation,」 *The New York Times*, <http://www.nytimes.com/2014/12/11/us/politics/pentagon-to-press-russia-on-arms-pact-violation.html?ref=world&_r=2>.

Kim, Sarah, 2014/12/11. 「U.S. House of Representatives Passes Asia Missile Defense Bill,」 *The Korean Joongang Daily*, <http://koreajoongangdaily.joins.com/news/article/Article.aspx?aid=2998375>.

Kucera, Joshua, 2014/10/31. 「Putin Signals Russia's Shift to Asia,」 *The Diplomat*, <http://thediplomat.com/2014/10/putin-signals-russian-shift-to-asia/>.

LaFranchi, Howard, 2014/03/07. 「Ukraine Crisis: What's the Point of US military Activity near Russia?」 *The Christian Science Monitor*, <http://www.csmonitor.com/World/Security-Watch/2014/0307/Ukraine-crisis-What-s-the-point-of-US-military-activity-near-Russia-video>.

Perkovich, George, 2014/04/05. 「Nuclear Zero After Crimea,」 *The Carnegie Endowment for International Peace*, <http://carnegieendowment.org/2014/04/05/nuclear-zero-after-crimea/h77m>.

俄文部分

專書

Торкунов, Анатолий, 2001. Китай в Мировой Политике, Москва ： МГИМО.

網際網路

2006/12/25. 「「Рособоронэкспорт」 Получил Монополию на Экспорт

Оружия, 」 *NEWS.ru*, <http://www.newsru.com/arch/finance/15dec2006/ rosoboron.html>.

2013/3/30, 「 Ядерная Программа КНДР, 」 РИА Новости, <http://ria.ru/ spravka/20130330/930107861.html>.

2013/9/9. 「 Россия Продаст Китаю Истребители Су-35 в 2014 Году, 」 *Lenta. ru*, <http://lenta.ru/news/2013/09/09/su35>.

2014/2/20. 「 Россия и Китай Вместе Будут Модернизировать Су-35? 」 Военное Обозрение, <http://topwar.ru/39990-rossiya-i-kitay-vmeste-budut-modernizirovat-su-35.html>.

2014/4/4. 「 Поддержать Россию–в Интересах Китая, а Украина Китаю–Не Брат, 」 Накануне.*RU*, <http://www.nakanune.ru/news/2014/4/4/22347612>.

2014/4/15. 「 Крым Продолжит Поставлять Продукцию Военного Назначения в Китай, 」 *Glavlenta.ru*, <http://glavlenta.ru/ru/16679-krym-prodolzhit-postavlyat-produkciyu-voennogo-naznacheniya-v-kitay.html>.

2014/5/5. 「 Россия Списала около $10 Млрд Долга КНДР в Отношении СССР, 」 Газета.*Ru*,<http://www.gazeta.ru/business/news/2014/05/05/n_6131293. shtml>.

2014/5/19. 「 Суда Тихоокеанского Флота России Прибыли в Китай дляСовместных Учений, 」 РИА Новости, <http://ria.ru/defense_safety/20140519/1008324142. html>.

2014/5/20. 「 Военное и Военно-Техническое Сотрудничество России и Китая, 」 РИА Новости, <http://ria.ru/spravka/20140520/1008416110.html>.

2014/5/20. 「 Открытие Военно-Морских Учений «Морское Взаимодействие–2014», 」 Президент России, <http://www.kremlin.ru/news/21048>.

2014/5/20. 「 Россия и Китай Сконструируют Новый Пассажирский Самолет, 」 Вести, <http://www.vesti.ru/doc.html?id=1600260>.

2014/5/20. 「 Россия и Китай Создадут Новый Пассажирский Самолет, 」 Российская Газета, <http://www.rg.ru/2014/05/20/samolet1-anons.html>.

2014/5/20. 「Россия и Китай Начали Учения 「Морское Взаимодействие–2014」,」 Вести Интернет-Газета,<http://www.vesti.ru/doc.html?id=1600326&cid=5>.

2014/5/21. 「'Газпром' и CNPC Подписали Контракт о Поставках Газа в Китай,」 ИТАР-ТАСС, <http://itar-tass.com/ekonomika/1202314>.

2014/5/22. 「Поворот России в Азию. Реплика Федора Лукьянова,」 Вести. *RU*, <http://www.vesti.ru/doc.html?id=1607387>.

2014/5/23. 「Новак Подтвердил, что Цена на Газ для Китая Близка к $350 за Тысячу Кубометров,」 Росбалт, <http://m.rosbalt.ru/business/2014/05/23/1271966.html>.

2014/5/24. 「Путин: Контракт с Китаем Делает Целесообразной Газификацию Востока РФ,」 РИА Новости, <http://ria.ru/economy/20140524/1009171430.html>.

2014/5/24. 「Путин: РФ не Дружит с Китаем Против Кого-то, Это Партнерские Отношения,」 РИА Новости, <http://ria.ru/politics/20140524/1009180842.html>.

2014/7/30. 「Совместные Учения России и Китая Как Противостояние Политике США в Восточной Азии,」 Глобальный Конфликт, <http://globalconflict.ru/foreign-media/29794-sovmestnye-ucheniya-rossii-i-kitaya-kak-protivostoyanie-politike-ssha-v-vostochnoj-azii-iras-iran>.

2014/11/26. 「СМИ Сообщили о Продаже Китаю Зенитных Комплексов С-400,」 КМ.*RU*, November 26, 2014, <http://www.km.ru/v-rossii/2014/11/26/ministerstvo-oborony-rf/751428-smi-soobshchili-o-prodazhe-kitayu-zenitnykh-kompl>.

2014/12/8. 「Посольство США Заверило в Отсутствии Стремления Добиться Смены Власти в России,」 Взгляд, <http://vzgliad.ru/news/2014/12/8/719340.html>.

2014/12/26. 「Новая военная доктрина определила угрозы для РФ: НАТО, территориальные претензии, дестабилизация в регионах」, Московский Комсомолец (МК), <http://www.mk.ru/politics/2014/12/26/novaya-voennaya-doktrina-opredelila-ugrozy-dlya-rf-nato-territorialnye-pretenzii-destabilizaciya-v-regionakh.html>.

2015/1/16.「Китайские Летчики Прибыли в Россию Переучиваться на Су-35,」Военный Паритет, <http://www.militaryparitet.com/perevodnie/data/ic_perevodnie/6542/>.

Владимиров, Егор, 2015/04/10,「Россия – Китай: Естественные Соседи, Устественные Союзники, Торгово-Промышленные Палата,」Апрель 10, 2015, <http://www.tpp-inform.ru/analytic_journal/5659.html>.

Вяткин, Владимир, 2014/12/09.「Киев Теряет Возможность Поставлять Оружие в Китай,」Украина.ру, <http://ukraina.ru/opinions/20141209/1011435296.html>.

Жебин, Александр, 2014/10/14.「Россия–КНДР: Соседей не Выбирают,」Независимая Газета, <http://www.ng.ru/courier/2013-10-14/9_rus_kndr.html>.

Жолдасов, Арустан, 2010/10/22.「Хорошо Там, Где Нас Нет? Значит, Хорошо станет там, Где Нас Не Будет,」Информайионно-Аналитический Центр МГУ, <http://www.ia-centr.ru/expert/9188/>.

Кирьянов, Олег, 2014/5/10,「Эксперты: Санкции Запада Активизируют Сотрудничество Южной Кореи с РФ, Российская Газета, <http://www.rg.ru/2014/05/10/koreya-site-anons.html>.

Крамник, Илья, 2014/3/5.「Экспорт Российского Вооружения: Стратегии Влияния,」Российский Совет По Международным Делам, <http://russiancouncil.ru/inner/?id_4=3246#top>.

Лузянин, Сергей, 2014/3/19.「Китай: «Щелковая Политика» Возвышения,」MGIMO (Russia), <http://www.mgimo.ru/news/experts/document249626.phtml>.

Махин, Адольф, 2012/6/15. 「Энергетическая Стратегия Китая,」 Российий Совет по Международным Делам, <http://russiancouncil.ru/inner/?id_4=489#top>.

Новичков, Николай, 2014/3/26. 「Объем Торговли Оружием Растет,」 Общероссийская Еженедельная Газета, <http://vpk-news.ru/articles/19631>.

Печерица, Владимир, 2015/01/26, 「Новый Этап в Российко-Китайские Отношения: Союз или Стратегическое Партнерство」, Служу Отечеству, Январь 26, 2015, <http://www.sluzhuotechestvu.info/index.php/gazeta-sluzhu-otechestvu/2014/dekabr-2014/item/1383-novyj-etap-v-rossijsko-kitajskikh-otnosheniyakh-soyuz-ili-strategicheskoe-partnerstvo.html>.

Путин, Владимир, 2011/10/3. 「Новый Интеграционный Проект для Евразии–Будущее, Которое Рождается Сегодня,」 Известия, <http://izvestia.ru/news/502761#ixzz2yjFh2f7C>.

Сафронов, Иван, 2014/1/27. 「Наша задача–Сохранить за Россией Второе Место в Области поставок Вооружений,」 kommersant.ru, <http://www.kommersant.ru/doc/2393070>.

Топалов, Алексей, Александр Орлов, Карина Романова & Рустем Фаляхов, 2014/5/20. 「Китай Тянет Время,」 Газета.Ру, <http://www.gazeta.ru/business/2014/05/20/6040517.shtml>.

Чуйков,Александр, 2014/5/15. 「Российско-Китайский «Каток»,」 Аргументы Недели, <http://argumenti.ru/society/n437/338548>.

Бовал, Валерий, 2013/7/16. 「Российско-Китайское Военное Сотрудничество,」 Военнное Обозрение, <http://vpk.name/news/93194_rossiiskokitaiskoe_voennoe_sotrudnichestvo.html>.

Трегубова, Елена, 2014/05/19. 「Эра Поднебесной. Поможет ли Российской Экономике Сотрудничество с Китаем,」 Аргументы и Факты, <http://www.aif.ru/money/economy/1171680>.

159

「 Дорожная Карта Сотрудничества России и ЕС в Сфере Энергетики до 2050 г.,」МИНИСТЕРСТВО ЭНЕРГЕТИКИ РОССИЙСКОЙ ФЕДЕРАЦИИ, Февраль 24, 2011, <http://minenergo.gov.ru/activity/co-operation/russia_eu/road_map/>.

「 Российско-Китайское Торгово-Экономическое Сотрудничество,」МИНИСТЕРСТВО ЭКОНОМИЧЕСКОГО РАЗВИТИЯ РОССИЙСКОЙ ФЕДЕРАЦИИ, <http://www.ved.gov.ru/exportcountries/cn/cn_ru_relations/cn_ru_trade/>.

Russia-China Comprehensive Strategic Partnership of Coordination: Talking it from Putin's Visit to China under the Scenario of Crimea

Hu Feng-Yung

Ph.D of MGIMO University of the Russian Federation,

Postdoctoral researcher of Communication and State Governance Center,

Fudan University

Assistant Professor, College of General Studies,

Yuan Ze University

Abstract

Putin's visit to China in 2014 gave Russia-China comprehensive strategic partnership of coordination more explicit direction for establishing perspective military union despise of bilateral non-alliance assertion. In this paper the author attempts to express that Russia-China military cooperation is like the quasi-military union and their economic combination has made them move toward this goal, especially after the Crimea event where the Western Unions have launched out a series of economic sanctions against Russia to extrude its geopolitical space. This study has shown that the

Russian military products and energy export in APR will be two influential weapons for Putin implementing his Asian-Pacific strategy and this will be traced seriously by USA. Simultaneously China is competing for the Asian leading status, occupying the East China Sea and South China Sea where disputed island belongings problems will make APR more escalated region toward the edge of war. The Russia-China military union is prospectively forming up for anti the U.S.-Japan Security Treaty and pro U.S. unions. The author is anxious about how Taiwan will react in front of this new opposite circumstance of security under the intensified and bipolarized relationships in APR.

Keywords: Russia-China Comprehensive Strategic Partnership of Coordination, Russia's military-industrial products export Strategy, quasi-military union, energy, security in APR

第三章　普京時代的延續：
俄羅斯傳媒戰略目標與外宣系統
Russia Today的改組整合[1]

吳非

察哈爾學會高級研究員

暨南大學新聞傳播學院教授

胡逢瑛

莫斯科國立國際關係大學博士

復旦大學傳播與國家治理研究中心博士後研究

元智大學助理教授

摘　要

　　普京執政後，媒體改革被視為一切改革成功的關鍵因素，普京對於媒體的立法環境、媒體的版圖分配、媒體的職能角色、媒體的現代化工程以及媒體對民眾意識形態的影響都有非常清晰的戰略目標和執行理念。本文著重在俄羅斯電視媒體的發展現況和趨勢，作者認為，電視的改革最能反映普京落實強國政策的需求，並且最能體現俄羅斯經濟成長之後對於電視內容和技術提升

---

[1]　本文刊登於中國人民大學2014年度傳播藍皮書，內容納入此書中有所增修。

的影響，反應了俄羅斯媒體產業發展如何結合傳統媒體與網路媒體而達到與時俱進整體現代化的效果。俄羅斯在致力於國家崛起的過程中，把媒體放在與能源和武器同樣重要的基礎上來進行整頓。今日俄羅斯電視臺（RT）對內代表著專業媒體人、智庫、政府和國有企業的全面結合；對外則是結合國際媒體人、非政府組織、遊說團體和當地營運商，使今日俄羅斯電視臺專攻落地國家非主流民意並且發展成為最有影響力的國際外宣系統，成為了不同於西方主流媒體的國際多媒體意見管道。隨著美國與俄羅斯在烏克蘭危機中的關係緊張對立，RT美國台遂成為美國以司法調查為手段的打擊對象。作者在本文試圖分析RT走向國際化的路徑，探討普京如何利用RT在國際輿論中與美國的攻擊性宣傳進行抗衡，並且亦步亦趨對美國攻擊性宣傳進行預防性的媒體外交。

關鍵字：現代化、今日俄羅斯電視臺（RT）、外宣系統、非主流民意、媒體資訊戰

壹、前言

　　2013-2014年，隨著普京重返克里姆林宮的全球佈局，將主要的外宣機器如俄新社和俄羅斯之聲整合到RT國際通訊社的組織架構之內，其目標在於將RT發展成為全球最大的多媒體國際外宣系統。烏克蘭危機屬於在這個階段中俄羅斯外宣系統和美國媒體輿論角力以爭奪地緣政治優勢的最激烈戰場。

　　俄羅斯當前電視的發展有四大特點：第一，電視傳輸網路基礎設施的現代化：包括了電視頻道在全俄境內傳輸管道的普及化以及全面傳輸技術的數字化，以保障俄羅斯聯邦境內所有閱聽眾接收電視節目的信息平等權利；第二，電視節目內容的分級化：當前俄羅斯出台了聯邦法律對俄羅斯電視節目內容進行淨化，為達到淨化效果，規定了電視年齡分級的制度，使節目定位更加清晰並且分隔重疊市場使其更加有效競爭與分割廣告市場；第三，電視頻道的多元化：電視媒體的政府更加關注俄羅斯電視對於全國普及性、社會性、知識性和娛樂性，強調電視節目對於青少年身心的培養的涵化作用，積極發展多元娛樂與國際化的節目；第四，電視頻道的國際化：強調俄羅斯節目對於獨聯體國家的參與和影響，新聞頻道對於提升俄羅斯國際地位的幫助，以及新聞節目對於國際輿論的影響和對外宣傳功能的提升。

　　俄羅斯仍然把電視作為最重要的文化創意產業的傳播管道，節目自產對於俄羅斯電視節目內容豐富性起到作用，為了使全俄民眾都能在信息一體化的空間下生活與閱聽，基礎設施的現代化

工程和節目內容的分級制度就非常重要。目前俄羅斯民眾透過網路收看國家電視台節目的趨勢增加，除了帶動網絡廣告的經濟效益，也促使電視公司必須發展自製節目，以滿足網絡使用者的接收需求。可以看得出來，儘管傳播科技的技術增強了，但是俄羅斯希望推廣俄羅斯文化、發展文化創意產業以及同時加強俄羅斯民族團結的意識形態目標並沒有減弱。這樣的好處就是俄羅斯不但可以發展自製節目與開創文化創意產業，滿足境內的消費市場，而且平日的傳播效果就是減少商業性節目對於俄羅斯民眾身心健康負面影響和對傳統文化的消磨。最重要的是，當國家社會一旦遇上任何有立即明顯的危害或是衝突危機時，政府可以在第一時間之內呼籲團結民心，以獲得最高的民意支持度，因為閱聽眾在平日電視傳播的涵化過程中，已經建立起對國家文化的自信心和捍衛國家民族的愛國意識。

貳、俄羅斯傳媒發展的趨勢特點與戰略目標

根據俄羅斯聯邦信息與大眾傳播部所屬的聯邦新聞與大眾傳播署[2]公布的最近一期關於2012年－2013年整體的《俄羅斯電視行業報告：現況、趨勢和發展前景》[3]的分析報告指出，俄羅

---

[2]　俄羅斯聯邦新聞與大眾傳播署（Федеральное агентство по печати и массовым коммуникациям）於2004年在俄羅斯聯邦印刷、廣播電視與大眾傳播部的改組基礎上成立，並且納入俄羅斯文化部；2008年，改為併入俄羅斯信息與大眾傳播部（Министерство связи и массовых коммуникаций Российской Федерации）。

[3]　"Телевидение в России. Состояние, Тенденции и Перспективы Развития. Отраслевой

斯電視發展主要是延續近十年來的發展積累，反映俄羅斯社會現代化進程的動能。該報告認為最重要的關注仍是對於兼顧專業合作、國家媒體、廣告市場、立法環境以及來自全國各地民眾需求之整體社會機制的提升，尤其是電視仍扮演最重要的國家社會與傳播體系，其特點在於語言、文化與宗教多種形式的體現，以及保存社會整體團結力量的作用，確保廣大的俄羅斯民眾可以接觸使用聯邦主要的傳播管道以及維繫俄羅斯信息空間的整合和一體化目標。其中最重要的工作就完成全面電視傳輸數字化的工程。根據2009年6月24日的俄羅斯總統令第715號《關於俄羅斯共同義務接收電視和廣播頻道》（Об общероссийских обязательных общедоступных телеканалах и радиока- налах）確認了多家電視頻道完成全國共同接受的責任計畫。

一、全俄電視傳輸的普及化和數字化

　　因此，在大眾媒體、社會網絡、專業論壇和學術界仍積極探討電視作為主要社會政治傳播者的作用。例如公共電視的建立、電視記者離職問題、網絡頻道以及立法管理等等問題仍無法取得一致共識，究其原因是俄羅斯電視媒體仍沒有完全發揮其作為社會價值主要傳播者的角色，隨著傳播結構的快速變化，產生新形式的媒體使用者，數字化進程當中產生的資訊落差的不平等現象，仍然飽受廣大閱聽眾的批評。例如：2012年5月時通過互聯網每

Доклад," Федеральное Агентство по Печати и Массовым Коммуникациям, <http://www.fapmc.ru/rospechat/activities/reports/2013/tv_in_Russia.html>.

天收看第一頻道約有1910萬人，廣告的成長量為35%，儘管如此，俄羅斯電視廣告市場仍是主導廣告市場。收看電視節目的方式多元化，但是，電視的節目包括新聞、紀錄片、分析性和娛樂性的節目仍是主要影響網路媒體的主要傳播內容。因此，電視媒體在俄羅斯傳播體系當中扮演著領導角色，未來如何強化地區電視的發展以及因應傳播的各種變化仍是俄羅斯電視發展的重大挑戰。

俄羅斯電視節目的淨化工程也開始了。現在俄羅斯電視台需要嚴格遵循保護孩童的電視分級制度，這樣分級制度受到法律的約束，例如2010年12月29日俄羅斯聯邦法案第463號《關於保護孩童免於接收危害其健康和成長的資訊》（«О защите детей от информации, причиняющей вред их здоровью и развитию»）正式於2012年9月1日生效執行。根據該項法律規定，從凌晨4點到夜間11點鐘這段時間，電視頻道不得播出任何引起孩童驚慌或是恐懼的節目，不得有將暴力和衝突合法化的情節；法律還規定不得傳播色情節目，不得傳播任何鼓勵孩童接觸毒品、酒精以及賭博遊戲等等；同時也不得存在隱含鼓勵孩童傷害自己或是製造自殺氛圍的潛在因素。該法還規定所有傳播媒體都需要註明廣告商品針對的年齡對象和標誌。

二、電視節目淨化與分級制度的施行

標誌	年齡	內容描述的規定
0 +	0歲到未滿一歲	節目的內容不得引起任何對孩童身心健康和發育的傷害，可以透過處理過後的體裁和內容情節表達暴力是不好的（不包括性的陳述），可以表達冷漠受到譴責以及邪不勝正的觀點。

6 +	年滿六歲的孩童	節目內容可以包含了對於輕微病痛的理解及其後果，也可以描繪不幸的事件、意外、災難和非暴力的死亡。但是這些情節應該不能引起孩童的恐慌或是驚嚇。此外，也可以包含經過處理非原始狀態的畫面呈現反社會和犯罪的情節，讓人們了解譴責暴力者以及其行為。
12 +	年滿十二歲的孩童可在父母或是法定看護人陪同下觀看	可以包涵的情節，如下： 殘忍和暴力（不包括性）是非原始狀態呈現，用來對於生命剝奪的過程和帶有傷害的受難者表達同情遺憾； 對於暴力和殘害的譴責，除非是講述那些為了保護公民利益以及受法律保障國家社會利益的特殊情形； 對於情節上（不展示）表達對於菸草製品、毒品和精神藥物的反對態度，認識使用這些物品的危害性； 可以用經過修飾且非原始的狀態來表達男性與女性之間的性別關係，但是沒有關乎性行為的描述。
16 +	年滿十二歲的青少年	除了上述提到的部分，節目情節可以出現的圖像和描述如下： 不幸的事件、意外、災難，生病或是死亡，畫面非原始狀態且不得引起孩童感到驚慌或是驚嚇的情節； 對於情節上（不展示）表達對於菸草製品以、毒品和精神藥物的反對態度，認識使用這些物品的危害性，可以列舉實際的案例； 一些汙穢詞語和表達不能因為不經過審查而濫用。
18 +	給年滿18歲以上的成人收看，低於18歲禁止觀看	該節目可以出現的信息包括： 能夠提醒小孩哪些是危害他們健康、生命和引起自殺的行為； 觸及到希望吸菸、吸毒、飲酒、賭博、賣淫、流浪和乞討等情節； 導正不正確或是對人或是動物使用暴力和殘忍的行為； 否定家庭價值和型塑對家庭成員不尊重，包括汙穢的言語和情色的特點。

（Классификация телевизионной продукции, действующая на территории РФ）

在施行《關於保護孩童免於接收危害其健康和成長的資訊》聯邦法案之後，俄羅斯通信、信息技術和大眾傳播監督局針對不同媒體在2012年9月1日~10月1日期間進行了違規情形調查，違規數量如下表格所示：

2012年9月1日～10月1日期間各媒體違規情形

媒體種類	分析的媒體數量	違規的媒體數量
平面印刷媒體	14 150	3 014
電視頻道／電視節目	2 820	289
媒體轉播或是刊登	-	648
新聞通訊社／電信出版	3 043	-
廣播頻道／廣播電視	2 263	133
網絡媒體	-	988
總體數量	22 276	5 072

來源：俄羅斯通信、信息技術和大眾傳播監督局副局長克森佐夫於2012年10月17日在關於大眾傳播專家會議上的第二場報告。（Источник: Доклад заместителя руководителя Роскомнадзора М. Ксензова на втором заседании Экспертного совета по массовым коммуникациям. 17 октября 2012 года.）

俄羅斯電視發展除了全面更新基礎設施和完成數字化傳輸管道的落實，為了因應電視分級制度和電視自製產業的發展，擴大電視節目的年齡範圍或是針對特定年齡層以上的節目設定對象成為了另一項重要發展戰略目標，使節目定位更加清晰並且分隔市場重疊使其更加有效競爭與分割廣告市場。針對收視觀眾年齡的變化如下表格所示：

電視觀眾範圍改變的頻道（Изменения в целевых аудиториях каналов）

頻道	2011	2012
Первый канал （第一頻道）	18歲以上	14-59歲

Россия （俄羅斯）	18歲以上	25歲以上
ТНТ （TNT）	6-54歲	14-44歲
РЕН ТВ （REN TV）	25-54歲	25-59歲
Disney	18-54歲	6-44歲

三、俄羅斯電視頻道與所屬媒體集團

　　俄羅斯聯邦反壟斷局[4]在2013年2月底以前就確認了全國性和地區性電視頻道廣告份額的分配順序，頻道如下：

1	第一頻道股份有限公司（«第一頻道»） ОАО "Первый канал" ("Первый канал")
2	俄羅斯國家媒體事業單位«全俄羅斯國家電視與廣播公司»所屬的俄羅斯國家電視頻道，包括：«俄羅斯-1»社會綜合頻道，«俄羅斯-2»體育運動頻道，«俄羅斯-24»資訊新聞頻道，«俄羅斯-K»俄羅斯文化頻道 ФГУП "ВГТРК" ("Телеканал "Россия" (Россия-1), "Телеканал "Россия -2" (Россия-2), "Российский Информационный Канал "Россия-24" (Россия-24) и "Телеканал "Россия-Культура" (Россия-К))
3	彼得堡電視廣播有限股份公司的«彼得堡-5»第五頻道 ОАО "Телерадиокомпания "Петербург" ("Петербург-5 канал");
4	NTV電視股份有限公司的 «NTV電視公司» ОАО "Телекомпания НТВ" ("Телекомпания НТВ")
5	俄羅斯電視中心股份有限公司的«電視中心－莫斯科» ОАО "ТВ Центр" ("ТВ ЦЕНТР - Москва")
6	STS-地區電視封閉型股份有限公司（«第一娛樂STS»，«家庭的»） ЗАО "СТС-Регион" ("Первый развлекательный СТС", "Домашний"
7	達里亞電視封閉型股份公司（«辣椒»電視頻道／原來稱作«達里亞電視»） ЗАО "ТВ ДАРЬЯЛ" (телеканал "Перец" (ранее - "ТВ Дарьял")) ;

---

[4] "ФАС России Уточнила Перечень Федеральных Телеканалов и Рассчитала Их Доли При Национальном и Региональном Размещении Рекламы за 2011-2012 Годы," Федеральная Антимонопольная Слуба, <http://www.fas.gov.ru/fas-news/fas-news_34383.html>.

8	電視服務股份公司（«U-TV»青年頻道／原來的«音樂－電視»頻道） AO "ТВ сервис" (телеканал "Ю-ТВ" (ранее - "МУЗ - ТВ"))
9	7TV有限責任公司（迪士尼頻道／先前的«7TV»頻道） OOO "7ТВ" ("Канал Disney" (ранее - "7ТВ"))
10	TV3電視頻道有限責任公司（«TV-3俄羅斯»） OOO "Телеканал ТВ3" ("ТВ-3 Россия")
11	星期五電視有限責任公司／之前稱作動力－電視股份公司（«星期五»電視頻道／之前稱作«MTV：音樂電視台»） OOO "Телекомпания ПЯТНИЦА" (ранее - OOO "Энергия ТВ") (телеканал "Пятница!" (ранее - "MTV: Музыкальное Телевидение"))
12	TNT-電視網路股份有限公司（«TNT»） OAO "ТНТ-Телесеть" ("ТНТ")
13	«驗收»有限責任公司（ «REN-TV»電視頻道） OOO "Акцепт" (Телевизионный канал РЕН ТВ);
14	國家間電視廣播公司封閉型股份公司（«世界»） ЗАО "Межгосударственная телерадиокомпания "Мир" ("Мир")
15	俄羅斯武裝部隊電視廣播股份有限公司（«紅星»國家電視頻道） OAO "ТРК ВС РФ "ЗВЕЗДА" ("НТК "ЗВЕЗДА")
16	2×2電視廣播有限責任公司（«2×2»） OOO "Телерадиокомпания "2×2" ("2×2")
17	俄羅斯商業諮詢電視封閉型股份公司（«RBK-TV»電視頻道） ЗАО "РБК-ТВ" (телеканал "РосБизнесКонсалтинг-ТВ" ("РБК-ТВ"))
18	迂迴封閉型股份公司（«迂迴»兒童暨青少年電視頻道） ЗАО "Карусель" (Детско-юношеский телеканал "Карусель")

具有俄羅斯統一註冊法人實體的電視頻道股份所有權人

電視頻道	所有權者	持股者比例(1)	持股者比例(2)
 «第一頻道»	«第一頻道»股份有限公司 OAO «Первый канал»	1.«RastrKom2002» (25,00%) (OOO«РастрКом-2002») 2.俄羅斯國家財產管理局（38,90%）(Росимущество) 3.國家媒體事業單位«伊塔－塔斯社»（9,10%）(ФГУП «ИТАР-ТАСС»)	«國家媒體集團»封閉股份公司（100,00）(ЗАО «Национальная Медиа Группа»): «Allport Investments, Ltd» (20,00) «Galenica Holdings, Ltd» (20,00) «Palmeron Holdings, Ltd» (20,00) «Rosiera Investments, Ltd» (20,00)

		4.國家媒體事業單位《電視技術中心》（3,00%）(ФГУП «Телевизионный технический центр») 5.«ORT-KB»國營股份有限公司（24,00）(ЗАО «ОРТ-КБ»)	«Tesina Trading & Investments, Ltd» (20,00)
РОССИЯ 1 «俄羅斯-1»	聯邦國家媒體事業單位－全俄羅斯國家電視與廣播公司 (ФГУП «Всероссийская государственная телевизионная и радиовещательная компания»)	俄羅斯政府（Правительство России）	
РОССИЯ К «俄羅斯-К»（俄羅斯文化頻道）	聯邦國家媒體事業單位－全俄羅斯國家電視與廣播公司 (ФГУП «Всероссийская государственная теле- визионная и радиове- щательная компания»)	俄羅斯政府（Правительство России）	
РОССИЯ 2 «俄羅斯-2»	聯邦國家媒體事業單位－全俄羅斯國家電視與廣播公司 (ФГУП «Всероссийская государственная теле- визионная и радиове- щательная компания»)	俄羅斯政府（Правительство России）	

РОССИЯ 24 «俄羅斯-24» 資訊頻道	聯邦國家媒體事業單位－全俄羅斯國家電視與廣播公司 (ФГУП «Всероссийская государственная теле- визионная и радиове- щательная компания»)	俄羅斯政府 （Правительство России）	
«NTV»	NTV電視股份有限公司的«NTV電視公司» (ОАО «Телекомпания НТВ»)	1.«Aura-media» （51,00%） (ООО «Аура-Медиа») 2.«天然氣工業－媒體» （35,00%） (ОАО «Газпром-Медиа Холдинг») 3.«PRT-1» （14,00%） (ООО «ПРТ-1»)	1.«天然氣工業－媒體» （99,94%） (ОАО «Газпром-Медиа Холдинг») 2.«PRT-1» (0,06) (ООО «ПРТ-1»)
«TNT»	«TNT－電視網路» 股份有限公司 (ОАО «ТНТ-Телесеть)	1.«Aura-media» （51,81%） (ООО «Аура-Медиа») 2.«天然氣工業－媒體» (29,99%) (ОАО «Газпром-Медиа Холдинг») 3.«Benton Solutions, Inc» (18,18%)	1.«天然氣工業－媒體» （99,94%） (ОАО «Газпром-Медиа Холдинг») 3.«PRT-1» (0,06) (ООО «ПРТ-1»)
«REN-TV»	«REN-TV電視公司» 股份有限公司 (ЗАО «Телекомпания РЕН ТВ»)	«REN-TV媒體集團»有限責任公司 （100,00%） (ООО «Медиахолдинг РЕН ТВ»)	1.«國家媒體集團» （68,00) (ЗАО «Национальная Медиа Группа») 2.«RTL魯斯蘭德» 有限責任公司 （30,00%） (ООО «РТЛ Русланд») 3.«Ermira Consultants, Ltd» （2,00%）

5 «彼得堡-5» 第五頻道	彼得堡電視廣播有限股份公司的 (OAO «Телерадиокомпания Петербург»)	1. «IK ABROS»俄羅斯股份銀行資訊公司 （22,43%） (OOO «ИК Аброс») 2. 《北方鋼鐵集團》 （19,99%） (ЗАО «Северсталь-групп») 3. «蘇爾古特石油天燃氣»股份有限公司 （19,99%） (OAO «Сургутнефтегаз») 4. «電波»責任有限公司 （18,30） (OOO «Волна») 5. «索葛茲»股份有限公司 （10,00%） (OAO «Согаз») (10,00%) 6. «葛特爾»股份有限公司（06,30%） (OAO «Гатр») 7. «卡李欽»有限責任公司（02,99%） (OOO «Каринти»)	«俄羅斯股份銀行資訊公司» （100,00%） (OAO «АБ «Россия»)
CTC STS－網絡 電視台	STS－地區網絡電視封閉股份有限公司 ЗАО «Сеть телевизионных станций»	1. «STS傳播»有限責任公司（51,00%） (OOO «СТС Коммьюникейшнс») 2. «STS媒體公司» （49,00%） («CTC Media, Inc»)	«STS媒體公司» （49,00%） («CTC Media, Inc»)
Домашний «家庭的»	«新頻道»股份有限公司 ЗАО «Новый канал	1. «STS傳播»有限責任公司（51,00%） (OOO «СТС Коммьюникейшнс») 2. «STS媒體公司» （49,00%） («CTC Media, Inc»)	«STS媒體公司» （49,00%） («CTC Media, Inc»)

《辣椒》 電視頻道	達里亞電視封閉股份公司 (ЗАО «ТВ Дарьял»)	1.«STS網路電視台»股份有限公司 （50,00%） (ЗАО «Сеть телевизион- ных станций») 2.«諾曼德»責任有限公司（24,00%） (ООО «Номанд») 3.«佐連»責任有限公司（19,00%） (ООО «Золлен») 4.«獎品»責任有限公司（7,00%） (ООО «Преми»)	1.«STS傳播»有限責任公司（51,00%） (ООО «СТС Коммьюникейшнс» «STS媒體公司»（49,00%） 2.«STS媒體公司»（49,00%） («CTC Media, Inc»)
«MTV： 音樂電視台»	«動力－電視»股份公司 ООО «Энергия ТВ»	«專業媒體電視»責任有限公司（100,00%） (ООО «Профмедиа ТВ»)	1.「PM」電視持股集團」（51,00%） (ООО «ПМ Телехолдинг») 2.«Independent Network Television Holding, Ltd»（49,00%）
«TV3電視頻道»	«TV3電視頻道»責任有限公司 (ООО «Телеканал ТВ3»)	«專業媒體電視»責任有限公司（100,00%） (ООО «Профмедиа ТВ»)	1.「PM」電視持股集團」（51,00%） (ООО «ПМ Телехолдинг») 2.«Independent Network Television Holding, Ltd»（49,00%）
«2×2»	ООО «Телерадиокомпания «2×2»»	«專業媒體電視»責任有限公司（100,00%） (ООО «Профмедиа ТВ»)	1.「PM」電視持股集團」（51,00%） (ООО «ПМ Телехолдинг») 2.«Independent Network Television Holding, Ltd»（49,00%）

«U-TV» （青年頻道）	«電視服務»故份有限公司 ЗАО «ТВ Сервис» ОАО	1.«俄羅斯聯邦儲蓄銀行»（65,00%）（«Сбербанк России») 2.«КB思韋伯»責任有限公司（18,30%）（ООО «КБ Свиб»） 3.«電信棚»責任有限公司（16,70%）（ООО «Телехижина»）	1.俄羅斯聯邦中央銀行（60,57%）（ЦБ РФ) 2.«DKK»故份有限公司（09,85%）（ЗАО «ДКК») 3.«國家結算存管»有限公司（07,77%）（НП «НДЦ») 4.其他法人（18,92%）（Другие юридические лица) 5.俄羅斯公民（02,55）（Граждане России)
«迪士尼頻道»	«7TV»責任有限公司（ООО «7TB»)	1.«7TV持股集團»（99,00%）（ООО «7TB Холдинг») 2.«Speaker» (01,00)（ООО «Спектр»）	«Speaker»責任有限公司 ООО «Спектр» (100,00)
«電視中心»	ОАО «ТВ Центр»	1.莫斯科市政府財產部（99,23%）（Департамент имущества г. Москвы) 2.«產業拍賣中心»（0,77）«Промторгцентр»	莫斯科市政府 (Правительство Москвы)
«紅星»	«俄羅斯武裝部隊電視廣播股份有限公司－紅星» (ОАО «Телерадиокомпания вооруженных сил Российской Федерации「Звезда」»)	«紅星»股份有限公司（100,00%）（ОАО «Красная звезда»)	1.國防部（83,91）（Министерство обороны Российской Федерации) 2.國防服務股份有限公司（16,09%）（ОАО «Оборонсервис»)

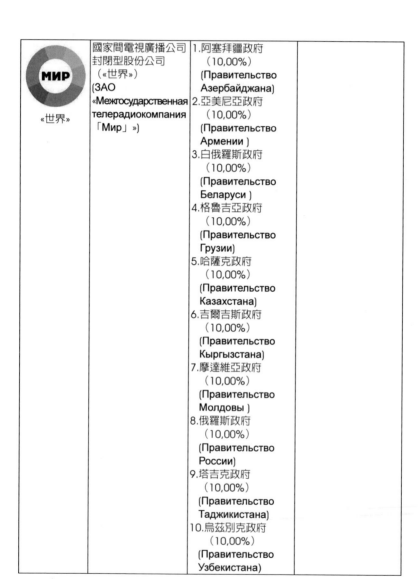 «世界»	國家間電視廣播公司封閉型股份公司（«世界»） (ЗАО «Межгосударственная телерадиокомпания 「Мир」»)	1.阿塞拜彊政府（10,00%）(Правительство Азербайджана) 2.亞美尼亞政府（10,00%）(Правительство Армении) 3.白俄羅斯政府（10,00%）(Правительство Беларуси) 4.格魯吉亞政府（10,00%）(Правительство Грузии) 5.哈薩克政府（10,00%）(Правительство Казахстана) 6.吉爾吉斯政府（10,00%）(Правительство Кыргызстана) 7.摩達維亞政府（10,00%）(Правительство Молдовы) 8.俄羅斯政府（10,00%）(Правительство России) 9.塔吉克政府（10,00%）(Правительство Таджикистана) 10.烏茲別克政府（10,00%）(Правительство Узбекистана)	

俄羅斯免費線上收看的社會綜合電視頻道[5]

電視頻道	頻道特點
OTP	《俄羅斯公共電視台》（OTP），2013年5月開播，扮演政府機構和社會之間公共意見的公開討論平台，著重在地方性新聞的報導、各類分析性與即時性的討論節目、紀錄片和影集，聽眾可以線上免費收看職播節目。
1 РОССИЯ	《俄羅斯-1》頻道有1億1千7百萬的收視觀眾，可以在俄羅斯全國和透過（RTR衛星）在獨聯體國家收看，可以免費線上收看各類新聞性、知識性和娛樂性的節目和影集，畫質清晰且內容豐富。
1	《第一頻道》（原來稱作ORT俄羅斯社會電視台），覆蓋率高達98%俄羅斯領土，擁有最多的觀眾，俄羅斯最早的國家電視頻道，可以免費線上收看直播節目。2012年以後電視口號為«永遠在第一位»。
★	«紅星»電視頻道於2005年開播，節目特色在於播出許多蘇聯時期的電影、各類關於歷史、文化、藝術、體育和資訊的節目，觀眾約有6千4百萬，可以免費線上收看。
K РОССИЯ	«俄羅斯-K»（俄羅斯文化頻道）於1997年開播，全俄各個行政區都能免費收看直播節目，也可以透過互聯網線上收看，有各類最好的俄羅斯電影以及關於文化、藝術、資訊和兒童類節目。
ІНТЕР	«Inter»是烏克蘭的電視頻道，2006年開播，也是烏克蘭最受歡迎的電視頻道，定位在家庭、娛樂和脫口秀節目，透過有線和衛星、或是線上收看。
ТВЦ	«電視中心»是莫斯科市政府所屬，1997年開播，著重在莫斯科與莫斯科區政治、社會、文化的生活，也包括各類資訊、知識、娛樂和電影的節目，可以免費線上收看。
7	«7頻道»，克拉斯諾亞爾斯克電視台，主要網絡合作夥伴是«REN TV»，可以免費線上收看。

---

[5] "ТВ онлайн",< http://tv-on.ru/public.html>.

	«K1»烏克蘭電視頻道，2005年開播，透過衛星和有線頻道收看，節目主要針對年輕人定位。
	«電視房»定位在家庭，包括各類影集、脫口秀和娛樂性節目，但是沒有政論性和經濟類的節目。
	«培爾施國際台»是烏克蘭電視第一頻道，包括各類資訊、音樂、影集、脫口秀等等綜合性頻道。
	«TNV衛視»是以俄語和韃靼語為主的電視頻道，主要透過衛星鳩收，節目24小時播出，強調多元化與多民族的節目。
	«VKT»電視頻道是2007年開播，著重在各領域專題節目以及專家回答與觀眾電話提問的互動節目，同時也包括紀錄片和影集。
	«TBN»1999年開播，強調新型與正面的節目，要讓觀眾耳目一新，在許多國家透過衛星可以收看。
	«REN»1999年開播，強調全方位觀眾可以收看的節目，有7百萬的觀眾。
	«TV3»有國內外影集以及各類型娛樂和知性節目，在彼得堡創台，1994年開播，透過有線和衛星接收。
	«家庭的»電視頻道定位在家庭生活，有各類休閒、娛樂、烹飪、飲食、旅遊、裝潢、建築等等家庭生活需要的節目。

РТР ПЛАНЕТА	«RTR-Planet»是屬於全俄羅斯國家電視與廣播公司集團旗下的國際衛星頻道，主要轉播國家電視頻道的節目為主。
8	«第8»頻道主要是定位在電影、音樂、知性和兒童節目，主要透過衛星和有線傳輸，1996年開播。
TV1000	«TV1000»於2003年開播，是俄羅斯國際電影台，主要是播放國外的電影和影集為主。
МИР	«世界»電視台是1992年由獨聯體國家合資創辦的電視公司，2008年已經發展成為電視與廣播的集團公司，播出獨聯體國家的新聞節目和自製節目為主。
KZN КАЗАНЬ ТЕЛЕРАДИОКОМПАНИЯ	«KZN喀山»是喀山地區的電視台，2000年開播，與«紅星»電視頻道網絡合作。
РУССКИЙ МИР	«俄羅斯世界和平»電視頻道，屬於俄羅斯世界和平基金會的電視台，節目是關於俄羅斯世界和平基金會活動消息和領導高層訪談、俄語教學與推廣、俄羅斯文化以及關於俄羅斯中心推廣等等。
ТИВИКОМ	«TVKOM»是布里亞特電視頻道，1990開播，以俄語和布里亞特與為主。
СОЮЗ	«團結»電視頻道由葉卡切琳堡東正教區創台，主要節目在於東正教生活以及關於人類價值、傳統文化和歷史等等。主要是透過衛星和有線收看。

　　值得一提的是，2013年5月，俄羅斯公共電視台正式開播，這是普京再次執政後的電視發展總結，普京認為媒體不但是國家利益的捍衛者，更是教育者和文化傳播者，也就是媒體必須對民眾改善生活品質和建立品德素質發揮正面的作用。電視走向公共

化是普京對媒體發展的終極目標，現在只是俄羅斯公共電視台開始，未來如何讓民眾整體素質提升並且參與到國家建設來才是普京最重要的媒體戰略目標。

四、俄羅斯總體期間國家媒體投資計畫觀

俄羅斯信息與大眾傳播部刊登了一份《關於落實2013年聯邦針對性投資計畫（資本結構項目）分析報告》（Аналитическая записка о ходе выполнения федеральной адресной инвестиционной программы в 2013 году（объекты капитального строительства）[6]，報告內容主要是指出俄羅斯聯邦預算撥款執行發展俄羅斯廣播電視全面現代化與數位化的進程工作與實施項目，進行俄羅斯國家媒體事業的投資開發，投資方向基本可歸納為四個部分：第一，完成2009-2015年期間廣播電視發展整體計畫的實施；第二，俄羅斯城市與偏遠地區廣播電視全面數位化的基礎建設工程；第三，推動國家媒體事業單位的具體發展工作；第四，發展俄羅斯媒體長期戰略目標。

根據2012年俄羅斯聯邦法律《關於2013年和2014-2015計畫期間的聯邦預算》，俄羅斯聯邦新聞與大眾傳播署[7]作為新聞與

[6] Аналитическая Записка о Ходе Выполнения Федеральной Адресной Инвестиционной Программы в 2013 Году (Объекты Капитального Строительства), <http://fapmc.ru/rospechat/activities/programms/hod-vipolnenia/item2012.html>.

[7] 俄羅斯聯邦新聞與大眾傳播署（Федеральное агентство по печати и массовым коммуникациям）於2004年在俄羅斯聯邦印刷、廣播電視與大眾傳播部的改組基礎上成立，並且納入俄羅斯文化部；2008年，改為併入俄羅斯信息與大眾傳播部（Министерство связи и массовых коммуникаций Российской Федерации）。

大眾傳播的主要管理單位，負責監督執行國家投資預算額度為1180多億盧布（11 836 950,0 тыс. рублей），在投資的246個項目當中有243項主要用來發展俄羅斯數位廣播電視媒體，另外三個項項則是制定發展長期戰略目標。主要預算執行的國家媒體事業單位包括：俄羅斯電視和廣播網絡（Российская телевизионная и радиовещательная сеть-РТРС）、全俄羅斯國家電視與廣播公司（Всероссийская государственная телевизионная и радиовещательная компания-ВГТРК）、俄羅斯電視技術中心《奧斯坦金諾》（ТТЦ «Останкино»）、俄羅斯新聞通訊社（伊塔－塔斯社，ИТАР-ТАСС）、國家電視與廣播基金會（Государственный фонд телевизионных и радиопрограмм»-Гостелерадиофонд）。

　　俄羅斯2013年主要四個國家媒體事業單位的預算執行者為：俄羅斯電視和廣播網絡、全俄羅斯國家電視與廣播公司、俄羅斯電視技術中心《奧斯坦金諾》和國家電視與廣播基金會，執行的計畫是《2009-2015年期間發展俄羅斯電視廣播整體計畫》，已經完成預算支出為1137億多盧布（11 379 080,0 тыс. Рублей）。由俄羅斯經濟發展部確認的投資預算項目主要針對俄羅斯多媒體數位化基礎設施發展的各個階段來進行，2012-2014年確認完成廣電數位化計畫的地區有：位於北高加索地區的卡巴爾達-巴爾卡爾共和國、印古什共和國以及莫斯科州。2013年完成廣電數位化工程的地區有：阿爾泰邊疆區、阿斯特拉罕州、別爾哥羅德州、伏爾加格勒地區、沃羅涅日州、卡巴爾達－巴爾卡爾共和國、卡拉洽伊－切爾克斯共和國、克拉斯諾達爾邊疆區、摩爾曼斯克州、阿迪格共和國、達吉斯坦共和國、北奧賽梯共和國、羅斯托夫

州、漢特－曼西自治區、車臣共和國、伊萬諾沃州、基洛夫州、柯斯特羅馬州、庫爾干州、涅涅茨自治區、下諾夫哥羅德州、韃靼斯坦共和國、坦波夫州、特維爾州、圖拉州、烏里揚諾夫斯克州。

參、今日俄羅斯電視臺與國家外宣系統的整合

自蘇聯解體到2000年以前，俄羅斯媒體基本上為寡頭所控制，並且服務於寡頭經濟。2000年普京擔任俄羅斯總統之後，首先面對的問題就是如何獲得資金來源和掌握意識形態宣傳機器，以期從經濟和心理層面重拾俄羅斯的國家實力和民眾信心。普京的強國思路是要把媒體、能源和武器三大產業置於政府控制之下，把寡頭排擠出這些領域之外或成為配角，迫使寡頭專心在經濟活動而非政治操作上，因此進行這三大產業的國家化進程是普京執政的第一步。2000年—2006年，俄羅斯媒體進入專業媒體人階段，專業媒體人不需要太多考慮商業和經濟問題，這樣更能發揮媒體人自身的專業精神和政策分析能力，這時候媒體人和政府進行結合成為特點。政府主要控制電視臺、電臺的信號權、報紙的印刷廠和設備進口。2006年以後，媒體人、政府和國有企業則全面結合，但受制於過去蘇聯和俄羅斯國家體制發展初期的混亂，使得塔斯社、國家電視臺、報紙面臨管理和資金來源的重大問題，為此，普京側重於重塑俄新社和俄羅斯國家電視臺、俄羅斯之聲電臺以及《俄羅斯報》、《共青團真理報》和《莫斯科共青團報》作為媒體服務政府政策宣傳和解釋作用的首要對象。

2008年以後，智庫加入了媒體外交體系，成為俄羅斯國內外重大決策的來源。

2013年年底，今日俄羅斯新聞社成為俄羅斯最大的國家通訊社，遂而朝著全球最大的多媒體外宣機器邁進，掌握國內外輿論話語權。烏克蘭危機屬於在這個階段中俄羅斯外宣系統和美國媒體輿論角力以爭奪地緣政治優勢的最激烈輿論戰場。從普京在烏克蘭危機期間的支持率高達近九成的結果來看，民眾對於國家領導人處理國家危機還是感到非常信任的，這與普京多年來進行媒體改革有直接的關係。儘管在西方主流媒體一片撻伐聲浪之下，普京在全球閱聽眾當中的歡迎度和影響力也在烏克蘭危機中超過美國的總統歐巴馬。可見，RT在國際輿論中傳播效果已經見到。

一、俄羅斯外宣系統與國家崛起關係密切

吳非、胡逢瑛認為，普京的媒體發展思路是和國際關係是吻合的，那就是俄羅斯政府必須要保護現存的自然資源，自然資源應該是作為俄羅斯崛起的有力武器。同樣媒體必須作為俄羅斯塑造意識形態的思想武器，而思想武器不是一時就能形成的。[8]

但由於世界媒體發展中越來越側重於娛樂化和報導的聳動性，這樣使得媒體很難配合俄羅斯的國家崛起。俄羅斯崛起主要分為三個部分：獨聯體國家的整合、俄羅斯和歐盟的合作、俄羅

---

[8]　吳非、胡逢瑛，《俄羅斯傳媒體制創新》（廣州：南方日報出版社，2006年），頁67。

斯在亞洲扮演的角色，可以說這三個議題在俄羅斯幾乎不是受眾主要關心的議題，這樣如何借助一直以商業媒體專門從事俄羅斯對外宣傳的今日俄羅斯電視臺（RT）的經驗和管理成為普京團隊面臨的主要問題。2013年，普京著手將RT打造成為俄羅斯最大的多媒體平臺，要把RT成功的國際影響力經驗與國內媒體資源進行重組，以最有效且節約的成本使俄羅斯媒體全面走向國際化，一方面俄羅斯內部媒體要作為俄羅斯國際宣傳的後盾；另一方面，國際外宣的進程隨時可與國內輿論保持互動，維持國內輿論對國際議題的熟悉度，減少國內外輿論落差的斷層，防止內部輿論在遭到國際輿論攻擊時產生嚴重意見分化的危機，這個作用已經在烏克蘭危機當中有效發揮。俄羅斯外交高層已形成這樣的想法：顏色革命是以利用他國分裂的民意以及媒體宣傳機器造成他國內部和外部產生巨大的輿論壓力，直到輿論壓力鬆動或崩解政權為止，這儼然成為美國最新的外交攻擊性武器，俄羅斯要進行的就是預防性外交。

普京總統的獨聯體全權代表、也是俄羅斯全球事務期刊（*Russia in Global Affairs*）的編委康斯坦丁·柯薩喬夫（Konstantin Kosachev）認為，21世紀的國際競爭已從「硬實力」轉變成「軟實力」，「硬實力」造成的損害與耗費後遺症過大，因此在國際舞臺上與地緣政治中的競爭已經是透過文化和資訊來進行塑造或是摧毀敵方的政策工具和外交手段。柯薩喬夫舉例說明，儘管薩達姆·侯賽因和格達費政權在俄羅斯僅有很少的支持者，但是對其進行武力的干涉卻是在俄羅斯內部引起極大的關注並且難以被俄羅斯所接受的方式。西方媒體因為俄羅斯不贊同以武力干涉推

翻這些政權就把俄羅斯塑造成是這些政權的支持者，是反西方價值觀的意識形態敵人，這樣的模式同樣也適用於解讀俄羅斯對敘利亞阿薩德政權的態度，西方媒體以意識形態為由塑造中俄兩國不反對阿薩德政權就是反對西方的價值觀。西方媒體進行的「支持西方價值觀或是反對西方價值觀」的二元鬥爭，使得在國際主流媒體新聞中鮮少出現不同的觀點，因而形成了西方資訊對國際事件解讀的壟斷。現行對於國際事件如何在人們心中形成概念成為了國家之間「軟實力」的鬥爭場域，這是近似於馬克思理論中關於階級鬥爭作為歷史推動力的概念。國際媒體的較勁，等同於國際軟實力的較勁。[9]

RT（Russia Today）是2005年由俄羅斯政府撥款3300萬美元支持成立的全英文播報的國際電視臺，其作用相當於英國的英國廣播公司（UK's BBC），法國的法蘭西24（France 24），德國的德國之聲（Germany's Deutsche Welle）和美國的公共廣播公司（the American Corporation for Public Broadcasting）。2005年12月，RT國際英語頻道在莫斯科開播，是俄羅斯第一個全數位電視網路頻道，雇用超過100名來自於世界各地的新聞記者。當時年僅25歲的瑪格麗特・西蒙尼揚（Margarita Simonyan）成為俄羅斯主要電視網路最年輕的總編輯。普京於2013年夏天造訪RT新媒體大樓與多位元記者代表會晤時表示，RT要打破盎格魯薩克遜的媒體壟斷。[10]

---

[9]　Konstantin Kosachev,"The Specifics of Russian Soft Power,"*Russia in Global Affairs* 10(3), 2012, pp. 47-48.

[10]　Timothy McGrath, "Some Things You Should Know about RT, Russia's State-

2007年6月，RT開始在Youtube上放置自己電視臺最好的各類節目，這是第一家與Youtube合作的俄羅斯電視臺，RT總編輯瑪格麗特・西蒙尼揚對此表示，與Youtube簽約是因應廣大習慣透過電腦和偏好線上收看電視節目的觀眾，並且RT提供免費節目給所有的Youtube使用者，這些都為RT擴大了全球廣大的收視群眾。[11]

二、RT作為首要外宣系統的國際運營模式

RT在全球落地過程中及其國際運營模式以在美國最具有代表性。今日俄羅斯電視臺美國台（RT America）是借助RTTV America在美國的俄裔營運商人阿列克塞・雅茲洛夫斯基而發展起來的。RTTV America本身為商業化運營媒體內容製作與技術傳輸公司，RT則是按照公關公司方式進行運作，設立今日俄羅斯美國台（RT America），其節目則是和受眾直接接觸的國際電視頻道，記者完全是來自於美國和由國際記者組成，RTTV America本身為美國公司，RT出資與其合作可以回避美國法律的糾葛。然後在商業化運營的背後，RTTV America開始籌措相關的資本，這樣RT在美國借殼RTTV America運營的初期，就會設定各種適合於美國社會的議題，這些議題以相關項目的形式存在，這些項目就會請很多的美國各界人士來參與，這包括開各種類型的研

Funded News Network", *Globalpost*, March 7, 2014, <http://www.globalpost.com/dispatch/news/regions/europe/russia/140307/things-you-should-know-about-rt-russia-today-state-funded-news>.

[11] "Телеканал Russia Today Открыл Филиал на YouTube," Лента.Ру, Июнь 4, 2007, <http://lenta.ru/news/2007/06/04/youtube/>.

討會，這些研討會就會請美國大量的研究人員來與會，並按照項目來發給這些研究人員經費，這些經費預估大約在5千—1萬美元間，這種聯繫方式奠定了未來運作RT America節目背後嘉賓的來源。RT的主要負責人和一些記者原是美國培養反俄的俄羅斯人，但是當俄羅斯崛起之後，這些被美國吸收的俄裔美國人或是親美的俄羅斯自由派人士又回頭來幫忙俄羅斯的政府。

　　RT與RT America和RTTV America具有不同的作用和關係，組織上區別非常大：　RT作為俄羅斯外宣系統的老闆；　RTTV America則是電視內容和頻道提供商，成為聯繫當地關係的平臺；RT America成為美國政治經濟人物討論的平臺，作為電視頻道為閱聽眾提供未來可能成為熱點的議題。RTTV America本身對於美國問題並不持任何的立場，首先是以公司的形式存在於美國；然後RT America依靠新聞議題來吸引美國的非主流智庫研究員和非政府組織的注意，他們並受邀到電視節目中對於相關的議題提出本單位的觀點；之後，RT成為美國非主流受眾關心的最知名國外電視品牌。RT America崛起于其嘉賓和內容基本上服務於美國的非主流社會，美國由於利益集團遊說的關係，使得在美國的主流社會中，華盛頓代表了主流政治意見，紐約代表了經濟利益集團，這些利益集團的人數很少，但影響力卻非常巨大。因此RT America成為吸引美國非主流意見最受歡迎的國際電視頻道。

　　RT主要是依靠俄羅斯和國際上的專業媒體人深入美國、英國、法國、以色列等北約國家，然後依靠RT的公司運營模式，在初期主要採取像公關公司的運作模式，在一些相關的活動中找到未來RT所需要的嘉賓，這些節目嘉賓首先可以通過合法的活

動合法獲得相關的研究資金，而且未來在一些以突發新聞或者持續性新聞熱點的報導為前提之下，可以建立相關遊說機制。利用媒體和嘉賓形成一定的輿論壓力，這樣的模式，使得美國的非主流的團體非常重視來自RT America的意見。在烏克蘭危機過程中，美國與俄羅斯關係惡化，並撤回了駐俄羅斯大使，隨著克里米亞併入俄羅斯聯邦之後，美國開始與西方國家聯合對俄羅斯進行經濟制裁，美國與俄羅斯之間的國際輿論戰開打激烈，並且美國也開始對位於華盛頓總部的RTTV America進行調查。俄羅斯《生意人報》（Газета Коммерсантъ）於2014年4月8日刊登一篇以「美國虎視眈眈盯著RT」（В США присматриваются к телеканалу RT）為題的文章，該文指出RTTV America負責人阿列克塞・雅茲洛夫斯基遭到美國當局起訴，指控他的罪名是稅務欺詐並且企圖隱匿2600萬美元的收入。RTTV稅務欺詐案件由加州西區聯邦法庭進行審理。阿列克塞・雅茲洛夫斯基曾是俄羅斯益智遊戲節目KBH的參加者，也曾參與由俄新社和國際影視公司合作在俄羅斯電視臺RTR播放的脫口秀節目「與伊戈爾・烏郭里尼科夫一起道晚安」（Добрый вечер с Игорем Угольниковым）的節目製作。雅茲洛夫斯基於九〇年代末移民美國，2002年正式成為美國公民，他于2005年在華盛頓特區註冊登記一家動畫和影視製作公司—RTTV America，該公司一共有華盛頓特區、紐約、邁阿密和洛杉磯四個辦事處。[12]

---

[12] "В США присматриваются к телеканалу RT, "Газета Коммерсантъ , Апрель 8, 2014, <http://www.kommersant.ru/doc/2447620>.

　　RT總編輯瑪格麗特・西蒙尼揚（2014）向《生意人報》表示，RTTV是一家商業的公司，與RT是合同制的商業合作關係，RT無權去干涉這家公司繳稅的問題，今天正是因為該公司與RT有關，才被西方媒體將此事大肆渲染為「野蠻的醜聞」。她表示RT與RTTV的商業合約將會終止，雅茲洛夫斯基只是RT的承包商，RT並不參與該公司的帳務運行。不過該文仍指出，RT美國台事實上也是藉由RTTV公司來運作，登記的地址與該公司也相同。RT駐華府商業代表羅曼・托克曼（коммерческий представитель RT Роман Токман）向美國恪守保守主義且非主流的非營利組織「爭取美國自由中心」（Center for American Freedom）的網路刊物《華盛頓自由燈塔》（The Washington Free Beacon）表示，雅茲洛夫斯基並非RT美國台負責人，他僅提供節目拍攝、轉播和技術設備的商業服務，RT是RTTV產品的買家，RT才是RT美國台（RT America）的所有權人。瑪格麗特・西蒙尼揚表示，我們不同意美國當局聲稱RTTV稅務問題與我們有任何關係的指控，這損害了我們電視臺的聲譽。[13]

　　根據《華盛頓自由燈塔》報導，RTTV America負責人阿列克塞・雅茲洛夫斯基將可能面臨3年的牢獄之災，對他的審判也由2014年6月推遲到12月5日，目前正在配合美國聯邦調持人員進行調查。阿列克塞・雅茲洛夫斯基的RTTV美國公司雇用「今日俄羅斯」電視臺在美國的工作人員，他的另一家公司國際電視服務（Intl. TV Services）則雇用「俄羅斯之聲」（VOR）廣播電臺人

[13]　Ibid.

員在美工作。「俄羅斯之聲」則正在受到美國平等就業機會委員會（U.S. Equal Employment Opportunity Commission）調查是否有雇用上的種族歧視。[14]

　　RT America在RT報導美國新聞的網頁上定位是來自於華盛頓特區演播室的報導，完全不同於美國主流電視臺（mainstream American television）的論調報導新聞、特寫和脫口秀討論。報導故事的另外一面的同時，不是要做出任何的結論，而是要提出尚未有答案的問題。[15]繼RT America新聞節目「Breaking the set」女主持人艾比・馬丁（Abby Martin）在自己節目中發表了反對俄羅斯軍事干涉克里米亞的言論之後，RT美國台另一名女主播莉茲・華爾（Liz Wahl）於2014年3月5日依樣畫葫蘆，更在新聞直播中發表了簡短的辭職聲明，表示不能在俄羅斯政府創立的電視臺繼續工作。不過艾比・馬丁之後在接受CNN採訪被問到是否有受到來自於RT上層的指責或是新聞箝制，她表示沒有受到單位總編輯的指責或是控制，她聲稱可以在自己主持的節目中自由表達自己的觀點，反而得到總編輯的諒解和支持，批評反觀美國媒體受到美政府的影響同樣發生在美國軍事干涉伊拉克戰爭上，從這角度而言艾比・馬丁認為美國商業性的企業媒體也是美國政府的宣傳機器，批判同樣美國的軍事干涉也不能得到人們贊同。RTTV America和RT America與美國非主流團體的結合，並且在佔

---

[14] Alana Goodman, "Tax fraud sentencing delayed for RT America Prez, " *the Washington Free Beacon* , July 1, 2014, <http://freebeacon.com/national-security/tax-fraud-sentencing-delayed-for-rt-america-prez/>.

[15] "On Air,"*RT*, <http://rt.com/on-air/rt-america-air/>.

領華爾街活動中獲得新聞媒體和非主流的認可。

　　對於RT America兩名新聞女主播公開批評俄羅斯政府在克里米亞的軍隊行動，RT總編輯瑪格麗特・西蒙尼揚（2014）在RT網站社論發表了一篇題「關於艾比・馬丁、莉茲・華爾與媒體戰爭」（About Abby Martin, Liz Wahl and media wars）的文章，在文中她提到了，艾比・馬丁並不同意美國的立場並且為自己在RT所享有的表達自由感到驕傲，但艾比・馬丁卻不能得到美國主流媒體的贊同，不到一天的時間，美國主流媒體從讚揚她到痛斥她；而莉茲・華爾的辭職卻被美國主流媒體捧為英雄。美國主流媒體聲稱我們策劃了這整個事件。西蒙尼揚表示現在是媒體戰爭，RT不是第一個也不會是最後一個經歷這場戰爭。[16]

　　2012年3月，RT因為報導佔領華爾街運動遭到Youtube的封鎖，當時Youtube公司解釋為技術故障問題，無獨有偶，2014年3月，又因為烏克蘭危機的報導遭到Youtube的封鎖，Youtube解釋為諸多因素和嚴重違反Youtube播放政策等等。RT今日遭到來自於西方政府與媒體的圍剿主要是因為RT在國際新聞上的影響力，說明西方媒體對於新興國家媒體的快速發展感到不適應，同時也對RT對於其他發展中的大國包括中國、印度和巴西等國家的媒體在世界傳播體系中扮演獨特的角色具有鼓舞的作用而感到畏懼。

　　RT America反對美國所謂的主流觀點，增加和美國主流交流

---

[16] Margarita, Simonyan, "About Abby Martin, Liz Wahl and Media Wars", *RT*, March 6, 2014, <http://rt.com/op-edge/about-liz-wahl-media-wars-126/>.

的機會，利用美國政治主流為猶太人團體控制的特點，和強硬的
對手打交道的原則，並且緩和莫斯科和俄羅斯猶太人的關係，對
此，普京最近還曾接待俄羅斯的猶太人團體，和以色列交好。
RT America和歐巴馬保持較為友好的狀態，RT America對於歐巴
馬的政策則是很少的批評，對於美國的政策主要是對於白宮的政
策採取以實際的事例進行反駁，但對於國會和五角大樓則採取對
抗的態度，對於國務院則在一定程度上採取配合的態度。這其中
RT America基本上完全批評五角大樓在北約東擴問題上採取完全
不能理解的態度。RT和英國的關係是在一些問題上儘量採用來
自美國的資訊，使得英國和美國的媒體無法在俄羅斯問題上完全
合作，以產生實質性的威脅。RT和德國基本上採取相互合作的
態度，基本上支持其歐盟的運作，但對於德國在北約的作為基本
上採取較為合作的態度。2008年－2012年間，由於俄羅斯總統
梅德韋傑夫和歐巴馬同時上臺，梅德韋傑夫所代表的俄羅斯和西
方特別是美國的緩解方向，此時和美國總統歐巴馬所代表的非主
流民意及其關注國內事務不謀而合，為RT帶來前所未有的和緩
環境。

三、RT的歷史沿革與發展進程已發揮作用

今日俄羅斯電視臺（Russia Today- RT）是俄羅斯官方的國際
電視頻道，2005年12月開播，目前擁有三個主要新聞網路：包
括以英語、西班牙語和阿拉伯語播報的全球新聞頻道、和來自
於美國華盛頓特區新聞演播室的今日俄羅斯美國台的播報（RT
America）、以及今日俄羅斯紀錄的紀錄片頻道（RTDoc）。RT

在19個國家和地區設有22個工作站，在全球大型城市的據點包括了華盛頓特區、紐約、倫敦、柏林、加沙、開羅、巴格達以及其他重要城市，全球專業員工超過1000名。RT在全球100個國家覆蓋了6億4千4百萬觀眾，超過28%的全球有線電視訂戶，在2700萬的飯店客房可以收看。RT的新聞定位是播報國際主流新聞所遺漏的重大事件並為觀眾提出質疑，從邊緣創造新聞優勢，以期提供受眾對於全球重大事件不同視角的解讀，同時使國際閱聽眾可以認識俄羅斯的觀點。RT以播報隕石撞擊的車里亞賓斯克流星事件於2013年成為蒙地卡羅電視節獎的贏家，獲頒為最佳24小時新聞節目獎。2010年，RT成為俄羅斯首家獲得國際艾美獎在新聞範疇領域內提名的新聞電視頻道，並且於2012年以報導佔領華爾街的抗議運動獲得了國際艾美獎第二次提名。RT是歷史上第一個把最好的新聞報導放置在YouTube上的新聞頻道，可讓十億觀眾直接收看RT的報導，YouTube成為RT強調多媒體新聞放送的重要影音傳播平臺。[17]

RT的歷史沿革[18]

2005 —2005年12月RT（Russia Today）國際英語頻道在莫斯科開播，是俄羅斯第一個全數位電視網路頻道，雇用超過100名來自於世界各地的新聞記者。當時年僅25歲的瑪格麗特·西蒙尼揚（Margarita Simonyan）成為俄羅斯主要電視網路最年輕的總編輯。
2006 —英國星空廣播（British Sky Broadcasting）這個主要英國和愛爾蘭的衛星平臺開始在英國載送RT，截至2010年星空廣播已經把RT帶入一千萬個英國家庭。

[17]　"General info," *Russia Today*, <http://rt.com/about-us/>.

[18]　"General info," *Russia Today*, <http://rt.com/about-us/history/>.

2007
- 俄羅斯阿拉伯頻道（Rusiya Al-Yaum, RT's Arabic channel）開播，主要是在中東、北非、歐洲播送新聞節目。
- 6月，RT開啓它的YouTube頻道，到11月分時，已經成為YouTube前100名收看的電視頻道。
- 8月，RT從北極首次現場直播，是第一個從這個極點現場直播的電視頻道。
- 從時代廣場向數以千計的觀眾現場直播，揭開了促銷RT的宣傳活動。
- RT可以從時代華納有線網（Time Warner Cable）和康克斯特（Comcast）兩大美國有線電視供應商那裡接收，收視抵達紐約和新澤西州數以百萬計的觀眾。
- RT開始在義大利、比利時和荷蘭播送，擴大了歐洲的傳播版圖。

2008
- RT主要報導南奧塞梯的衝突，是唯一從茨欣瓦利市報導俄格戰爭的國際新聞媒體，首先報導了格魯吉亞軍隊對抗平民的新聞。
- 數名RT記者于2008年2月在美國駐塞爾維亞的貝爾格勒大使館風暴的攻堅中受傷。
- RT是第一家在超過15年內得到緬甸允許拍攝紀錄片的國際英語電視頻道。
- 來自於尼爾森媒體調查（Nielsen Media Research）的一項研究報告顯示，紐約觀眾喜好收看今日俄羅斯（RT）超過英國廣播公司（BBC）和德國之聲（Deutsche Welle）。
- RT開始在英國衛星平臺免費衛星播放（British satellite platform Freesat），接觸英國數以百萬的觀眾。
- 俄羅斯聯邦太空署（ROSCOSMOS-the Federal Space Agency of Russia）與RT進行長期資訊合作計畫，RT獲得了直播拜科努爾航太中心聯盟號飛船起飛新聞的正式地位。
- 該年底RT已經可以在五大洲的多個國家收看。

2009
- 西班牙語頻道（RT en Español）從莫斯科開播，一年內RT訪問了拉丁美洲多國領導人。
- RT推出FreeVideo，俄羅斯第一個英語影音新聞社，提供讀者免費線上收看具有廣播電視畫質的影音畫面。全球來自於185個國家超過1萬5千個新聞頻道和新聞社使用這項服務，其中包括了美國有線新聞網（CNN）、福克斯新聞網（Fox News）、美國廣播公司新聞網（ABC News）、美聯社（AP）和路透社（Reuters）。
- 葉門總統感謝RT的阿拉伯語頻道（Rusiya Al-Yaum），與半島電視臺（Al Jazeera）和阿拉伯電視臺（Al Arabiya）一起報導加沙戰爭，當時加沙地帶多家媒體建築物和新聞辦公室遭到以色列的猛烈空襲。
- 由思緯市場研究公司（Synovate market research firm）進行的一項調查發現，超過700萬人在歐洲六個國家（法國、德國、義大利、波蘭、塞爾維亞和英國）收看RT。
- 由尼爾森公司的一項對華盛頓特區黃金時段收視調查顯示，觀眾喜愛收看RT超過同時段的半島英語頻道（Al Jazeera English）、德國之聲（Deutsche Welle）、法蘭西24（France 24）、歐洲新聞台（Euronews）和中國中央電視臺英語頻道（CCTV-9）。

—RT推出InoTV資訊門戶平臺，每日觀察來自於RT和超過100個國際頻道關於俄羅斯的報導，並且將其翻譯成俄文，讓俄羅斯閱聽大眾可以看到他們的國家是如何在國外被報導和談論的。

—RT開始在加拿大播放，超過500萬訂戶透過主要的營運商貝爾加拿大（Bell Canada）收看節目。

—RT擴張亞洲廣播市場進入印度和香港。

2010

—RT開始了從華盛頓特區新聞演播室廣播新聞，RT美國台（RT America）在當地黃金時間播放並且關注美國當地的政治、社會和經濟議題，第一位主持人節目是阿利翁娜秀（The Alyona Show），由阿利翁娜·明夫斯基，次年被福布斯雜誌命名為30歲以下國際30名最有影響力的媒體人。

—RT成為第一家俄羅斯媒體受到國際艾美獎新聞類提名的電視頻道。

—RT在英國和美國推出野心勃勃的「再質疑」（QUESTION MORE）廣告活動，催生了炙手可熱的媒體辯論並且在英國贏得了業界獎，但從美國機場開始禁止該廣告活動。

—尼爾森調查研究顯示RT的阿拉伯台（Rusiya Al-Yaum）在敘利亞、黎巴嫩、科威特、阿聯酋、約旦、埃及和沙烏地阿拉伯等國家受到500多萬的人收看，超過德國之聲阿拉伯台、法蘭西24阿拉伯台和中國中央電視臺阿拉伯語台。

—RT在英國可以通過地面數位廣播系統Freeview收看，增加了1800萬觀眾。該年底，每月的閱聽眾超過200萬人，根據坎塔爾媒體（Kantar Media）的一項研究顯示，觀眾主要受到不同於主流媒體觀點的吸引。

—RT在美國的收視雙倍成長約8600萬人，在印度約有1億5千4百萬觀眾；頻道在紐西蘭可以受到聽眾收看。

—RT推出新聞網址rt.com，取代2005年開始的線上門戶網址russiatoday.com，網頁許多新聞特寫包括「所有關於俄羅斯」（All about Russia），提供了從歷史概覽到給國家假期規畫的技巧一切關於俄羅斯的所有事物報導。

—RT的新聞工作人員在格魯吉亞軍事基地本寧堡拍攝時遭到美國警方拘禁。歐洲安全暨合作組織（OSCE）譴責這樣的逮捕。

—美國一名引領知識界和暢銷書作家湯姆·哈特曼（Thom Hartmann）受邀擔任脫口秀節目「大畫面」（The Big Picture）主持人。

—RT在飯店的接收率大為提高，大型飯店例如MARRIOTT, CROWNE PLAZA, HYATT, HILTON, SHERATON, RENAISSANCE和許多其他知名連鎖飯店的住客在世界各地都能收看RT。

2011

—RT紀錄片頻道（RTDoc）開始了它 英語播送。由RT內部團隊製作，在全球各地接收且廣受好評，時任俄羅斯總統的梅德韋傑夫在開播時進入演播室同製作團隊觀看了節目的開播。

—RT 在YouTube 創造了一項有5000億觀眾在這個平臺收看影音的世界紀錄，一年內倍數成長，並且從YouTube獲利50萬美元，這是在YouTube頻道上比較少見的成績。

—RT在日本地震和海嘯的報導鏡頭吸引了超過2000萬的觀眾，也是2011年在YouTube上收看新聞事件最多的電視頻道。

—RT開始了它在佔領華爾街抗議運動的強悍報導，當時被主流媒體普遍忽略和遺漏，數月內紐約集中的運動變成世界現象。

—時任美國國務卿希拉蕊・克林頓（Hillary Clinton）在上議院外交委員會上說美國正在從事一場國際新聞資訊戰（information war），正在落後這場資訊戰於今日俄羅斯、中國中央電視臺和半島電視臺之後。

2012

—RT以報導佔領華爾街運動獲得國際艾美獎第二次提名。

—英國廣播聽眾調查局（Broadcasters' Audience Research Board）將RT正式納入周排行榜名單，結果顯示RT收視率在周排名當中持續領先其他的國際電視頻道，包括半島電視臺英語頻道在內。

—RT于總統大選之前在華盛頓特區的攝影棚內舉行了第三黨派候選人辯論（Third Party Candidates Debate），主持人是湯姆・哈特曼。

—RT工作人員於2012年3月在伊拉克拍攝期間遭到失誤拘禁，巴格達分社因炸彈爆炸遭到破壞。

—RT阿拉伯語頻道在敘利亞分社於3月遭到汽車炸彈引爆攻擊破壞，兩處的恐怖攻擊行動使得RT喪失了27名工作人員的生命以及100多名人員受傷。

—RT在加沙城市的辦公室於11月18日遭到以色列空襲，所幸駐地工作人員無人受傷，但是由於飛彈攻擊的目標是媒體中心，因而有多家國際頻道的工作人員受傷。

—RT贏得了兩項2012推廣行銷設計全球最佳獎（PromaxBDA Global Excellence Awards 2012），包括了一個RT佔領華爾街臉書應用程式的銅牌。

—RT臉書此後成長超過了50萬名註冊用戶，超過俄羅斯其他媒體以及諸多國際媒體競爭者包括了哥倫比亞國家廣播公司（CNBC）、星空新聞（Sky News）、彭博（Bloomberg）、德國之聲（Deutsche Welle）和路透社（Reuters）。

—2012年12月，所有RT頻道從一棟新的演播室大樓開始了全球高畫質影音播放。

2013

—RT搬進了莫斯科新總部，占地面積約2萬8千平方米，包括了6個演播室、超過2000名工作人員，以及超過40個傳入衛星與同時串流8個高清畫面播放等等先進技術設備的裝置。

—俄羅斯總統普京造訪新媒體大樓，並且在與記者的圓桌談話中回答了一連串關於內政和外交的問題。

—RT 在YouTube上首次成為歷史上突破一個億觀眾收看的電視新聞頻道。

—RT獲得了蒙地卡羅電視節目獎因為報導車裡亞賓斯克流星事件。

—RT因朱利安・阿桑傑脫口秀（Julian Assange talk show）拿下了國際具有聲望的紐約廣告獎（New York Festivals）首獎。

—2013年2月RT的西伯利亞流星爆炸鏡頭成為YouTube收看最多的視頻，一周之內累積了超過3000萬的觀眾。

—俄羅斯啓動RUPTLY影音新聞社，提供全球最即時的紀錄畫面，透過一項革命性的先進傳輸平臺。

—美國廣播傳奇人物拉里・金（Larry King）在RT美國台（RT America）有兩個節目—Larry King Now 和PoliticKing With Larry King。

—在2014年索契冬奧會之前開播了今日索契（Sochi Today），是索契第一家英語廣播電臺。

—RT進行網頁大翻修，增加了一個俄文新聞入口門戶。

2014
—RT影音新聞社RUPTLY的一名自由記者在烏克蘭東部城市馬裡屋波爾暴動中遭到槍枝射擊受傷。
—RT因報導烏克蘭事件受到蒙地卡羅電視節目仙女提名，共同提名還有英國廣播公司（BBC News），星空新聞（Sky News）和有線電視新聞網（CNN）。
—RT因為紀錄片《血與榮譽》（Blood and Honor）探討高加索地區文化獲得紐約廣告獎金獎。
—由喬石·斯爾柏曼（Josh Silberman）領導的一支寫實紀錄片「新聞團隊」（News Team），紀錄七名RT記者的生活和工作，在坎城首映。
—RT阿拉伯台的臉書訂在前五個月超過BBC阿拉伯和CNN阿拉伯台。
—RT記者在報導基輔邁丹抗議事件遭到狙擊手射擊。
—RT西班牙台在阿根廷落地。

四、整合俄羅斯外宣機制，「今日俄羅斯」國際通訊社成立

2013年12月9日，普京總統簽署總統令《關於改善國有媒體運行效率的若干舉措》（О некоторых мерах по повышению эффективности деятельности государственных средств массовой информации）。[19]根據該總統令確認成立「今日俄羅斯」國際通訊社（Международное информационное агентство «Россия сегодня»），並且撤銷俄新社和俄羅斯之聲廣播公司等機構，以提升國家媒體總體對外的運行效率。依據普京的總統令需要執行：

1.撤銷聯邦預算機構「國家電視與廣播節目基金會」（федеральное государственное бюджетное учреждение «Государственный фонд телевизионных и радиопрограмм»），將其財產權利轉移給聯邦國家單一制企業「全俄羅斯

---

[19] "Указ (2013, Декабрь 9), 《О мерах по повышению эффективности деятельности государственных средств массовой информации》, Администрация Президента РФ, http://www.kremlin.ru/news/19805.

199

國家電視與廣播公司」（Всероссийская государственная телевизионная и радиовещательная компания）；取消「俄羅斯圖書委員會」（Российская книжная палата），將其財產權利轉移給「伊塔－塔斯」通訊社。

2. 重組《俄羅斯報》編輯部，並將《祖國》雜誌編輯部併入其中。建立聯邦國家單一制企業「今日俄羅斯」國際通訊社。確立「今日俄羅斯」國際通訊社今後將把向國外報導俄羅斯聯邦國家政策和社會生活作為主要的基本工作方針；確認總經理將作為「今日俄羅斯」國際通訊社唯一的執行機關，其任命和解職都由總統確認。

3. 撤銷俄羅斯國家廣播公司「俄羅斯之聲」（Российская государственная радиовещательная компания «Голос России»），將其財產權利轉移給今日俄羅斯」國際通訊社。撤銷聯邦預算機構「俄羅斯國際新聞通訊社」（РИА Новости）。確認撤銷國際新聞通訊社（РИА Новости），其創辦人權利將轉移給「今日俄羅斯」國際通訊社，並將其財產權利轉移給「今日俄羅斯」國際通訊社。

4. 依據2004年總統令《關於批准戰略企業和戰略聯合公司》（«Об утверждении перечня стратегических предприятий и стратегических акционерных обществ）名單，對俄新社做出變更和取消。承認1998年1月15日總統令30號《關於列入單獨項目進入俄羅斯聯邦人民文化財產特殊項目國家彙編》（«О включении отдельных объектов в Государственный свод особо ценных объектов культурного наследия народов

Российской Федерации»）第三段第一點失效。

5.總統令生效後15個工作日進入國家杜馬立法程式；保證一
個月內完成「今日俄羅斯」國際通訊社正式運作；一個月
內完成財政支持舉措；三個月內完成其他相關措施。總統
令簽署後即日生效。

　　「今日俄羅斯」國際通訊社主要是建立在俄新社的基礎上
並且併入了「俄羅斯之聲」廣播電臺，據此，俄新社則於2014年
2月底正式走入歷史，保留RIA Novosti的品牌，此後「今日俄羅
斯」國際通訊社作為俄羅斯官方唯一的對外媒體宣傳機器，成
為結合了RT國際新聞電視頻道、新聞通訊社國際部門和廣播電
臺功能於一身的新型多媒體國際媒體集團。德密特里・基謝廖夫
（Дмитрий Киселев）被任命為該社總經理；瑪格麗特・西蒙尼揚
（Маргарита Симоньян）則擔任總社總編輯。總社位置就是俄新
社的原址，坐落在莫斯科祖博夫斯基大道上。「今日俄羅斯」國
際通訊社的定位在於向國際社會傳達俄羅斯的政策並且報導俄羅
斯的社會生活。「今日俄羅斯」國際通訊社的企業戰略夥伴包括
了俄羅斯聯邦單一制的企業和國營企業在內的550家企業。[20]俄羅
斯國家杜馬已經通過給「今日俄羅斯」國際通訊社2014-2015年
的年度預算2680億盧布，預計2015-2016也維持在這個水準。[21]

---

[20] Никольский, А. (2014, Март 6). "Путин включил информагентство "Россия сегодня" в список стратегических предприятий", ИТАР-ТАСС, http://itar-tass. com/politika/1026117.

[21] "Госдума разрешила передать «России сегодня» бюджеты «РИА Новости» и

　　普京總統的新聞秘書德密特里・佩斯科夫（Дмитрий Песков, 2014）表示，任何一個國家和任何地位都需要有代表自己國家立場和聲音的媒體，宣傳武器是不可或缺的工具。克里姆林宮行政主管謝爾蓋・伊萬諾夫（Сергей Иванов, 2014）則表示，「今日俄羅斯」國際通訊社的成立可以提高對外宣傳的效率，縮減並且優化國內地方的新聞資源，集中精力主攻對外宣傳。該社成立後的首要對外宣傳任務就是向國際社會報導俄羅斯2014索契的冬季奧運會和殘奧會。[22]俄新社原來在全國69個新聞工作站將縮減為19個，150名記者也裁減為20人。「今日俄羅斯」國際通訊社的發展重點是要和美聯社、路透社以及其他國際新聞社競爭國際資訊市場。對此，「今日俄羅斯」國際通訊社總編輯瑪格麗特・西蒙尼揚則表示，要擴大國際信息量，減少與塔斯社在國內暨獨聯體內信息量上的重送，優化整體對外新聞的結構，減少資源重送的浪費，她還表示，「今日俄羅斯」國際通訊社作為現代化的多媒體新聞社，要給全球新聞市場提供一個強大多元的新聞來源選項。[23]「今日俄羅斯」國際新聞通訊社是俄羅斯媒體平臺訪問量最大的一家。每年新聞中心都要舉辦超過1500場新聞活動，參加者包括國家高級官員、大型商業界和私人生意代表、俄羅斯社會

«Голоса России» ", Ведомость, 2014, Январь 24, http://www.vedomosti.ru/politics/news/21836911/gosduma-razreshila-peredat-rossii-segodnya-byudzhety-ria.

[22] Лебедева, А.(2013, Декабрь 31), "Главным редактором информагентства "Россия сегодня" назначена Маргарита Симоньян", ИТАР-ТАСС, http://itar-tass.com/politika/867503.

[23] Афанасьева, А. (2014, Март 7), "«РИА Новости» сокращает штат", Ведомость, http://www.vedomosti.ru/politics/news/23721991/ria-novosti-sokraschaet-shtat.

政治聯合會的代表，還有國外嘉賓。[24]

　　關於俄新社遭到重組和撤銷，除了節省國家總體對內的新聞預算編列開銷以外，今日俄羅斯電視臺成立近十年的國際宣傳力度和功效也是促使俄羅斯對外宣傳機構走向國際化、年輕化和現代化的原因。《共青團真理報》（Комсомольская правда）總編輯弗拉季米爾·宋郭爾金（Владимир Сунгоркин, 2014）在「資訊戰犧牲者」一文中對《報紙.RU網站》（Газета.Ру）表示，烏克蘭危機的爆發則是推倒俄新社的最後一根稻草，烏克蘭內部分裂和支持與歐盟整合的態勢，使得俄羅斯對外宣傳的機制遭到很大的批評，不少消息來源顯示莫斯科高層對於俄新社沒有做好烏克蘭的新聞公關和捍衛俄羅斯國家利益產生不滿。宋郭爾金認為，俄羅斯過去長期以來都陷入在地方利益而忽略國際新聞市場，對於國際宣傳的資本投入也遠不及許多大國。粗估僅在烏克蘭事件上，歐盟非政府組織至少投入5000萬歐元。另外在基謝廖夫的人事任命上，顯示上層決定加強對外宣傳的媒體控制，俄新社的前任總編輯斯維特蘭納·米羅紐科（Светлана Миронюк）是屬於較為自由化和社會性的媒體領導人，而基謝廖夫屬於黨的鬥士和戰士，也是普京的欽點人馬，其領導風格勢必朝著普京希望強化俄羅斯國際形象和捍衛俄羅斯國家利益的新聞立場上出發。[25]今日電視頻道總經理西蒙尼揚則在對外宣傳上創造俄羅斯許多第一的紀錄，成功打造在美歐地區最受歡迎的國際電視頻道。顯然「今

---

[24] 「今日俄羅斯」國際新聞通訊社簡介，俄羅斯新聞網，http://rusnews.cn/about/。

[25] Брызгалова, Е. & Фаляхов, Р.(2014, Июль 12), "Жертва информационной войны", Газета.Ру, http://www.gazeta.ru/business/2013/12/09/5795757.shtml.

日俄羅斯」國際通訊社未來的功能朝著全面集中火力向國際社會宣傳俄羅斯政策的方針。

肆、結語：俄羅斯傳媒戰略須配合國家崛起

　　普京執政之後的媒體戰略就是確認媒體的國家化與公共化的角色，普京對於媒體發展的概念包括意識形態與基礎設施兩個部分。第一，在意識形態方面：普京再次執政之後，電視媒體的國家化將逐漸走向公共化，此間，電視媒體作為國家合作夥伴的角色沒有改變，更強調媒體對於社會教育涵化與生活品質提升的正面作用和影響；第二，在基礎設施方面，強調電視媒體的普及性與高質量，普京認為，電視媒體應該具有公共性質，應該讓民眾可以免費接收，因此，俄羅斯政府投入大量資金在基礎設施的現代化工程上，包括傳輸的數字化與網絡化，民眾可以透過網絡直接線上收看國家的電視頻道，以保障偏遠地區民眾的收閱權利。

一、俄羅斯電視國家化以配合解決國家安全問題

　　俄羅斯電視在蘇聯解體之後進入了自由競爭與市場爭奪的混亂時期，媒體集團化和專業化開始發展，此時媒體的專業反映在收視取向上，商業化與政治化的媒體忽略媒體作為社會責任和國家發展的合作角色。在2000年普京執政以後開始對媒體發展進行有效的管理，普京對於媒體角色的概念反映在國家利益、文化教育、技術提升以及內容多元豐富等等方面。

　　第一個階段（2000-2004年），俄羅斯電視發展基本上是以全面發展國家廣播電視台並且收購商業電視台為目標，銀行與媒體寡頭被迫退出俄羅斯主要媒體版圖，電視媒體開始的國家化進程；

　　第二個階段（2004年-2008年）俄羅斯信息一體化空間的落實，包括有線電視網絡基礎建設和衛星電視的發展，以及發展多元頻道，此時媒體頻道更加專業化與多元化，以因應全球化對本土產業的衝擊；

　　第三個階段（2008-2012）俄羅斯繼續一體化空間政策，媒體數字化進行以及電視產業全面發展，此時更加強調媒體傳輸的高畫質和便捷性，保障中央暨偏遠地區民眾的收視權利，網路收看電視的比例攀升，電視媒體成為網路收視主要內容的來源，電視地位仍然是主流；

　　第四個階段（2013年以後），政府更加關注俄羅斯電視對於全國普及性，強調電視節目對於青少年身心的培養的涵化作用，積極發展多元娛樂與國際化的節目，以及強調俄羅斯節目對於獨聯體國家的參與和影響。俄羅斯在國家公共服務制的發展下，終於在2013年5月推出了俄羅斯公共電視台（OTP -Общественное телевидение России），這是俄羅斯電視發展走向公共化與教育化的標誌。

　　俄羅斯節目定位基本上分為社會性、知識性、娛樂性三個方向。社會性和知識性的電視頻道基本上是屬於俄羅斯政府的影響勢力範圍，這樣一來，俄羅斯在文化教育的推廣和意識型態的控制方面都是非常具有成效的。娛樂性的電視頻道仍然是美國媒體

集團的操控，比如擅長影集和音樂的«TNT»頻道、兒童性節目的迪士尼頻道以及青少年喜愛的音樂電視頻道，這些仍然美國的的電影和音樂的大型媒體娛樂產業集團，這些娛樂性頻道是受到俄羅斯民眾的普遍歡迎。因此，俄羅斯的電視頻道和節目內容仍然可以說是俄美兩國競爭的場域，不過俄羅斯政府把美國媒體的影響限制在娛樂性的領域類，對於國家意識形態的影響就大為減弱了。但是，俄羅斯的閱聽眾還是可以接收美國的娛樂文化，這對於俄羅斯的流行文化產生的一種補充的作用。

二、烏克蘭危機激化俄美之間加速國際輿論機制

2014年2月，俄羅斯國際事務委員會（RIAC）針對國際媒體報導索契冬奧會和烏克蘭危機的問題召開了一場題為「新聞與外交」的圓桌會議，旨在探討國際新聞的客觀性問題及其塑造國家形象的角色。與會的有該會主席也是前俄羅斯前外交部長的伊萬諾夫（Igor Ivanov）與執行長柯爾圖諾夫（Andrei Kortunov）以及俄羅斯外交和國防政策委員會 （CFDP） 的總裁、也是俄羅斯全球政策期刊（Russia in Global Affairs）的總編輯盧基揚諾夫（Fyodor Lukyankov）。盧基揚諾夫認為，媒體如同硬幣的兩面和鏡子的反射，許多事物經過媒體報導扭曲之後，脫離了原來事實的真相。柯爾圖諾夫則認為當前國內外媒體均呈現極化的現象，也就是尋求進入世界社群的一方和害怕改變國際現狀的另一方彼此之間的拉鋸與裂縫，使得媒體反應了國際趨勢本身的嚴峻性。伊凡諾夫延伸了這個看法，認為政治家和外交家每天仰賴國際訊息，國際新聞記者的責任越來越重要。如何使具

有國際事務專才背景的人才持續投入到國家媒體仍是俄羅斯當前的挑戰。[26]

　　俄羅斯科學院美國與加拿大研究所應用研究中心主任沙里柯夫（Pavel Sharikov）認為，網路媒體是在烏克蘭資訊輿論戰中最有效的傳播工具和揭密平臺，其特點在於以資訊攻擊進行輿論形塑，其目的在於瓦解敵方信心。他認為俄羅斯在資訊戰當中的損失在於失去了西方的支持與信任。俄羅斯以較為柔性的行動去報導它立場的正確性，其效果並不彰，更遑論是否具有足夠的軟實力去達到既定的目標。究其原因，首先是在於出現的俄羅斯社會的兩極化現象令人擔憂：支持政府當局和反對派的立場鮮明。然而，反對派比政府更為嫻熟網路媒體的操作，沙里柯夫認為無庸置疑的是，網站負責人納佛尼（Alexei Navalny）團隊主要操控的是在莫斯科的輿論以達到其政治目的，其結果就是這些人越是反對俄羅斯當局，他們在西方受到的信任度就遠遠超過俄羅斯的政府官員，其中一個例子就是，美國對於俄羅斯官員列舉的制裁名單就是基於納佛尼在《紐約時報》上刊登的文章。沙里柯夫認為俄羅斯輸了國際輿論戰，俄格戰爭就是例子，當時國際輿論一面倒指責俄羅斯企圖恢復蘇聯，這以美國前國家安全顧問布熱津斯基為代表。[27]根據歐盟成立的真相調查委員會報告卻顯示，戰爭

---

[26]　Rozin, I. (2014, February 6), "Professionalism, bias and information wars in international journalism", Russia Direct, http://www.russia-direct.org/content/professionalism-bias-and-information-wars-international-journalism.

[27]　Sharikov, P. (2014, April 17),"Leaks: A game-changer in shaping Russia's image over Ukraine's crisis", Russia Direct, http://www.russia-direct.org/content/leaks-game-changer-shaping-russias-image-over-ukraine-crisis.

衝突由格魯吉亞（喬治亞）而起。[28]

　　俄羅斯戈爾恰科夫基金會公共外交政策計畫的主持人布林莉諾娃（Natalia Burlinova）指出，在俄格戰爭之後，俄羅斯政府意識到必須要加強國際輿論的宣傳工作，因此，今日俄羅斯（Russia Today）在全英語頻道的基礎上開設了西班牙語和阿拉伯語的國際新聞報導，俄羅斯之聲（The Voice of Russia）的多國語言計畫也獲加強，顯示了俄政府開始關注國際廣電媒體對於國際社群的影響。關於如何在智庫方面展開俄羅斯的軟實力外交，2010年，時任俄羅斯總統的梅德韋傑夫下令由外交部支持成立戈爾恰科夫基金會，與此同時，由外交部和教育部支援成立了俄羅斯國際事務委員會（RIAC），這是俄羅斯第一個現代化的國家型智庫，主要以提升俄羅斯專家之間的研究整合並且提升俄羅斯專家在國際上的地位為目標。[29]俄羅斯國際事務委員會的主席是

---

[28] 關於俄格戰爭的衝突，由歐盟組成的國際獨立真相調查小組（Independent International Fact-Finding Mission on the Conflict in Georgia -IIFFMCG）2009年有一份深入的報告，從歷史、地緣戰略、能源利益以及是否違反國際人權法等多方面來評判俄喬戰爭衝突的始末，這份報告指出美國投入相當多的軍事和經費在格魯吉亞，歐盟也有經濟的援助，格魯吉亞當局與阿布哈茲和南奧塞梯亞自治區衝突在蘇聯解之後已經惡化，俄羅斯這裡的維和角色與喬治亞的關係在2003年顏色革命之後日劇惡化，在薩卡什維利取得政權之後比謝瓦爾納茲時期軍費提高八倍，從GDP的1%提高到8%。雙方使用武力是否合法的問題是非常爭議的地方，格魯吉亞當局違法在先，俄羅斯維和部隊在阿布哈茲和南奧塞梯亞合法反擊，但入侵第比里茲則違法在後。該報告認為，南高加索地區的緊張局勢與衝突只有在多方面利益達成協調和取得共識之後才可能得到緩解。這份報告可以參見：http://news.bbc.co.uk/1/shared/bsp/hi/pdfs/30_09_09_iiffmgc_report.pdf。

[29] Burlinova, N.(2013, August 10), "The Kremlin's Favorite Buzzword is

由前外長伊戈爾‧伊萬諾夫擔任，該智庫的主要作用在於將俄羅斯的國際媒體和國家智庫相互結合作為提升俄羅斯軟實力外交的新型路徑，以莫斯科國立國際關係大學作為其提供國際型儲備人才並且支撐智庫體系整體領導決策機制的基石，以期促進學校與智庫之間人才的合作與聯繫，並且以此形成俄羅斯整體軟實力外交的研究基礎和核心力量。烏克蘭危機之後，媒體與智庫有了分工：媒體以輿論戰捍衛俄羅斯國家利益，為其政策進行辯護，智庫則在議題討論上加大與俄國友好國家之間人才的聯繫和共識。

2000年以後，全俄羅斯國家電視與廣播集團公司作為俄最大的官方媒體集團開始重組，並以提升俄羅斯文化認同作為發展本土產業為目標，近年來主要發展媒體的聯邦預算都是投入在基礎設施的現代化和數位化傳輸上。[30]俄羅斯外交部長拉夫羅夫認

Still 'Soft Power'", Russia Direct, <http://www.russia-direct.org/content/kremlin%E2%80%99s-favorite-buzzword-still-soft-power>.

[30] 根據俄羅斯聯邦資訊與大眾傳播部所屬的聯邦新聞與大眾傳播署公佈的最近一期關於2012年－2013年整體的《俄羅斯電視行業報告：現況、趨勢和發展前景》（Телевидение в России. Состояние, тенденции и перспективы развития. Отраслевой доклад）的分析報告指出，俄羅斯電視發展主要是延續近十年來的發展積累，反映俄羅斯社會現代化進程的動能。該報告認為最重要的關注問題仍是對於兼顧專業合作、國家媒體、廣告市場、立法環境以及來自全國各地民眾需求之整體社會機制的提升，尤其是電視仍扮演最重要的國家社會與傳播體系，其特點在於語言、文化與宗教多種形式的體現，以及保存社會整體團結力量的作用，確保廣大的俄羅斯民眾可以接觸使用聯邦主要的傳播管道以及維繫俄羅斯資訊空間的整合和落實一體化的目標。其中最重要的工作就完成全面電視傳輸數位化的工程。關於《俄羅斯電視行業報告：現況、趨勢和發展前景》的產業報告也可參酌羅斯聯邦資訊與大眾傳播部所屬的聯邦新聞與大眾傳播署網站公佈的報告，網址為：http://www.fapmc.ru/rospechat/activities/

為，西方正在操控全球閱聽眾對於烏克蘭事件的解讀概念，針對美國國務卿凱瑞認為今日俄羅斯電視臺（Russia Today）是普京吹鼓手的說法，俄外長拉夫羅夫則說Russia Today是要扭轉CNN和BBC等西方媒體進行的反俄羅斯意識形態的單邊宣傳，以期提供一個獨立且不同觀點的平衡報導。[31]事實上，俄羅斯國際新聞所面臨的問題就是俄羅斯國際地位的問題，當蘇聯解體之後，舊的傳統遭到破壞，新的宣傳系統正在轉型，2008年俄格戰爭決定了俄羅斯外宣系統走向更具進攻性、全球化、公關性的媒體外交戰略方向上。

三、國家智庫興起結合媒體以謀求因應危機之道

在烏克蘭危機中美國在新聞戰場上採取的是完全的對抗，但俄羅斯多數智庫單位認為不能把自己陷入反美或是孤立當中。所以對於烏克蘭危機的影響，俄羅斯從事軟實力外交的主要官方智庫包括：俄羅斯國際事務委員會（The Russian International Affairs Council）、戈爾恰科夫基金會（Gorchakov Foundation for Public Diplomacy Support）、俄羅斯世界和平基金會（The Russkiy Mir Foundation）與金磚國家研究委員會（The National Committee for BRICS Studies），他們是從俄羅斯人才流動的角度來看待這件事情。來自于這些單位的專家表示，應該把美國對俄羅斯經濟制裁

---

reports/2013/tv_in_Russia.html。

[31] Kabeev, V.（2014, April 28）"Russian foreign minister Lavrov accuses West of anti-Russian propaganda,"Russia direct, http://www.russia-direct.org/content/russian-foreign-minister-lavrov-accuses-west-anti-russian-propaganda.

的衝擊與傷害降到最低，以維持吸引俄羅斯的國外人才返回國內服務為目標，並且持續推動經濟整合的方向以保留俄羅斯經濟能源的優勢在提升本國經濟上的作用，以防止美國經濟制裁之後造成俄羅斯經濟下滑而導致俄羅斯科學家的外流。自1989-2004年這段期間，至少已有三萬名的俄羅斯科學家被高薪挖角到國外工作，這將持續對俄羅斯國家安全造成重大傷害。[32]

俄羅斯官方智庫的報紙《透視俄羅斯》（Russia Direct）的總編輯柯什津（Pavel Koshkin）和俄羅斯政策研究中心（The Russian Center for Policy Studies）歐洲安全議題研究員斯美爾蒂娜（Ksenia Smertina）認為，如何提升俄羅斯國家形象的軟實力（soft power）研究在記者、外交人員和政治人物當中成為最普遍關心的主題。[33]俄羅斯政策研究中心自蘇聯解之後，即關注大規模殺傷性武器的控制和不擴散的議題，該中心則從擺脫冷戰的意識形態束縛和建立俄羅斯在大的國際戰略安全中的角色出發來看待美俄關係。烏克蘭危機成為美俄地緣政治的犧牲者，但在大的國際戰略合作的需求下解決國際升高的衝突促使美俄思考和解的可能性，俄羅斯國際事務委員會則持這個觀點，從外交路徑看待國際衝突與危機的解決，以及資訊在談判過程中的關鍵作用。例如：莫斯科國立國際關係大學的教授、過去也是蘇聯在聯合國安

[32] Koshkin, P. (2014, April 24), "The Ukrainian crisis could lead to another Russian 'brain drain'", Russia Direct, http://www.russia-direct.org/content/ukrainian-crisis-could-lead-another-russian-brain-drain.

[33] Smertina, F. (2014, March 6), "Russian soft power still has some hard edges" ,Russia Direct, http://www.russia-direct.org/content/russian-soft-power-still-has-some-hard-edges.

理會的常駐大使杜比寧（Yury Dubinin）則認為，外交是和平解決問題的創造性路徑和藝術，其首要任務就是搜集資訊，資訊可以明確雙方談判的目標、衡量妥協的範圍以及提出進行要價的籌碼，所以他認為「資訊就是權力」。[34]

　　總體而言，普京執政後，媒體改革被視為一切改革成功的關鍵，普京對於媒體的立法環境、媒體的版圖分配、媒體的職能角色、媒體的現代化工程以及媒體對民眾的意識形態影響都有非常清晰的戰略目標和執行理念。電視仍扮演最重要的國家社會與傳播體系，其特點在於語言、文化與宗教多種形式的體現，以及保存社會整體團結力量的作用，確保廣大的俄羅斯民眾可以接觸使用聯邦主要的傳播管道以及維繫俄羅斯信息空間的整合和一體化目標。以這次克里米亞收復的事件為例，俄羅斯電視的作用對於普京凝聚共識具有積極的作用。最重要的是，當國家社會一旦遇上任何有立即明顯的危害或是衝突危機時，政府可以在第一時間之內呼籲團結民心，以獲得最高的民意支持度，因為閱聽眾在平日電視傳播的涵化過程中，已經建立起對國家文化的自信心和捍衛國家民族的愛國意識。西方則以俄羅斯是否對其產生威脅來決定俄國形象的好壞，故俄羅斯軟實力主要爭取的對象來自於傳統與地緣關係上友好的國家，特別是前蘇聯的成員國。

---

[34] Dubinin,Y. (2013, October 24) "The art of diplomacy," RIAC, http://russiancouncil. ru/en/inner/?id_4=2566#top.

參考文獻

中文部分

專書論文

吳非、胡逢瑛，《俄羅斯傳媒體制創新》（廣州：南方日報出版社，
　　2006），頁67。

網際網路

2014/8/1。阿爾焦姆・科布傑夫，〈極盡妖魔化之能事　西方或欲顛覆俄
　　國內政權〉，《透視俄羅斯》，<http://big5.tsrus.cn/guoji/2014/08/
　　01/36029.html>。

英文部分

期刊論文

Kosachev, K. 2012, 「The Specifics of Russian Soft Power,」 *Russia in Global
　　Affairs*,10(3), pp.47-48.

網際網路

2009/9/30.「Independent International Fact-Finding Mission on the Conflict in
　　Georgia,」 *IIFFMCG*, <http://news.bbc.co.uk/1/shared/bsp/hi/pdfs/30_
　　09_09_iiffmgc_report.pdf>.
2013/8/10. Burlinova, N., 「The Kremlin's Favorite Buzzword is Still 'Soft Power',」

Russia Direct, <http://www.russia-direct.org/content/kremlin%E2%80%99s-favorite-buzzword-still-soft-power>.

2013/10/24. Dubinin,Y., 「The Art of Diplomacy,」 *RIAC*, <http://russiancouncil.ru/en/inner/?id_4=2566#top>.

2014/2/6. Rozin, I., 「Professionalism, Bias and Information Wars in International Journalism,」 *Russia Direct*, <http://www.russia-direct.org/content/professionalism-bias-and-information-wars-international-journalism>.

2014/3/6. Simonyan, M., 「About Abby Martin, Liz Wahl and Media Wars,」 <http://rt.com/op-edge/about-liz-wahl-media-wars-126/>.

2014/3/6. *Smertina, F.,* 「*Russian Soft Power Still Has Some Hard Edges,*」 *Russia Direct*, <http://www.russia-direct.org/content/russian-soft-power-still-has-some-hard-edges>.

2014/3/7. McGrath, T., 「Some Things You Should Know about RT, Russia's State-Funded News Network,」 *Globalpost*, <http://www.globalpost.com/dispatch/news/regions/europe/russia/140307/things-you-should-know-about-rt-russia-today-state-funded-news>.

2014/4/17. Sharikov, P., 「Leaks: A Game-Changer in Shaping Russia's Image Over Ukraine's Crisis」, *Russia Direct*, <http://www.russia-direct.org/content/leaks-game-changer-shaping-russias-image-over-ukraine-crisis>.

2014/4/24. Koshkin, P., 「The Ukrainian Crisis Could Lead to Another Russian 'Brain Drain',」 *Russia Direct*, <http://www.russia-direct.org/content/ukrainian-crisis-could-lead-another-russian-brain-drain>.

2014/4/28. Kabeev, V., 「Russian Foreign Minister Lavrov Accuses West of Anti-Russian Propaganda,」 *Russia direct*, <http://www.russia-direct.org/content/russian-foreign-minister-lavrov-accuses-west-anti-russian-propaganda>.

2014/7/1.Goodman, A., 「Tax fraud sentencing delayed for RT America Prez,」 *The Washington Free Beacon*, <http://freebeacon.com/national-security/tax-fraud-sentencing-delayed-for-rt-america-prez/>.

「General info,」 *Russia Today*, <http://rt.com/about-us/>.

「General info,」 *Russia Today*, <http://rt.com/about-us/history/>.

「On air,」 *Russia Today*, <http://rt.com/on-air/rt-america-air/>.

俄文部分

網際網路

2007/6/4,「Телеканал Russia Today Открыл Филиал на YouTube,」Лента.Ру, <http://lenta.ru/news/2007/06/04/youtube/>.

2013/12/9.「Указ 《О Мерах по Повышению Эффективности Деятельности Государственных Средств Массовой Информации》,」Администрация Президента РФ, <http://www.kremlin.ru/news/19805>.

2013/12/31. Лебедева, А.,「Главным Редактором Информагентства «Россия Сегодня» Назначена Маргарита Симоньян,」ИТАР-ТАСС, <http://itar-tass.com/politika/867503>.

2014/1/24,「Госдума Разрешила Передать «России Сегодня» Бюджеты «РИА Новости» и «Голоса России»,」Ведомость, <http://www.vedomosti.ru/politics/news/21836911/gosduma-razreshila-peredat-rossii-segodnya-byudzhety-ria>.

2014/3/6. Никольский, А.,「Путин Включил Информагентство «Россия Сегодня» в Список Стратегических Предприятий,」ИТАР-ТАСС, <http://itar-tass.com/politika/1026117>.

2014/3/7, Афанасьева, А.,「«РИА Новости» сокращает штат,」Ведомость, <http://www.vedomosti.ru/politics/news/23721991/ria-novosti-sokraschaet-shtat>.

2014/4/8.「В США Присматриваются к Телеканалу RT 」, Газета Коммерсантъ , <http://www.kommersant.ru/doc/2447620>.

2014/7/12, Брызгалова, Е. & Фаляхов, Р., 「Жертва Информационной Войны,」 Газета.Ру, <http://www.gazeta.ru/business/2013/12/09/5795757.shtml>.

2014/7/4, Черненко, Е., 「Мы Имеем Дело с Новым Наступательным Видом Оружия,」 *kommersant.ru*, <http://www.kommersant.ru/doc/2504774>.

「Телевидение в России. Состояние, Тенденции и Перспективы Развития,」 Отраслевой Доклад-Федеральное Агентство по Печати и Массовым Коммуникациям, <http://www.fapmc.ru/rospechat/activities/reports/2013/tv_in_Russia.html>.

「Аналитическая Записка о Ходе Выполнения Федеральной Адресной Инвестиционной Программы в 2013 году,」 (Объекты Капитального Строительства) <http://fapmc.ru/rospechat/activities/programms/hod-vipolnenia/item2012.html>,

「ФАС России Уточнила Перечень Федеральных Телеканалов и Рассчитала их Доли при Национальном и Региональном Размещении Рекламы за 2011-2012 годы,」 Федеральное Агентство по Печати и Массовым Коммуникациям, <http://www.fas.gov.ru/fas-news/fas-news_34383.html>.

Putin's Era is Continuing:
the Convergence of Russia Today (RT)
with Russia's Foreign Propaganda System

Wu Fei

Professor of JiNan University,

Senior fellow of Charhar Institute

Hu Feng-Yung

Ph.D of MGIMO University of the Russian Federation,

Postdoctoral researcher of Communication and State Governance Center,

Fudan University

Assistant Professor of College of General Studies,

Yuan Ze University

Abstract

In the process of Russia's rising, media diplomacy has become as important as energy and weapons which had been required for management overwhelming. On the one hand, RT represents the combination of professional journalists, think tanks, government, and state enterprises domestically; on the other hand, RT's functions overseas as the propaganda machine, which establishes the working platform for international journalists, NGO, lobbyists and system operating merchants, making RT the most influential media of non-mainstream public opinions, differing from the biggest western media. With US-Russia tensions in Ukraine crisis, RT America was attacked by the western media and investigated by US authority in order to weaken its function in international opinion community by means of demonizing its reputation and judicial investigation. The authors in this paper try to analyze the approaches of RT internationalism, exploring the ways how Putin takes us of RT as the foreign propaganda machine to balance the power of the United States in the unipolarized international opinion circumstances. While Putin came back to Kremlin, in the period of 2013-2014, he signed an order for integrating RIA and the Voice of Russia into a much broader organizing frame under international news agency called Rossiya Segodnya, or Russia Today, the aim of which is at establishing the biggest multimedia foreign propaganda system globally. Ukraine crisis has become the most intensive battle field where Russia and the West are fighting for the geopolitical priority.

Keywords: modernization, Russia Today (RT), foreign propaganda system, non-mainstream opinions, information war

第四章　俄羅斯在歐洲與亞太整合過程中的角色：從烏克蘭危機談起

胡逢瑛

莫斯科國立國際關係大學博士

復旦大學傳播與國家治理研究中心博士後

元智大學通識教學部助理教授

摘　要

　　自烏克蘭危機爆發之後，意味著俄羅斯要把美國的影響力真正排出歐洲，至少是在俄羅斯的勢力範圍之內不容許美國再搞顏色革命。喬治亞顏色革命成功，現在那至少守住烏東俄語區。俄羅斯和歐盟之間的能源關係和金融往來已經使俄歐整合具備雛形，美國在烏克蘭的策反最多只能減緩這個進程，使俄羅斯快速轉向已經醞釀十多年的重返亞洲政策。烏克蘭危機強烈牽動了俄美歐中四極關係的變化，最鮮明的格局變化將是中俄強化軍事準同盟關係及其與美國之間在亞太地區所形成的新權力結構關係。克里米亞與黑海領域對於俄羅斯而言是極具戰略安全與經濟價值的地方，是俄羅斯抵禦北約東擴的地緣安全門戶，也是未來創造歐俄整合前景的交通樞紐。北約東擴圍堵的對象當然是強大的俄

羅斯，但若是烏克蘭加入北約的話，這同樣將衝擊中國軍工產品的進口來源。由此觀之，美國干預烏克蘭內部的大動作主要是同時抑制俄羅斯和中國的發展，也就是俄美在烏克蘭爭奪地緣主導權的衝突其實就是爭奪亞太地區的前哨戰。因此，克里米亞獨立問題看似是烏克蘭與俄羅斯之間的衝突，其實牽涉了中國、美國、歐盟和俄羅斯之間的合縱連橫關係的變化。其次，烏克蘭東部與俄羅斯文化同源且同文同種，俄羅斯應當不希望俄烏邊境成為撕裂俄羅斯自己人的血腥戰場。但要如何從烏克蘭危機中抽身仍考驗俄羅斯當局的能力。戰爭絕對是阻撓俄羅斯與歐盟整合的不利因素，也會拖垮俄羅斯重返亞太政策的戰略步驟，因為俄羅斯是要建立歐亞經濟聯盟作為整合歐洲和亞太地區的歐亞橋樑。如果中俄軍事關係近一步得到強化，不但影響歐盟妥協的態度，也將遏制美國重返亞太的權力擴張速度。俄美如果在烏克蘭和敘利亞問題上取得分裂共識，美國將加速和中國的亞太博弈。中國能否挺住還仰賴中俄關係的穩固。因此，本文將試圖從四個面向說明烏克蘭危機是引發俄美歐中四極強權博弈的導火線，並且這場危機正在改變國際格局的變化以及亞太地區權力的平衡及其互動關係。

關鍵詞：烏克蘭危機、克里米亞、歐俄整合、中俄戰略夥伴關係、俄美博弈

壹、前言

　　自克里米亞公投「脫烏入俄」之後，烏克蘭內部的分裂局勢已經形成。2014年3月16日，克里米亞和塞瓦斯托波爾舉行了全民公投，96.77%參加投票的選民贊成克里米亞加入俄羅斯聯邦，投票率為83.1%。 3月18日，俄羅斯總統普京、克里米亞議會議長康斯坦丁諾夫、克里米亞總理阿克肖諾夫和塞瓦斯托波爾市議會主席恰雷共同簽署條約。3月19日，俄聯邦憲法法官們一致認定克里米亞加入俄聯邦的國際條約符合俄聯邦憲法。3月20日，俄議會通過有關克里米亞及塞瓦斯托波爾入俄和俄聯邦新主體一體化過渡期的程序的聯邦憲法法律。[1]當前俄羅斯的天然氣計畫已經迅速在克里米亞展開，克里米亞石油天然氣公司在入俄之後已經由俄羅斯天然氣集團公司收購，這使得俄羅斯完全掌控克里米亞的油田開發。未來俄羅斯在黑海的能源開發與管道鋪設、黑海艦隊的戰力升級與海上軍事演習、刻斥大橋的建立可連接俄羅斯的新羅斯克港口貨運的運輸通道，也就是黑海的出口再度歸還由俄羅斯主控。掌控黑海艦隊軍事能力和克里米亞軍工產業的俄羅斯，不但在黑海與北約形成一條防堵戰線，同時還具備與歐盟能源經貿近一步整合的能源實力。

　　烏克蘭危機本身若以三角戰略的理論來看，可以說明烏克蘭本身政策的搖擺和投機政客的奪權都是導致三角戰略關係失衡的

---

[1]　綜合《俄新網》的消息。

原因。烏克蘭內部爭權的十年動盪終於導致了自身的崩解，喪失了作為三角戰略當中的樞紐地位。現在烏克蘭失去了克里米亞，等於失去了和俄羅斯以及西方國家談判的籌碼；頓涅茨克和盧甘斯克的獨立以及獨立後的骨牌效應將重創烏國經濟的總產值，東部聯邦化效應有持續擴大的可能性，甚至因為獨立問題而爆發內戰，其後果將會相當的不堪設想。俄羅斯先一步穩定在克里米亞的局勢，把烏克蘭的分裂對俄羅斯的傷害減到最低程度。克里米亞位於俄羅斯通往歐亞的黑海關鍵位置，具有交通樞紐的戰略和經濟價值。俄羅斯總統普京已經責成確定建設刻赤海峽大橋，規定於2018年完成項目實施，並且審議鋪設海底隧道的可能性。一旦刻赤海峽建成，俄羅斯的地面部隊和貨物都能透過大橋進入克里米亞半島，黑海海底可以鋪設天然氣管道，俄羅斯與中國大陸通往歐洲的運輸連結戰略計畫將得到落實。

因為烏克蘭東部地區是烏克蘭較為富裕的區域，不似克里米亞當地迫切需要大量的資金進入以恢復既有的產業發展。如果烏克蘭內部發生內戰，俄羅斯是否要插手幫助烏克蘭東部的俄羅斯居民區，這樣不就陷入了俄烏戰爭嗎？自始至終，俄羅斯官方都堅持不會與烏克蘭作戰，但是烏克蘭反對當局是否會出現第二個喬治亞前總統薩卡什維利這類的冒進份子呢？戰爭的危機並未完全消除。烏克蘭長期以來都是歐洲和俄羅斯之間的地緣屏障，所有來自於歐洲對俄羅斯的侵略都是經過烏克蘭與白俄羅斯而進入到俄羅斯境內的，如果烏克蘭本身不能發揮地緣上的樞紐角色及其穩定的作用，解構或是弱化烏克蘭的領土完整與權力結構就會成為列強割據的必然結果。本文從四個面向探討了俄羅斯未來的

角色：第一，烏克蘭為何成為強權利益競逐之地；第二，俄美展開國際輿論宣傳戰；第三，國際理論架構下的區域整合和意識形態衝突，第四，俄歐區域整合的實質基礎和亞太角色。

貳、烏克蘭為何成為強權利益競逐之地？

　　從烏克蘭的總體經濟結構來看，克里米亞大約占烏克蘭總體經濟產值GDP的3%-3.7%左右，[2]，這意味著喪失克里米亞對烏國尚不會構成立即經濟損害的危險，但是它最大的衝擊性就是鼓勵了烏克蘭東部地區的聯邦化效應，以及分裂後的烏克蘭將失去未來邁向加入北約和歐盟之路的主要戰略價值。俄羅斯擔憂烏克蘭東部的分裂將引發烏克蘭的內戰，這應當是有跡可循的，事實上也如俄羅斯預料的發生了。大國誰也無法全面插手烏克蘭內政的解決，這是一個大國角力的戰場。烏克蘭東部的經濟產值和俄烏關係的依存度首先可以從烏克蘭整體的進出口結構和地緣經貿關係看出。烏克蘭若爆發內戰，俄羅斯將被迫介入戰爭，首先，這就會破壞俄歐整合的結構關係；其次，國際將有可能軍事干涉，那麼，克里米亞半島是否會變成另一個巴爾幹半島?俄羅斯並不願意陷入戰爭的泥潭當中，尤其是戰爭就是發生在歐亞聯盟準備發展的自家領土上，因此，任何烏克蘭境內戰爭的爆發都是破壞歐俄整合的不利因素。以目前根據俄外長拉夫羅夫的說

---

[2]　Мария Бабенко，「Крым и Украина.Экономические Последствия Разрыва Отношений，」Информационное агентство ЛІГАБізнесІнформ, Март 5, 2014, <http://finance.liga.net/economics/2014/3/5/articles/37664.htm>.

法，[3]俄羅斯不打算向烏克蘭東部派遣軍隊。

當前俄羅斯的天然氣計畫已經迅速在克里米亞展開，克里米亞石油天然氣公司在入俄之後已經由俄羅斯天然氣集團公司收購。克里米亞的企業多處於虧損狀態，重組後的企業將由俄羅斯國家控管。[4]儘管克里米亞的經濟產值占烏克蘭總體經濟的3.7%左右，但是由於烏克蘭最好的能源探勘企業和專家都在克里米亞，因此克里米亞的分離危及的是烏克蘭整體上的國家能源安全，也是烏克蘭國家領土完整和主權尊嚴的安全危機。克里米亞對於俄羅斯而言就是維繫俄歐整合的最關鍵位置：能源供應的路線安全和黑海軍艦現代化的國防安全。俄羅斯獲得克里米亞之後有利於黑海艦隊長期的駐守以及黑海海域的油氣開發，使俄羅斯通往歐洲的天然氣管道可以經過黑海而繞過烏克蘭境內與土耳其，這將加深俄羅斯與歐盟之間的整合程度。克里米亞的自然條件好，肥沃的土壤適合農產品的種植，溫暖宜人的氣候可以作為俄羅斯主要的度假勝地之一。[5]

[3] <俄外長：莫斯科不打算向烏克蘭東部派遣部隊>，《俄新網》，2014年5月14日，<http://big5.rusnews.cn/eguoxinwen/eluosi_duiwai/20140514/44063215.html>。

[4] 「Крым Выставит «Черноморнефтегаз» на Продажу，」Пронедра, Март 19, 2014, < http://pronedra.ru/oil/2014/03/19/krym-chernomorneftegaz/ >.

[5] Мария Бабенко, 「Крым и Украина.Экономические Последствия Разрыва Отношений，」Информационное агентство ЛІГАБізнесІнформ，Март 5, 2014, <http://finance.liga.net/economics/2014/3/5/articles/37664.htm>.

一、烏克蘭貨物與地緣貿易結構的特徵

　　設想烏克蘭如果喪失東部地區[6]，國家的總體生產毛額就可能立即減損大約17%-43%，這可以從2006年的烏克蘭國家總體經濟貢獻度的比例中看出端倪：基輔中央區（17.5％），頓涅茨克（13.3％），第聶伯羅比德羅夫斯克（9.6％），哈爾科夫（5.9％），扎波羅熱（4.6％），盧甘斯克（4.4％），敖德薩（4.6%），烏克蘭西部是農業地區。但是烏克蘭總體經濟產值主要是由鋼鐵、運輸和礦產能源三項產業構成對外出口產業的六成。因此，從經濟結構層面來看，東部地區是烏克蘭的發達地區，也是國家總產值的主要貢獻地區。烏克蘭是全球第三大鋼鐵製品的出口國，鋼鐵製品占烏克蘭外匯的40%，貢獻國家10%的預算額度，鋼鐵業正是分布在東部地區的第聶伯羅比德羅夫斯克、盧甘斯克、扎波羅熱和頓涅茨克等地區。[7]

表1　2011年烏克蘭總體貨品進出口項目結構[8]

	2011年貨物出口結構		2011年貨物進口結構	
項目內容	總量（百萬美元）	比例（%）	總量（百萬美元）	比例（%）
基本金屬和金屬製品	22101.0	32.3	5697.1	6.9
機械設備與運輸	11613.8	17.0	18999.3	23.0

---

[6]　烏克蘭東部重要工業區主要是包括哈爾科夫、第聶伯羅比德羅夫斯克、盧甘斯克、扎波羅熱和頓涅茨克等地區。

[7]　「Экономика Украины. Состояние Украинской Экономики,」 *www.ereport.ru* - Мировая Экономика и Мировые Рынки, <http://www.ereport.ru/articles/weconomy/ukraine.htm>.

[8]　Сервер Садыков, 「Структура Внешней Торговли Украины,」 Авдет, Сентябрь 24, 2012, <http://www.avdet.org/node/6614>.

礦產品（煤炭、礦石、石油、天然氣）	10259.7	15.0	30029.6	36.4
農產品	9865.0	14.4	1035.4	1.3
化工產品	5390.3	7.9	8020.8	9.7
食品	2939.1	4.3	3026.7	3.7
其他	9164.5	13.4	15799.3	19.1
總數	68394.2	100	82608.2	100

資料來源：烏克蘭國家統計局，表格作者自製

表2　2011年烏克蘭出口地緣結構

2011年烏克蘭出口地緣結構		
出口地區與國家	總量（百萬美元）	比例（%）
獨立國協國家（俄羅斯、白俄羅斯、哈薩克斯坦）	26177.0	38.3
歐洲（義大利、波蘭、德國）	18442.4	27.0
亞洲（土耳其、印度、中國、黎巴嫩）	17737.8	25.9
非洲（埃及、突尼西亞、阿爾及利亞、摩洛哥）	3344.2	4.9
美洲（美國、巴西、墨西哥）	2552.3	3.7
澳洲與大洋洲	29.8	0.0
總量	68394.2	100

資料來源：烏克蘭國家統計局，表格作者自製

表3　2011年烏克蘭進口地緣結構

2011年烏克蘭進口地緣結構		
進口地區與國家	總量（百萬美元）	比例（%）
獨立國協國家（俄羅斯、白俄羅斯、哈薩克斯坦）	37212.4	45.0
歐洲（德國、波蘭、義大利）	27065.9	32.8
亞洲（中國、土耳其、南韓）	13279.9	16.1
非洲（迦納、南非、象牙海岸）	640.6	1.1
美洲（美國、巴西、加拿大）	3913.9	4.7
澳洲與大洋洲	194.0	0.2
總量	82608.2	100

資料來源：烏克蘭國家統計局，表格作者自製

　　以2011年為例，烏克蘭的出口項目在金屬製品、運輸機械和礦產品，這三項占了對外出口貿易的64.3%（表1）。出口貿易

主要以獨立國協（獨立國家聯合體）為主（38.3%，表2），進口
貿易也是以獨聯體為主（45%，表3）。烏克蘭貿易夥伴前三位
的地區：獨聯體、歐盟和亞洲。因此，烏克蘭的危機等於也就是
獨聯體的危機，俄烏是唇亡齒寒的一種緊密關係。美國在烏克蘭
的地緣經貿結構關係中所占的比例非常小，可以理解美國擔憂被
俄羅斯排擠出歐洲的想法。美國對烏克蘭反對派的支持應該在於
建立親美的政權，也可以說明烏克蘭對美國的戰略意義要大於經
濟意義，至少，烏克蘭的親美勢力可以干擾俄羅斯與歐盟之間天
然氣的輸送和價格。俄羅斯拿下克里米亞至少保障俄羅斯與歐盟
在整合前景上的穩定基礎。最重要的是，黑海艦隊的裝備升級也
不用再受到烏克蘭的合約牽制。

二、俄謹防重蹈俄喬戰爭的覆轍

　　戰爭將是破壞俄歐整合的最不利因素。事實上，2008年的俄
喬戰爭對於歐盟和俄羅斯的整合過程產生了障礙，打擊了俄羅斯
的可性度，因為歐盟整合的初衷就是始於建立一個和平的歐洲。
俄羅斯在俄喬戰爭之後承認了位於高加索山南部的南奧塞梯和阿
布哈茲這兩個喬治亞自治地區的獨立國家地位，若以此邏輯來
看，如果俄烏之間不發生戰爭或是烏克蘭不爆發嚴重內戰，俄
羅斯似乎並無充分的理由要承認頓涅茨克和盧甘斯克的獨立地
位。[9]因為烏克蘭東部地區是烏克蘭較為富裕的區域，不似克里

---

[9]　根據俄新網5月12日的消息：烏克蘭東部頓涅茨克及盧甘斯克12日宣布
　　脫離烏克蘭，分別成立獨立國家。頓涅茨克人民共和國臨時政府聯合主
　　席丹尼斯·普希林12日在宣讀《頓涅茨克人民共和國告人民書》時說，

米亞當地迫切需要大量的資金進入以恢復既有的產業發展。自始至終，俄羅斯官方都堅持不會與烏克蘭作戰，但是烏克蘭反對當局是否會出現第二個喬治亞前總統薩卡什維利這類的冒進份子呢?戰爭的危機並未完全消除。目前，烏克蘭靠顏色革命上台的政府仍然沒有足夠的實力去處理內部分裂問題，必須靠俄羅斯和歐盟之間的協商才有可能慢慢恢復穩定，但是烏克蘭經濟下滑和國家地位情況比政變之前嚴重太多了。

面臨烏克蘭內戰的疑雲，可以看到俄官方在媒體上不斷重申已從俄烏邊境撤離邊防軍的講話，但美國官方卻不斷宣稱俄羅斯仍然在俄烏邊境駐軍，俄美雙方當局已經是各說各話了，但是美國輿論的宣傳將可能誘導烏克蘭基輔當局做出錯誤的判斷，如同薩卡什維利的一廂情願和錯估形勢。如果俄烏爆發戰爭，美國將會從這場輿論戰當中取得勝利，四分五裂後的烏克蘭將可能再度助長親美的政權，這非常不利於俄羅斯歐亞經濟聯盟的整合計

「我們是頓涅茨克人民共和國的人民，根據2014年5月11日公投的結果並根據共和國主權宣言，鄭重聲明，從今天起，頓涅茨克人民共和國是一個主權國家。鑒於頓涅茨克人民共和國人民的意願以及為了恢復歷史公正性，我們請求俄羅斯聯邦審議頓涅茨克人民共和國入俄的問題」。盧甘斯克人民共和國人民州長瓦列里·博洛托夫12日在集會期間發表告人民書時宣稱，根據5月11日全民公決的結果，宣布該共和國脫離烏克蘭，獨立成為一個主權國家。博洛托夫說：「我們選擇了自己的道路，脫離無法無天和獨裁、法西斯和民族主義的基輔軍政府，我們選擇了自由的道路和法律至上的道路。」他指出，對於盧甘斯克人民共和國，從宣布獨立之日起即開始了「沒有基輔獨裁者」的新生活。克里姆林宮新聞局12日發布消息說，莫斯科尊重頓涅茨克和盧甘斯克州人民在公投中所表達的意願。同時基於公投結果將通過文明方式進行實施，不採取任何暴力，而是通過基輔當局、頓涅茨克和盧甘斯克三方對話。

畫，同時對長期以仰賴獨立國協經貿關係為主的烏克蘭來說應當也相當不利，要如何彌補俄烏的關係?未來頓涅茨克與盧甘斯克是否作為獨立國家加入俄聯邦或是進入歐亞聯盟體系仍有待觀察，因為基輔當局是否會持續要以戰爭的方式來解決東部獨立的問題，這還要等烏克蘭選完新政府之後才能重啟談判，選後的政府也只能在戰火中維持各方談判的殘局。這是整個2014年的局勢。俄羅斯如何因應烏克蘭內戰爆發及其波及之下的移民大量進入俄羅斯的問題，這仍是俄羅斯棘手的問題，不過俄羅斯政府表現非常好，給烏東移民安排就業、住宿以及變更為俄羅斯公民的諸多幫助，這些移民都是技術良好的工人，可以進入俄羅斯西伯利亞和遠東地區就業。

　　以俄羅斯在烏東內戰爆發前夕，暫時將軍隊撤離俄烏邊境的舉措來看，俄羅斯是不願意採取2008年俄喬戰爭的模式來製造俄烏在地緣政治上和文化關係上的裂痕，因為歐俄整合和歐亞聯盟必須要以和平作為整合的一切基礎和終極目標。回顧2008年8月7日—8日凌晨，喬治亞以軍隊進入了南奧塞梯首府茨欣瓦利市，迫使俄羅斯軍隊進行回擊，五天俄喬戰爭的結果是喬治亞失去了阿布哈茲和南奧塞梯兩個自治地區，俄羅斯承認這兩個地方為獨立的國家。自此，俄羅斯與喬治亞之間確認了緩衝地帶，雙方也斷交了。美國逼俄羅斯在自家領土周邊採取破罐子破摔的動作，這也註定梅德韋傑夫只能說是赫魯雪夫式的領導人，希望和美國和解而最後又被美國出賣。普京會再回到克里姆林宮也是迫於俄羅斯危機局勢，目前民調都再再顯示了普京回鍋是眾望所歸。不是西方媒體所渲染的作票、貪汙或是軍隊鎮壓，這些都是太八卦

的意識型態的報導模式，不但毫無新意且對美國判斷俄羅斯的局勢相當不利。俄羅斯需要有國家媒體來報導有格局且能夠影響國際視聽的新聞。國際輿論和國內政權穩固關係直接，普京一手抓媒體，一手抓智庫。背後有武器和能源支撐。媒體是國際輿論戰最有力量的思想武器。

對於美國而言，烏克蘭是最好阻撓俄羅斯進入亞太的棋子，克里米亞的軍工產業是中國、印度和巴基斯坦軍工產品來源的源頭，俄羅斯現在一下子等於控制了亞太的軍火市場並且提高了在亞洲的安全角色，難怪俄羅斯佔據克里米亞之後會讓美國氣得動作頻繁，持續不間斷的國際輿論戰撻伐、一波又一波的經濟制裁名單、空中海上的軍事演習，以及大量的資金進入烏克蘭進行援助。看來，美國是著急了，[10]因為俄羅斯證明了美國無法單極支撐世界體系，世界回到新現實主義和新理想主義整合的時代，後現代主義對文本的詮釋及對國別的分析解讀成為兵家相爭的主流，也是意識形態鬥爭的主流。

俄美在烏克蘭的博弈應當反映的是美國利益衝突最集中的地方，重點不在於烏克蘭本身，而在於俄羅斯的舉措強化了中國對於俄羅斯整體的軍事依賴關係。同樣的觀點在斯德哥爾摩中心也表達出來，該中心認為烏克蘭走向北約將斷送中國的武器來源，

---

[10] 根據俄新網5月14日報導：「俄羅斯國防部國際條約管理局前局長葉夫根尼‧布任斯基中將周三向俄新社表示，美國公布俄軍似乎部署在烏克蘭邊境附近的衛星圖片是繼續加劇緊張局勢，應當幽默對待『戰爭要開始的所有歇斯底里地高呼聲』。」新聞可參見網址：〈俄專家：應幽默對待美公布的烏邊境似有俄軍部署圖片〉，《俄新網》，2014年5月14日，<http://big5.rusnews.cn/eguoxinwen/eluosi_anquan/20140514/44063090.html>。

中國還不如支持俄羅斯，並且與俄羅斯簽署中俄軍事政治協議，將使雙方的軍事關係成為準同盟關係。[11]未來中俄聯手在亞太與美國抗衡，將會對美國重返亞太構成極大的壓力。現在中越關係在南海衝突上已經進入備戰狀態，俄羅斯又駐軍在越南的金蘭灣且越南也是俄羅斯在亞洲第二或第三大的武器輸出市場，只有中俄建立一種準同盟的軍事關係才能因應美國在南海的戰略布局。

　　對於歐盟的安全而言，黑海區域內的烏克蘭和喬治亞都是歐盟天然氣與石油供應的多元化來源，歐盟並不希望歐洲再度爆發戰爭。顯然，這場烏克蘭危機主要博弈的雙方是俄羅斯和美國。目前俄美雙方在烏克蘭境內以及波羅的海和黑海領域內相互進行文攻武嚇，顯然是一場國際媒體輿論宣傳戰的開打。美國對俄的經濟制裁使雙方的作戰前線同時在資訊輿論和金融領域中展開。對此，俄羅斯重要智庫認為俄羅斯目前並不具備國際輿論戰的條件，應該要盡快結束烏克蘭危機對俄羅斯可能產生的國際孤立與排擠的效應。俄羅斯主要智庫強調「和大於戰」，因為不論是國際輿論戰或是區域軍事衝突對於俄羅斯的旅外僑民和國內的民眾都是一個施壓的過程，俄羅斯恐在這場國際輿論戰中的長期開打下受到傷害。俄羅斯當務之急是利用歐亞聯盟的區域整合來減少美國在歐洲與中亞的影響，並且快速回到亞太地區，亞太地區才是俄羅斯和美國利益衝突的最大戰場。

---

[11]　「Spiegel: Новый Альянс России и Китая Изменит Соотношение Сил в Мире,」 *Russia Today*, Март 20, 2014, <http://russian.rt.com/inotv/2014-03-20/Spiegel-Novij-alyans-Rossii-i>.

叁、俄美展開國際輿論宣傳戰

　　俄羅斯外交部長拉夫羅夫認為，西方正在操控全球閱聽眾對於烏克蘭事件的解讀概念，針對美國國務卿凱利認為俄羅斯國際頻道—今日俄羅斯電視台（Russia Today）是普京吹鼓手的說法，拉夫羅夫則說Russia Today是要扭轉CNN和BBC等西方媒體進行的反俄羅斯意識形態的單邊宣傳，以期提供一個獨立且不同觀點的平衡報導。[12]顯然，俄美雙方在烏克蘭危機的對峙不在前線的戰場上，而是在媒體資訊和金融經濟領域的軟實力戰場上展開。俄美兩國由於對烏克蘭危機的分歧較大，雙方都在向對方施加心理戰，以求達到中國古籍《孫子兵法》中所描述的「不戰而屈人之兵」的效果。加入俄羅斯或留在烏克蘭的公投結果使普京在這場關於烏克蘭危機的國際輿論戰中，取得控制克里米亞的實質權力。顏色革命後，媒體進一步撕裂了烏克蘭整體國家的感情。在經歷經濟危機的過程中，烏克蘭媒體受到了來自俄羅斯、美國、歐盟的嚴重影響，這樣，克里米亞面臨的危機同樣是烏克蘭國家未來發展方向上的危機。[13]

---

[12] Vladimir Kabeev,「Russian Foreign Minister Lavrov Accuses West of Anti-Russian Propaganda,」*Russia direct*, April 28, 2014, <http://www.russia-direct.org/content/russian-foreign-minister-lavrov-accuses-west-anti-russian-propaganda>.

[13] 吳非、胡逢瑛，〈對克里米亞危機的國際輿情分析報告〉，《人民論壇‧學術前沿》，2014年3月上，2014年4月8日，<http://www.rmlt.com.cn/2014/0408/254808.shtml>。

一、俄羅斯新聞與外交關係的形成

2014年2月，俄羅斯國際事務委員會（RIAC）針對國際媒體報導索契冬奧會和烏克蘭危機的問題召開了一場題為「新聞與外交」的圓桌會議，旨在探討國際新聞的客觀性問題及其塑造國家形象的角色。與會的有該會主席也是前俄羅斯外交部長的伊凡諾夫（Igor Ivanov）與執行長柯爾圖諾夫（Andrei Kortunov）以及俄羅斯外交和國防政策委員會（CFDP）的總裁、也是俄羅斯全球政策期刊（Russia in Global Affairs）的總編輯盧基揚諾夫（Fyodor Lukyankov）。盧基揚諾夫認為，媒體如同硬幣的兩面和鏡子的反射，許多事物經過媒體報導扭曲之後，脫離了原來事實的真相。柯爾圖諾夫則認為當前國內外媒體均呈現極化的現象，也就是尋求進入世界社群的一方和害怕改變國際現狀的另一方彼此之間的拉鋸與裂縫，使得媒體反應了國際趨勢本身的嚴峻性。伊凡諾夫延伸了這個看法，認為政治家和外交家每天仰賴國際訊息，國際新聞記者的責任越來越重要。[14]

在這場「新聞與外交」的圓桌會議當中，俄羅斯智庫專家認為能夠掌握國際事務報導的新聞記者在俄羅斯仍然缺乏，對於能夠進行國際事務的評論與國家形象掌握的能力還有待加強。事實上，俄羅斯國際新聞所面臨的問題就是俄羅斯國際地位的問題，蘇聯解體之後，俄羅斯在國際媒體的新聞報導中幾乎都是負面形

---

[14] Igor Rozin, 「Professionalism, Bias and Information Wars in International Journalism, 」 *Russian Direct*, February 6, 2014, <http://www.russia-direct.org/content/professionalism-bias-and-information-wars-international-journalism>.

象的為主，俄羅斯的記者也會感到挫折，這與俄羅斯媒體轉型與轉型後的定位發展有關，九〇年代新聞的自由化和所有權的私有化是主流。俄羅斯新聞教育的兩所龍頭大學：莫斯科國立大學（MSU）的新聞系和莫斯科國立國際關係大學（MGIMO）的國際新聞系，兩者之間的特點在於，前者培養了俄羅斯多數以上的媒體專業記者，後者主要在蘇聯時期以培養官方媒體對外的特派員、國際組織的宣傳幹事以及各大駐外使館的大使參事為目標，然後這些國際新聞記者或是新聞外交官最後會進入到黨或是黨媒以及國家安全單位的決策機制層當中，當蘇聯解體之後，這樣的傳統便難以為繼了。[15]

　　因此，一方面，隨著媒體逐漸走向娛樂化和市場化的趨勢，普京上任之後主要因應媒體市場化的趨勢並且強化了俄羅斯媒體文化的導向，大量的記者專才投身到媒體，積極開發俄羅斯的教育文化產業，使本土的文藝市場與文創產業能夠重新成為俄羅斯

---

[15] 莫大的新聞系儘管強調媒體自由化對於政府監督與建言的作用，不過更注重媒體在推動文化與教育方面的公共角色；國關的國際新聞系則強調黨或是政府內部的討論自由，更關注在新聞作為國家政策分析的影響和國際宣傳的作用。兩者都有自由化的傾向，但不以新聞從事商業用途作為最大的目標，莫大強調自由媒體對於政府意見的補充，主張公共媒體；國關則強調國家媒體對於國家發展的輔助角色，兩者之間的共同之處在於新聞報導的客觀性和正確性，以及媒體的國家功能與社會責任。故在九〇年代發生的俄羅斯媒體的自由化轉型及其產生的問題都不是他們所熟悉和樂見的現象，這也就是普京2000年上任之後，在對於媒體整頓過程中當中，新聞學術界和新聞界高層願意與普京進行合作與溝通的重要原因。普京把媒體國家化以及能源和軍工產業國家化作為上任之後首要的任務。關於俄羅斯媒體轉型的問題可以參考：胡逢瑛、吳非的《蘇俄新聞史論》（台北：秀威資訊出版公司，2006）。

市場的主流。娛樂化不能因應國際輿論的鬥爭，最好有專門的媒體可以兼顧媒體和智庫，RT（Russia Today）作為公共外交和軟實力的平臺在國際上嶄露頭角。

2000年以後，全俄羅斯國家電視與廣播集團公司作為俄最大的官方媒體集團開始重組，國家電視與電台是普京控制媒體與推動媒體國家化的代表，是以提升俄羅斯文化認同和佔據本土產業為目標，近年來主要發展媒體的聯邦預算都是投入在基礎設施的現代化和數位化傳輸上[16]；另一方面，少量的國際記者最後進入了黨和政府的高層，這樣的結果，如何使具有國際事務專才背景的人才持續投入到國家媒體仍是俄羅斯當前的挑戰。

觀看普京這三年以來的執政表現，尤其在捍衛俄羅斯國家利益和處理國際危機方面的具體成就非常顯著，再加上俄羅斯國

---

[16] 根據俄羅斯聯邦信息與大眾傳播部所屬的聯邦新聞與大眾傳播署公布的最近一期關於2012年-2013年整體的《俄羅斯電視行業報告：現況、趨勢和發展前景》（Телевидение в России. Состояние, тенденции и перспективы развития. Отраслевой доклад）的分析報告指出，俄羅斯電視發展主要是延續近十年來的發展積累，反映俄羅斯社會現代化進程的動能。該報告認為最重要的關注問題仍是對於兼顧專業合作、國家媒體、廣告市場、立法環境以及來自全國各地民眾需求之整體社會機制的提升，尤其是電視仍扮演最重要的國家社會與傳播體系，其特點在於語言、文化與宗教多種形式的體現，以及保存社會整體團結力量的作用，確保廣大的俄羅斯民眾可以接觸使用聯邦主要的傳播管道以及維繫俄羅斯信息空間的整合和落實一體化的目標。其中最重要的工作就完成全面電視傳輸數字化的工程。關於《俄羅斯電視行業報告：現況、趨勢和發展前景》的產業報告也可參酌羅斯聯邦資訊與大眾傳播部所屬的聯邦新聞與大眾傳播署網站公布的報告，網址為：<http://www.fapmc.ru/rospechat/activities/reports/2013/tv_in_Russia.html>。

內經濟成長穩定使得普京可以成功掌握俄羅斯境內的輿情。2014
年3月13日俄羅斯《消息報》的報導，題為：「普京支持度達到
最高」（Рейтинг Владимира Путина достиг максимума），報導指
出有71.6%的俄羅斯人支持普京在舉辦索契冬奧會、殘奧會以及
烏克蘭政治危機處理的國際大局勢背景之下的表現，這是根據一
項俄羅斯最大的民調機構—全俄社會輿論中心所進行的調查結
果，調查的時間是2014年3月8日－9日，調查的範圍對象來自全
俄42個地區130個居民點的1600人。該民調機構表示，自2014年
2月中旬以來，普京的民意支持度又上升了9.7個百分點，統計誤
差不超過3.4%。普京總統在2012年3月就職之後的民意支持度高
達68.8%。這次普京在國家外交成就與處理危機方面的表現再次
攀高到這三年執政的最高點。[17]到了2014年4月中旬，普京的支持
度持續攀升到80%，俄羅斯另一家民調機構列瓦達中心的副主任
格拉日丹金指出，普京支持率上升與克里米亞併入俄羅斯聯邦有
關。他說，普京支持率最高值（超過80%）是在2008年8月創下
的，當時俄喬衝突剛剛結束。但是民調顯示民眾並不希望與烏克
蘭發生衝突，他建議普京應當向世人表明：「烏克蘭不是法西
斯，不是我們的敵人」。[18]

---

[17] 「Рейтинг Владимира Путина Достиг Максимума,」 *Izvestiya*, Март 13, 2014,
    <http://izvestia.ru/news/567397>.
[18] 〈俄民眾愛國情緒爆發　普京支持率接近歷史峰值〉，《參考消息》，
    2014年4月17日。<http://world.cankaoxiaoxi.com/2014/0417/376826.shtml>。

二、俄美智庫觀點與媒體博弈

在烏克蘭危機中出現的俄美抗衡可以從博弈理論[19]得到啟示。美國在新聞戰場上採取的是完全的對抗，俄羅斯採取的是積極的防守，因為俄羅斯沒有完全足夠對抗的實力，故俄羅斯多數智庫單位認為不能把自己陷入反美或是孤立當中。所以對於烏克蘭危機的影響，俄羅斯從事軟實力外交的主要官方智庫包括：俄羅斯國際事務委員會（The Russian International Affairs Council）、戈爾恰科夫基金會（Gorchakov Foundation for Public Diplomacy Support）、俄羅斯世界和平基金會（The Russkiy Mir Foundation）與金磚國家研究委員會（The National Committee for BRICS Studies）……等等，他們是從俄羅斯人才流動的角度來看待這件事情。來自於這些單位的專家表示，應該把美國對俄羅斯經濟制裁的衝擊與傷害降到最低，其中的關鍵要素就是降低俄羅斯的反美情緒，為避免俄羅斯遭到孤立，以維持吸引俄羅斯的國外人才返回國內服務為目標，並且持續推動經濟整合的方向以保留俄羅斯經濟能源的優勢在提升本國經濟上的作用，以及防止美國經濟

---

[19] 根據國際衝突理論權威學者包宗和教授在「台海兩岸互動之和平機制」一文（包宗和，〈台海兩岸互動之和平機制〉，《遠景季刊》，第1卷第1期，2000年1月，頁1-17。）中對博弈理論的闡述，博弈雙方維持穩定的賽局有兩個方向：兩種僵持賽局和三種囚徒困境的賽局，其中相互對抗和相互合作均呈現了穩定的狀態，雙方根據自身的利益會選擇進入哪種賽局。雙方如果互信增加與客觀環境的改變，可以提升在囚徒困境中相互合作的可能性。最壞的情況是相互完全的屈從或是完全的衝突。博弈反而是雙方權力平衡的某種穩定狀態。

制裁之後造成俄羅斯經濟下滑而導致俄羅斯科學家的外流。自1989-2004年這段期間，至少已有三萬名的俄羅斯科學家被高薪挖角到國外工作，這將持續對俄羅斯國家安全造成重大傷害。[20]

俄羅斯官方智庫的報紙《透視俄羅斯》（Russia Direct）的總編輯柯什津（Pavel Koshkin）和俄羅斯政策研究中心（The Russian Center for Policy Studies）歐洲安全議題研究員斯美爾蒂娜（Ksenia Smertina）認為，如何提升俄羅斯國家形象的軟實力（soft power）研究在記者、外交人員和政治人物當中成為最普遍關心的主題。[21]俄羅斯政策研究中心自蘇聯解之後，即關注大規模殺傷性武器的控制和不擴散的議題，該中心則從擺脫冷戰的意識形態束縛和建立俄羅斯在大的國際戰略安全中的角色出發來看待美俄關係。俄羅斯總統辦公廳主任謝爾蓋・伊凡諾夫（Sergey Ivanov）認為該中心在國際安全和防止核武擴散以及控制武器方面的成就顯著。[22]俄羅斯國際事務委員會則從外交路徑看待國際衝突與危機的解決，以及資訊在談判過程中的關鍵作用。例如：莫斯科國立國際關係大學的教授、過去也是蘇聯在聯合國安理會的常駐大使杜比寧（Yury Dubinin）則認為，外交是和平解決問

---

[20] Pavel Koshkin, 「The Ukrainian Crisis Could Lead to Another Russian 'Brain Drain',」, *Russia Direct*, April 24, 2014, <http://www.russia-direct.org/content/ukrainian-crisis-could-lead-another-russian-brain-drain>.

[21] FKsenia Smertina, 「Russian Soft Power Still Has Some Hard Edges,」 *Russian Direct*, March 6, 2014, <http://www.russia-direct.org/content/russian-soft-power-still-has-some-hard-edges>.

[22] PIR Center, 「The Chief of Staff of the Russian Presidential Executive Office Congratulates,」 April 30, 2014, <http://www.pircenter.org/en/news/6619-the-chief-of-staff-of-the-russian-presidential-executive-office-congratulates-pir-center>.

題的創造性路徑和藝術，其首要任務就是蒐集資訊，資訊可以明確雙方談判的目標、衡量妥協的範圍以及提出進行要價的籌碼，所以他認為「資訊就是權力」。[23]

俄羅斯戈爾恰科夫基金會公共外交政策計畫的主持人布爾莉諾娃（Natalia Burlinova）指出，在俄喬戰爭之後，俄羅斯政府意識到必須要加強國際輿論的宣傳工作，因此，今日俄羅斯（Russia Today）在全英語頻道的基礎上開設了西班牙語和阿拉伯語的國際新聞報導，俄羅斯之聲（The Voice of Russia）的多國語言計畫也獲加強，顯示了俄政府開始關注國際廣電媒體對於國際社群的影響。關於如何在智庫方面展開俄羅斯的軟實力外交，2010年，時任俄羅斯總統的梅德韋傑夫下令由外交部支持成立戈爾恰科夫基金會，與此同時，由外交部和教育部支持成立了俄羅斯國際事務委員會（RIAC），這是俄羅斯第一個現代化的國家型智庫，主要以提升俄羅斯專家之間的研究整合並且提升俄羅斯專家在國際上的地位為目標。[24]俄羅斯國際事務委員會的主席是由前外長伊戈爾・伊凡諾夫擔任，該智庫的主要作用在於將俄羅斯的國際媒體和國家智庫相互結合作為提升俄羅斯軟實力外交的新型路徑，以莫斯科國立國際關係大學作為其提供儲備人才並且支撐智庫體系整體領導決策機制的基石，以期促進學校與智庫之

---

[23] Yury Dubinin,「The Art of Diplomacy,」 *RIAC*, October 24, 2013, <http://russiancouncil.ru/en/inner/?id_4=2566#top>.

[24] Natalia Burlinova,「The Kremlin's Favorite Buzzword is Still 'Soft Power',」 *Russia Direct*, August 10, 2013, <http://www.russia-direct.org/content/kremlin%E2%80%99s-favorite-buzzword-still-soft-power>.

間人才的合作與聯繫，並且以此形成俄羅斯整體軟實力外交的研究基礎和核心力量。

　　俄羅斯科學院美國與加拿大研究所應用研究中心主任沙里柯夫（Pavel Sharikov）認為，網路媒體是在烏克蘭資訊輿論戰中最有效的傳播工具和揭密平台，其特點在於以資訊攻擊進行輿論形塑，其目的在於瓦解敵方信心。他認為俄羅斯在資訊戰當中的損失在於失去了西方的支持與信任。俄羅斯以較為柔性的行動去報導它立場的正確性，其效果並不彰，更遑論是否具有足夠的軟實力去達到既定的目標。究其原因，首先是在於當前俄羅斯社會的兩極化現象：支持政府當局和反對派的立場鮮明。然而，反對派比政府更為嫻熟網路媒體的操作，例如在俄羅斯臭名昭彰的網站負責人納佛尼（Alexei Navalny）則聲稱，網路是唯一獨立政治社會運動的基石。沙里柯夫認為無庸置疑的是，納佛尼的團隊主要操控的是在莫斯科的輿論以達到其政治目的，其結果就是這些人越是反對俄羅斯當局，他們在西方受到的信任度就遠遠超過俄羅斯的政府官員，其中一個例子就是，美國對於俄羅斯官員列舉的制裁名單就是基於納佛尼在《紐約時報》上刊登的文章。沙里柯夫認為俄羅斯輸了國際輿論戰，俄喬戰爭就是例子，當時國際輿論一面倒指責俄羅斯企圖恢復蘇聯，這以美國前國家安全顧問布熱津斯基為代表。[25]可是根據歐盟成立的真相調查委員會報告卻

---

[25] Pavel Sharikov, 「Leaks: A Game-Changer in Shaping Russia's Image over Ukraine's Crisis,」 *Russia Direct*, April 17, 2014, <http://www.russia-direct.org/content/leaks-game-changer-shaping-russias-image-over-ukraine-crisis>.

顯示，戰爭衝突由喬治亞而起。[26]美國寧願取信小報和八卦的新聞，主要是用以針對反駁普京限制新聞自由提供依據。

　　俄羅斯不需要網路控制就存在具有自我保護意識的傳播網路。對此，吳非撰文認為，[27]當俄羅斯面臨來自西方的制裁時，俄互聯網企業則獲得前所未有的發展，目前網路的普及率在莫斯科達到90%以上，之前疲軟的製造業使得電商一直處於弱勢狀態，不過，這種情況正在快速改變，隨著盧布的巨幅貶值、人工成本降低，中國貨在俄羅斯互聯網+的發展出現突飛猛進的趨勢。俄羅斯的網路產業基本上產生於蘇聯解體之前，主要是一些在軍工企業及與研究機構相關的家屬手中。他們利用手中便利，在蘇聯軍工網路的基礎上，配合國際資本的運作而發展起來，逐漸形成俄羅斯特色的網路公司。現在俄羅斯最大的搜尋引擎和網

---

[26] 關於俄喬戰爭的衝突，由歐盟組成的國際獨立真相調查小組（Independent International Fact-Finding Mission on the Conflict in Georgia -IIFFMCG）2009年有一份深入的報告，從歷史、地緣戰略、能源利益以及是否違反國際人權法等多方面來評判俄喬戰爭衝突的始末，這份報告指出美國投入相當多的軍事和經費在喬治亞，歐盟也有經濟的援助，喬治亞當局與阿布哈茲和南奧塞梯亞自治區衝突在蘇聯解之後已經惡化，俄羅斯這裡的維和角色與喬治亞的關係在2003年顏色革命之後日劇惡化，在薩卡什維利取得政權之後比謝瓦爾納茲時期軍費提高八倍，從GDP的1%提高到8%。雙方使用武力是否合法的問題是非常爭議的地方，喬治亞當局違法在先，俄羅斯維和部隊在阿布哈茲和南奧塞梯亞合法反擊，但入侵第比利茲則違法在後。該報告認為，南高加索地區的緊張局勢與衝突只有在多方面利益達成協調和取得共識之後才可能得到緩解。這份報告可以參見：<http://news.bbc.co.uk/1/shared/bsp/hi/pdfs/30_09_09_iiffmgc_report.pdf>。

[27] 吳非，〈俄羅斯發展「互聯網+」是新出路〉，《國際金融報》—人民網，2015年8月31日，<http://paper.people.com.cn/gjjrb/html/2015-08/31/content_1604526.htm>。

路門戶Yandex在俄羅斯的市場份額遠超谷歌，卡巴斯基的殺毒軟
體獨步全球。可以說俄羅斯的網路公司經歷了萌芽、混亂、穩定
發展、融入西方、尋找自身特色的發展過程，最終成為俄羅斯經
濟發展中的網路支柱。由於自身獨特因素，在搜尋引擎、殺毒領
域等方面，西方公司基本上無法併吞俄羅斯的網路公司，尤其在
2000年之後，俄羅斯的網路快速發展。俄羅斯網路、通訊、資訊
產業的快速發展，不但是企業技術的提高、融資管道的多元化，
還主要依靠俄企業與軍工技術的結合。當然，俄羅斯互聯網企業
的發展，也離不開美國的「幫助」。Yandex誕生于前蘇聯時期，
創始人是蘇聯軍工企業的一名職員，由美國人和蘇聯人合辦，
Yandex最早是一家IT公司的技術部門，向蘇聯進口美國電腦。蘇
聯解體後，公司處境十分困難，後來獲得美國投資者的投資，
才存活下來。2001年，Yandex逐漸找到了盈利模式，憑藉技術積
累、用戶基礎優勢，Yandex發展很快，於2011年在納斯達克上
市。Yandex曾與谷歌在俄羅斯市場展開過激烈競爭，谷歌曾一度
有超越Yandex之勢，但最終Yandex更勝一籌。

　　其實，Yandex除了與谷歌競爭，還受到併購壓力，美國的
Yahoo公司就希望收購Yandex，但最後沒能達成。縱觀Yandex歷
史，雖然是一家俄羅斯創新型互聯網公司，但Yandex非常不喜歡
國外公司對其進行併購，自我保護意識突出。之所以簡述Yandex
的發展史，是因為它深深反映俄羅斯互聯網+企業的獨特國際背
景，也反映了西方發達國家對俄羅斯互聯網的控制與反控制的
過程。目前來看，Google在俄羅斯市場取得成功的秘訣在於與流
覽器的捆綁行銷。但俄羅斯則注重對本國企業的保護。俄羅斯

政府認為Yandex的業務關係國家穩定，因此希望將Yandex收歸國有。最終Yandex與俄羅斯政府達成協議，擁有超過25%股權的股東需要進行政府審核。這一機制保護了Yandex公司不被外界力量左右，也保護了公司文化。在俄羅斯的互聯網多數有外資背景，Gogle、Youtube、Facebook、Twitter……都是排名前位的外媒，網路顏色革命和反顏色革命的較勁仰賴更多的現代化，俄國民眾認知上是清楚的。

　　美國國家安全顧問布熱津斯基針對烏克蘭問題表示看法，他認為烏克蘭就像是對付俄羅斯的橋頭堡，美國希望短期之內強化與鞏固在歐亞版圖上的地緣政治多元化。這項任務主要是藉由提升行動和控制這個區域，以預防任何敵對的聯盟將美國扮演主導的角色和目標排出在歐洲之外。也就是烏克蘭在美國戰略的遊戲中是被利用來對付俄羅斯的棋子，也是西方對抗蘇聯死灰復燃的前哨。他認為，俄羅斯要恢復帝國昔日的強盛若沒有烏克蘭也就了無生命力了。前美國國務卿希拉蕊也認為：不論稱作歐亞經濟聯盟或是關稅同盟，俄羅斯是恢復蘇聯，我們要阻撓這個進程。[28]另外，Brookings, CSIS, CFR, and Carnegie Endowment for

---

[28]　「Будет ли Раздел Украины?,」Вопросик, March 23, 2014, <http://voprosik.net/budet-li-razdel-ukrainy/>.俄羅斯與獨立國協（CIS）部分成員國將於2015年開始正式進入歐亞經濟聯盟。2011年11月18日，歐亞共同關稅成員國──俄羅斯的梅德韋傑夫總統、哈薩克斯坦的納扎爾巴耶夫總統和白俄羅斯的盧卡申科總統共同簽署了有關2015年正式成立歐亞經濟聯盟的一項區域經濟整合協議，這項協議是在歐亞經濟共同體（EAEC或EurAsEC）的基礎上，將以成立自由貿易區、關稅同盟作為經濟一體化為近期目標，逐步將所有獨立國協成員國納入，中期發展成為共同單一市場，最終走向政治整合的歐亞聯盟的超國家聯盟形式，其合作特點不完全與歐盟相

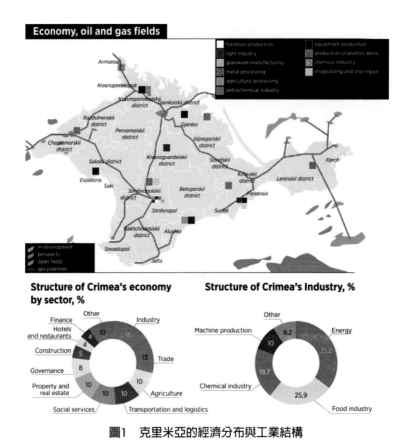

圖1　克里米亞的經濟分布與工業結構

Source: Kommersant. Infographic by Natalia Mikhailenko

International Piece（CEIP）等華府智庫認為俄羅斯的胃口不僅如此，這些智庫的學者認為克里米亞成為了普京解構西方向東戰略

同，俄羅斯將成為蘇聯後這個歐亞聯盟的主導國家。許多國家都擔憂這是蘇聯的恢復，例如以美國前國務卿希拉蕊的言論為代表。

圍堵的模式，例如，克里米亞的工業占了16%當地產業的最大比例，能源占了克里米亞整體工業的35.2%。[29]大體觀之，美國智庫的學者強調如何避免前蘇聯力量恢復、確保美國在歐洲的利益以及避免遭到俄羅斯排擠出歐洲的戰略思維來看待烏克蘭危機事件。

如同許多俄羅斯智庫所擔憂的，自2008年俄喬戰爭之後，俄羅斯受到西方媒體一面倒反俄的情緒擠壓，使得俄羅斯政府意識到必須加緊對於媒體和非政府組織之間的聯繫工作。大體觀之，俄羅斯的智庫偏重在俄羅斯如何避免遭受西方孤立以及突顯俄羅斯在國際安全領域中的地位和外交傳統的特長來面對俄美歐三邊在國際衝突議題當中的角色和權力關係。相較於俄羅斯反美情緒的克制，美國的反俄情緒更為直白，把普京和希特勒畫上等號，稱支持俄羅斯的知識份子是普京的跟屁蟲。在美國反俄的風潮彷彿回到冷戰初期的麥卡錫反共時代。[30]

筆者於2012年9月－2013年2月在華府短期研究訪問，正好處在美國總統競選的最後階段，選舉期間不同媒體的輿論和兩黨的廣告宣傳是非常爭鋒向對的，令眾多美國民眾感覺媒體就是模糊真相的亂源，尤其是在涉及關乎美國國家安全時，美國商業媒體的輿論會變得非常的偏激，其主要作用在於運用媒體的輿論迫使

---

[29] Graham Westbrook, 「Russia Watchers Try to Predict the Next Crimea,」 *Russia Direct*, April 15, 2014, <http://www.russia-direct.org/content/russia-watchers-try-predict-next-crimea>.

[30] Dominic Basulto, 「The West Has Run Out of Ways to Talk about Russia,」 *Russia Direct*, March 18, 2014, <http://www.russia-direct.org/content/west-has-run-out-ways-talk-about-russia>.

美國政府採取立即的相關行動，在主流媒體的施壓之下，這時白宮、國會與五角大樓之間會增加彼此的溝通，這也會反映在智庫的決策研究上。美國的公共有線媒體如C-SPAN對於美國國會和相關公共座談都是現場全程轉播的，儘管公共媒體占美國言論市場的比例非常小，但是其作用是非常準確且關鍵的，它主要的受眾群就是關心公共議題和參與決策的知識階層，所以並不會影響美國商業媒體運作新聞價值的大眾媒體邏輯。儘管美國的媒體、政府和智庫的功能各有不同，但其各自的作用都是非常強大的。

就現狀而言，俄羅斯境內基本上沒有網路限制，除非威脅國家安全，一般都不會被禁止。蘇聯解體後，大量軍工企業開始市場化，軍事技術逐步進入市場，西方國家雖然大量引進俄羅斯軍事人員，但很多掌握俄語網路技術的人員並沒有機會流落到西方國家，這使得俄羅斯網路發展可以拒絕與西方「結合」，可以說，Yandex的成功發展絕非偶然。特別是現在，雖然一些西方公司想併吞俄網路企業，但卻遇到盧布不穩定、技術不相容、資本在美國上市不順等諸多問題，這些使得俄羅斯網路公司獲得了一定喘息機會。在俄羅斯經濟危機日益加深的今天，俄羅斯的互聯網+軍工企業未嘗不是一條新出路。

肆、國際理論架構下的區域整合和意識形態衝突

蘇聯解體之後，兩極對抗的國際體系驟然瓦解，俄羅斯並沒有為解體後的國家發展方向做出準備，只是延襲戈巴契夫提

出的「重組」和「新思維」[31]兩個意識形態改革的概念，摸索地
走向西方民主體制的三權分立和自由市場經濟。蘇聯的解體導致
了俄羅斯喪失國際政治的一極地位，對俄羅斯而言，這在某種程
度上意味著國際體系更加失衡地以美國單極強權作為國際體系的
中心。上個世紀的九〇年代，俄羅斯內部在混亂的政治鬥爭局勢
下，新的意識形態學說並沒有在寡頭趁機侵占國家資源的市場掠
奪中形成。國家發展缺乏從考慮自身文化的特點出發，這樣的困
境使得俄羅斯陷入了十年體制轉型和意識形態的空窗期，這個問

---

[31] 戈巴契夫1985年上台之後開始進行民主化改革，提出了內部的「重
組」（Перестройка）（「改造」）和外部國際關係的「新思維」概
念。「重組」主要的口號是要「完善社會主義」（Совершенствование
Социализма），首先對市場價格施行自由化，其後導致了商店缺貨與物
價飆漲；在政治社會的改革上，戈氏強調「公開性」（Гластность）和
「透明度」（Открытость），遂開啟了黨內的鬥爭和新聞對上層結構與
蘇共的批判。1988年，蘇共頒布了第一部蘇聯《新聞出版法》並且於
1991年進行了全民的選舉制度，取消蘇共作為國家絕對的領導統治階
層。在國際關係方面，戈巴契夫與西方進行和解，與美國總統雷根和
老布希達成蘇軍退出阿富汗的協議，允許柏林圍牆拆除並且東西德統
一，不干涉社會主義陣營的革命政變，結束了長達近五十年的美蘇「冷
戰」。1990年，戈氏獲得國際讚賞並且榮獲諾貝爾和平獎；1991年由於
蘇聯內部處於政治經濟危機，蘇聯各個加盟共和國開始紛紛宣布獨立，
戈巴契夫無力控管國內獨立風潮，「八一九」政變於是發生，反對派主
要是安全部門和軍方，由蘇聯國家安全委員會（後改為俄羅斯聯邦安全
局）的領導克留奇科夫主導，最後葉利欽訴諸於民眾與莫斯科市的支
持，在俄羅斯聯邦權力的基礎上解決了該次政變危機。同年12月8日，俄
羅斯總統葉利欽和烏克蘭和白俄羅斯簽訂了別洛韋日條約，成立獨立國
家國協（獨立國家聯合體），其他加盟共和國加入獨立國協，戈巴契夫
被迫宣布辭去蘇聯總統職務，並且於12月25日正式宣布蘇聯解體。

題從2000年普京上任之後所建立的「保護俄羅斯」[32]的愛國主義
意識當中得到緩解。歐亞主意在鞏固中亞且重返亞太政策中成為
主流意識學說的理論支撐。

一、俄羅斯走向何方？

　　「保護俄羅斯」這句話是2000年普京在總統就職典禮上正式
說出的，這是葉利欽把政權交給他時說出的一句話，成為了普京
愛國主義的基礎和往後的執政宗旨。普京的意圖應該在於為下面
的接班人奠定執政的模式和意識型態的核心基礎，以抗衡由西方
佔據解釋優勢權的民主概念和其所具備的意識形態宣傳。俄羅斯
需要建立起自己的意識形態學說，以解釋本國的國情並且作為政
策的精神依據。問題不在於民主本身所具有的崇高意涵和社會參
與，而是有心政客打著民主旗幟進行那些俄羅斯民眾所不熟悉的

---

[32] 「Выступление на Церемонии Вступления в Должность Президента России, 」
Май 7, 2000, <http://archive.kremlin.ru/appears/2000/05/07/0002_type63374ty
pe82634type122346_28700.shtml>.普京說：「當第一任總統葉利欽離開克
里姆林宮時，到今天為止，我仍記得他說過的許多話，他今天在這個大
廳裡也重複了這句話：就是『保護俄羅斯』。正因為如此，我看到了自
己擔任總統的責任。我一定會以此要求我的工作團隊要根據自己的職責
完成這項義務。我也會全面考量找到在愛國主義的基礎上幫助俄羅斯公
民，以及所有那些珍惜我們共同責任命運的人。」（原文：「Первый
Президент России Борис Николаевич Ельцин, покидая Кремль, сегодня вспомнил
об этом – произнес слова, которые многим запомнились. Он сегодня повторил в
этом зале: «Берегите Россию». Именно в этом я вижу главную президентскую
обязанность. Исполнения этого долга буду требовать и от своих соратников
по работе, по службе. Я также рассчитываю найти в этом патриотическом деле
помощь сограждан России, всех, кому дорога судьба нашего Отечества. 」）

街頭政治和顏色革命，分裂的俄羅斯絕對不是俄羅斯民眾想要的民主結果，如同當初蘇聯解體也違背當時蘇聯民眾全民公投要求保留蘇聯的投票結果。西方希望解構俄羅斯版圖的目的是基於國際權力的平衡關係和國家利益的最大化追求，但這並不能保障俄羅斯民眾的生存利益。俄羅斯需要有自己的意識形態學說，適合解釋俄國本土國情和作為政策支持的依據。

　　2000年，普京正是在國家內外交困的混亂當中一肩扛起「保護俄羅斯」的責任。在新的愛國主義的意識形態下，普京開始整頓寡頭經濟，以防止西方勢力藉由扶植俄羅斯寡頭來操控國家議會。普京主要以打擊寡頭來恢復俄羅斯的國家經濟，並選擇了一條由國家來主導國營能源企業的市場經濟道路。這條道路的成形是在2012年8月俄羅斯進入了WTO並且確認了它的經濟崛起以及在國際自由市場中的經濟地位。俄羅斯國際經濟地位的成形更加促進了俄羅斯建立歐亞聯盟一體化的模式，也加速了歐盟和北約東擴的速度，兩方衝突遂起。2008年8月，爆發了俄喬戰爭，喬治亞申請加入北約遭到了德國總理默克爾的極力反對而宣告失敗。此一五天閃電戰役更確認了俄羅斯在歐亞地區的國際地位以及俄羅斯的軍事崛起。2014年3月18日至20日，俄羅斯完成收復克里米亞的法律程序，這提升了俄羅斯整體的國家士氣，也反應在2014年5月9日勝利節當天在紅場上舉行的隆重閱兵典禮上，民眾會特別感受到喜氣洋洋的氣氛，或許是高興收復了克里米亞，也或許是因為該年的士兵學生面帶微笑，可以感受到他們對於國家的熱愛，以及民族的自豪感，在閱兵典禮上還有最新型的武器出現，顯示了俄羅斯武器的現代化成果。2015年5月9日的紅場閱兵，以反法

西斯七十周年的慶祝形式，把俄羅斯民心和國家經濟困境的團結意識展現無遺，習近平作為座上賓與普京親密互動，透過世界各大媒體向全世界傳達多極時代的來臨以及發出俄中展現維護世界和平以及二戰以後世界秩序負責任大國決心和能力的清晰訊號。

二、兩極強權中的三角戰略與樞紐作用

在地緣政治中，強權之間的樞紐角色決定了一個小國的關鍵作用。關於如何評判烏克蘭危機的原因和啟示，中研院政治所的所長的吳玉山教授在一場關於烏克蘭危機的座談會上表示：「台灣跟烏克蘭有相似性，如果把烏克蘭東邊與西邊的問題換成南北邊，俄羅斯換成中國大陸，波蘭換成日本，在加上西方與美國，大家應該就懂他在講什麼了。烏克蘭將面臨靠向西方還是俄羅斯的選擇，台灣將來有沒有可能也會碰到這樣的決定，一個決定會讓兩邊覺得，你這樣做就是很明白的去進入一邊，然後對另一邊是敵對的，會無法接受，最後兩邊的力量都會進來，而這決定不管往那邊傾斜，都會有反對的一方。他並表示，不希望台灣走到這一步，但是現在看到烏克蘭的事情，台灣早點思考，會是比較好的。」[33]

吳玉山教授以柏林、維也納和聖彼得堡的三角戰略關係說明德國鐵血宰相俾斯麥外交的成功案例。說明俾斯麥巧妙的維持住德國在奧匈帝國和俄羅斯之間的位置，和雙方都結成盟友。這

---

[33] 劉冠廷，〈吳玉山：台灣與烏克蘭有相似性〉，《中國評論新聞網》，2014年3月12日，<http://hk.crntt.com/doc/1030/6/7/6/103067609.html?coluid=217&kindid=0&docid=103067609&mdate=0312002302>。

是一個非常典型的羅曼蒂克戰略三角，其中包含了兩個親善關係
和一個敵對關係。德國當時所扮演的角色是樞紐，它被奧匈和俄
羅斯所追求。維也納和聖彼得堡是羅曼蒂克三角中的兩個側翼。
俾斯麥的貢獻也就在於同時維持和奧匈與俄羅斯的親善關係，而
不讓德國滑入一翼的懷抱，從樞紐變成為夥伴。在威廉二世的新
外交政策之下，德國開始明顯的偏向奧匈，柏林和聖彼得堡之間
的裂痕不斷擴大。於是俄羅斯向德國的世仇法國靠攏，俄奧在巴
爾幹半島的爭雄也愈趨白熱化。這個趨勢終於導致兩大聯盟的定
型、一連串巴爾幹半島的危機，和第一次世界大戰的爆發。[34]

　　烏克蘭危機本身若以三角戰略的理論來看，可以說明烏克蘭
本身政策的搖擺和投機政客的奪權都是導致三角戰略關係失衡的
原因，例如，2004年10至12月期間，親西派為迫使總統大選重新
舉行所策動的橙色革命，以及2014年2月22日，反對派推翻烏國
總統並成立臨時政府的革命政變，都企圖向美國靠攏以換取政權
的取得，其結果就是：烏克蘭內部已經形成了親西派和親俄派的
勢均力敵及其所構成的分裂危機。烏克蘭內部爭權的十年動盪終
於導致了自身的崩解，喪失了作為三角戰略當中的樞紐地位。現
在烏克蘭失去了克里米亞，等於失去了和俄羅斯以及西方國家談
判的籌碼；頓涅茨克和盧甘斯克的獨立以及獨立後的骨牌效應將
重創烏國經濟的總產值，東部聯邦化效應有持續擴大的可能性，
甚至可能因為獨立問題而爆發內戰，其後果將會相當的不堪設

---

[34] 吳玉山，〈非自願的樞紐　美國在華盛頓—台北—北京之間的地位〉，
《政治科學論叢》，第十二期，民國89年6月，頁197。

想。俄羅斯先一步穩定在克里米亞的局勢，把烏克蘭的分裂對俄
羅斯的傷害減到最低程度。克里米亞位於俄羅斯通往歐亞的黑海
關鍵位置，具有交通樞紐的戰略和經濟價值。俄羅斯總統普京已
經責成確定建設刻赤海峽大橋，規定於2018年完成項目實施，並
且審議鋪設海底隧道的可能性。刻赤海峽的建設工期將不少於三
年半，建設成本將至少達到500億盧布[35]。一旦刻赤海峽建成，俄
羅斯的地面部隊和貨物都能透過大橋進入克里米亞半島，黑海海
底可以鋪設天然氣管道，俄羅斯與中國大陸通往歐洲的運輸連結
戰略計畫將得到落實。

三、國際政治與安全整合理論

在論述國際關係的本質時，袁鶴齡教授認為「互動」是一個
中心的概念。國際關係是一項對「無政府狀態」面向下的探討，
縱然它不必然是一個失序的狀態。但是以國家為中心的觀點，與
強調軍事安全為國家之首要目標有所關聯。[36]「無政府狀態」指
的是國際間缺乏一種正式的政府體系。[37]學者爭論的焦點不在於
事實的本身，而針對事實所產生的解釋觀點。換言之，人們對

---

[35] 〈普京責成在2018年前建成刻赤海峽大橋〉，《俄新網》，2014年4月22
日，<http://big5.rusnews.cn/eguoxinwen/eluosi_neizheng/20140422/44043961.
html>。

[36] 袁鶴齡、宋義宏、梁書寧，《國際關係的基礎》，（台北：韋伯出版
社，2006年），頁2。

[37] 吳志成、劉豐、劉佳譯，Chris Brown & Kirsten Ainley著，《理解國際
關係》（第三版）（Understanding International Relations, Palgrave and
Macmillan），（北京：中央編譯出版社，2010），頁4。

於國際關係是如何運作有著不同的理論。[38]以國際互動觀點與安全作為首要目標的概念也適用於俄羅斯的崛起。2000年，以中俄為首在反恐名義的基礎上成立了上海合作組織。2004年，別斯蘭人質事件爆發之後，車臣安全問題成為俄羅斯國家安全最大的障礙，車臣分裂問題不僅是民族問題，更是國家安全的問題。普京打車臣是以打擊恐怖份子的名義出發，他認為與恐怖分子是沒有妥協的空間，因此避談民族分裂問題。第二次車臣戰爭的成功提振了俄羅斯軍隊的士氣。儘管如此，戰爭犧牲的是無辜的生命，因此，國家安全問題成為俄羅斯強國首當的核心任務。[39]主權完整仍是安全核心。

第一次世界大戰之後，國際關係理論乃是基於防範戰爭爆發的不可確定性所產生的新整合思想，用以修補國際體系當中的無政府狀態與混亂衝突。一戰後出現的理想主義和現實主義均是對歐洲傳統思想概念中的自然權利說的理論做出調整。例如，近代採用自然權利說與社會契約論作為論述人民和政府關係，其中著名的理論學者以洛克為代表，他的著作《政府論》（Two Treatises of Government）以「自然狀態」（國際關係理論學者用以援引比喻國際關係中的無政府狀態）去說明人與人之間的平等關係以及國與國之間的征服關係。現實主義則源於霍布斯的《巨靈論》（Leviathan）有關於政府權威的論述，以服從單一權威（Single-ruler form）的社會契約（Social contract）用以解決自然狀

---

[38] 同註35，頁115。
[39] 胡逢瑛、吳非，《蘇俄新聞傳播史論》（台北：秀威資訊出版社，2006年），頁53。

態（state of nature）中的無序狀態。對於兩者之間爭辯的概念：
政府的權威是否造成專制？而革命的手段是否建立更民主的政
府?現代國際關係的理論則更加注重建立長期有效的溝通平台與
對話制度，以期使衝突經由外交路徑獲得解決。

第二次世界大戰爆發之後，以研究行為主義為主的實證主義
和科學方法修正了傳統的現實主義。七〇年代以後出現了許多民
族國家，新現實主義和新自由主義的出現用以探討民族國家之間
合作的可行性和可靠性關係。新現實主義看到了權力在結構性平
衡關係中的角色。研究國別的權力差距以及促進國家間的平等對
話應是古典現實主義和新現實主義者的重要貢獻。例如，摩根索
（Morgenthau）認為國際政治問題往往與權力是否平衡（balance
of power）有關，從而在資源有限慾望無窮的前提下，國家將可
能不斷擴張本身權力而造成彼此衝突，維持權力、增加權力及擴
張權力是國家外交政策之核心訴求。華茲（Waltz）以國際權力
分配（distribution of power）的概念，說明在國際秩序中在無政府
狀態中仍呈現結構之間的權力分配關係。奈伊（Nye）則將權力
解釋為政治、經濟以及軍事權力。從馬基維利到摩根索和華茲，
權力一直作為研究國際政治的主要變數。[40]由此可知，新現實主
義者主要關注國家在軍事與政治方面的硬實力，及其對國際關係
中的權力平衡和權力結構的影響。任何博弈的一方都試圖將局勢
轉為有利於自己的一方。其實，理想、民主和自由，現實、權力

---

[40] 宋學文、楊昊，〈整合理論研究之趨勢與應用：東南亞區域安全的分
析〉，《政治科學論叢》第二十八期，民國95年6月，頁39-47。

和發展，在政治學研究中必不可少；轉而人們希望在理想面和現實面當中取得平衡和共存。

以奈伊代表的新自由主義學者同意國際關係中的去中央化和不確定性特點，但主張國家之間互賴關係需要建立一種自主型外交以解決國際間的無秩序狀態。新自由主義者除了認知到軍事、安全相關之硬實力之重要性，亦未忽略如經濟、社會、文化等軟實力的柔性權力（soft power）。在沒有中央主宰的自由國際社會中，強化互賴關係和增進溝通成為減少衝突的方法。新自由制度主義者就是更進一步反映硬實力和軟實力的匯合，從強調國際體系的「結構」（structure）中衍伸出國際建制（international regimes）的作用，認為其扮演促進國際合作與維持國際秩序之要角。新自由制度主義者試圖將現實主義之「務實」（國家差異）與自由主義（國家理想）之做一些「對話」或「整合」，從而建立「維持秩序」的功能制度，就此亦說明了單一理論觀點實已不敷解釋複雜的當代國際關係，以Keohane為代表的「新自由制度主義」遂出現了。新自由制度主義實為「新現實主義」與「新自由主義」之整合，旨在能為國際合作提供一個可以實踐的理論基礎，而國際建制即是新自由制度主義者所設計之具有促進國際合作與國際秩序的對話機制。層次上的進程；第一，軍事安全政策（military security policy）之區域穩定共識；第二，經濟與文化相互依賴之「競合關係」；第三，提供區域內之對話與互動平台之「國際建制」，作為區域調和與協調的平台。[41]後現代主義

---

[41] 同上註，頁47-60。

則是重在誰能解釋，以及如何解釋等等主觀分析的能力和效果之綜合影響力。

　　莫斯科國立大學（MSU）的國際關係研究專家Tsigankov就認為，俄羅斯的國際行為與對外政策思想並未進入西方學術界的主要視野。對當前俄羅斯國際關係學的發展現狀進行盤點是具有重要現實意義的。國際關係理論長期以來是在西方中心占主導地位情況下作為一門親西方的研究領域存在和發展的，正如Hoffman、Alker、Biersteker、Holski、Inayatllah、Blaney、Crawford、Jarvis等學者的論述，國際關係理論至今仍然更多反映著西方、特別是美國文化的政治、意識形態和倫理道德嗜好與偏見。西方沒有準備把俄羅斯當作自己人，俄羅斯也沒有做出向西方靠攏的最終決定，俄羅斯認同危機的不確定性使得俄羅斯具有Goffman所謂的「遺產還是烙印」和Hoffman的「社會承認」的危機。西方的國際關係理論給其他文化提供不大的空間，例如福山的「歷史終結論」就是非西方文化代表的典型反應。[42]

　　如何建立屬於俄羅斯文化特點的國際關係學，這仍存在著爭辯的空間。在歷史傳統上，俄羅斯有西方派和斯拉夫派的路線之爭，也就是在國際關係理論當中的西方自由主義派和俄羅斯孤立主義派。[43]對話和整合是一條適應國際區域主義發展的道路。國際關係理論基本上從自然權利說當中的管理與自由的爭辯概

[42] 馮玉軍、徐向梅譯，Цыганков А.П., Цыганков П.А.著，《當代俄羅斯國際關係學》（Российская наука международных отношений: новые направления）（北京：北京大學出版社，2008年），頁10-21。
[43] 同上註。

念，走向了現實與理想之間的衝突和妥協；再從現實與理想走向
互動與依賴；再從互動與依賴走向了制度化的對話和整合，這不
必然是一條垂直的縱向道路，但應是對現實國際環境不斷摸索的
過程。我們可以看見即使在不同的理論取向中仍具有共同對話的
基礎，也是多數學者認同在無政府狀態中需要建立機制以維護人
類的生命安全作為共同的目標。當前的區域整合理論在冷戰期間
得到發展，新的區域力量成為了平衡美蘇兩極體系權力關係中的
第三項權力要素。觀看從戈巴契夫開始進行的「重組」與「新思
維」，再到葉利欽的民主化與自由化改革，以及從蘇聯到俄羅斯
的孤立主義受到了區域整合趨勢的影響，在普京執政之後開始走
向現代化的區域整合道路。

四、區域經濟整合與歐盟模式

　　二戰之後，西歐國家領導人關心的問題是如何避免第三次世
界大戰，希望通過建立一個歐洲的合眾國，使其成員國的主權受
到限制。不過歐洲通過美國馬歇爾計畫的援助以及吸收功能主義
的一些觀點，最後的結果就是歐洲是從經濟整合走向政治整合的
一條獨特的區域整合道路。[44] 現在歐盟的道路成為了俄羅斯建立
歐亞聯盟的範式。在理解歐亞聯盟與歐盟之間未來可能的發展關
係以及歐亞聯盟的戰略目標，本文先就區域經濟整合的發展層級
以及參照歐盟的發展進程做出基本的梳理。在全球經濟整合的過
程中以區域經濟整合最為普遍，它可以在地緣經濟和地緣政治上

---

[44] 同註36，頁152。

發揮很好的功效，減少對於主權干涉的擔憂。區域整合是在地緣關係上的比鄰國家就彼此之間的貨物、資金、人員和技術方面進行流動的一個合作的長期過程，使彼此的經濟達到資源的整合而獲得利益的最大化，因此經濟整合又稱為區域經濟整合。國家之間以彼此經濟的互賴程度與發展整合的速度產生了深淺層次的區分，經濟整合在層次上可分為五個階段：[45]

表4　區域經濟整合發展層次

第一個階段： 優惠性貿易協定	係經濟整合層級最低的一種，指兩國或兩個國家以上單方面或是雙方降低關稅，主要是提供關稅優惠性政策，增加商品價格的競爭性。
第二個階段： 自由貿易區	兩國或是兩國以上協定消除全部或是大部分關稅壁壘，或劃定區域允許外國商品免稅自由進出。為避免非協定國將商品銷至關稅低的成員國再轉向其他地區「貿易轉向」的避稅偏差現象，成員國之間會協商制定限制原產地的規定。
第三個階段： 關稅同盟	成員國之間完全取消關稅壁壘，對外採取一致的關稅，可以避免貿易轉向的偏差問題，1957年成立的歐洲經濟共同體即是關稅同盟的例子。
第四個階段： 共同市場	除了上述的消除關稅壁壘與採取一致的對外關稅以外，允許人員和資金的自由流動，將商品、服務和所有生產要素融合為一個單一的市場。
第五個階段： 經濟同盟	經濟整合最深層的部分，成員國共同協商貿易、貨幣、財稅等政策，甚至發行共同貨幣，歐盟即是一個典型範式。

資料來源：作者參考「區域經濟整合的理論分析」一文所做的整理

---

[45] 周作姍，〈區域經濟整合的理論分析〉，<http://www.google.com.tw/url?sa=t&rct=j&q=&esrc=s&source=web&cd=1&cad=rja&uact=8&ved=0CDIQFjAA&url=http%3A%2F%2Fnccur.lib.nccu.edu.tw%2Fbitstream%2F140.119%2F33847%2F8%2F98102308.pdf&ei=evJRU8SuM8XjkgWfqYCYCQ&usg=AFQjCNHtzvS7N2StZITxHmYyBTYgPDM7Ww&sig2=roD1BFEynB56vvcpoztMtQ>。

如果說國際政治上的整合是避免戰爭以及保障國家之家互賴
過程的順利進行，那麼，經濟整合則是促進政治與安全的最有效
路徑，歐盟正是最好的範例。透過經濟整合優先執行可以減少主
權國家對於主權剝奪的擔憂。歐盟的經濟整合是從歐洲經濟共同
體走向歐盟這個超國家組織的政治整合模式。作者將歐盟整合的
階段列表整理如下：

表5　歐盟整合過程重要年表與事件

階段	主要整合大事年表
第一階段（1945-1959）：一個和平的歐洲——合作的開始 (A peaceful Europe —the beginnings of cooperation)	1. 歐洲執委會（Council of Europe）：1949年5月5日，依據在倫敦的簽訂《歐洲執委會法規》所成立，具有國際法地位，並且作為聯合國觀察員身分的國際組織。 2. 歐洲煤鋼共同體（European Coal and Steel Community, ECSC Treaty）：1950年5月9日，法國外交部長羅伯特・舒曼提出的管理法德煤鋼的計畫，被稱為舒曼計畫（Schuman plan）。西德、法國、義大利、荷蘭、比利時和盧森堡六國於1951年4月18日在舒曼計畫的基礎上通過《巴黎條約》並且成立了歐洲煤鋼共同體。 3. 歐洲經濟共同體（European Economic Community (EEC), or 'common market'）：1957年3月25日，六國在羅馬簽署《羅馬條約》（Treaty of Rome），同意成立歐洲經濟共同體和歐洲原子能共同體（European Atomic Energy Community）。
第二階段（1960-1969）：六國扶搖直上——經濟成長時期 (The 'Swinging Sixties' —a period of economic growth)	1. 建立歐洲各大共同體統一理事會和統一委員會的條約（Treaty establishing a Single Council and a Single Commission of the European Communities）或稱布魯塞爾條約：歐洲煤鋼共同體、歐洲原子能共同體以及歐洲經濟共同體這歐洲三大共同體將其組織機構合併為歐洲共同體（European Community），建立了統一的歐洲部長理事會和歐洲執委會，以及召開了歐洲議會。 2. 制定共同農業政策（common agricultural policy）：1963年7月20日，制定共同農業政策以保障歐共體內農民產品獲得同樣的價格。 3. 完全取消關稅壁壘：1968年7月1日：六國正式取消完全貨物關稅壁壘，完全實現區域內的關稅同盟並往單一的共同市場邁進。

第三個階段 （1970-1979）： 成長中的共同體 ——第一次擴張 (A growing Community—the first Enlargement)	1.穩定歐洲匯率機制（ERM:The European Exchange Rate Mechanism）：七〇年代開始歐共體開始討論共同貨幣的計畫，1972年成立了歐洲匯率機制，減少成員國之間匯率的波動。 2.第一次擴大吸收成員國：1973年，丹麥、英國、愛爾蘭、加入歐洲共同體。 3.歐洲區域發展基金（European Regional Development Fund）：1974年12月10日正式啟動專門組織，為解決共同體內部地區間經濟發展不平衡問題，向落後地區提供資金及其他有關援助，著重鼓勵和支援這類地區擴大投資和改善基礎設施以及促進解決工業和服務業的就業問題。 4.歐洲議會議員直選：1979年6月7-10日開始進行議員直選，歐洲議會的黨團是建立在政治思想的基礎上而非國家和政黨聯合。
第四個階段 （1980-1989）： 歐洲面貌的改變 ——柏林圍牆的倒塌 (The changing face of Europe —the fall of the Berlin Wall)	1.第二次擴張成員：1981年1月1日，希臘成為歐洲共同體成員。 2.第三次擴張成員：1986年1月1日，西班牙和葡萄牙成為歐洲共同體成員。 3.通過單一歐洲法案（The Single European Act）：1986年2月17日通過單一歐洲法案，賦予歐洲議會更多的權力執行環境保護政策，並且將取消關稅壁壘的障礙擴大到其他成員國家。 4.設立伊拉斯謨大學生留學計畫（The 'Erasmus' programme）：1987年6月15日推出，提供學生到歐共體境內國家留學，最多達一年，至今已經超過了兩百多萬盟學生受益。 5.兩德統一：1989年東歐國家波蘭和匈牙利共黨崩解。1989年11月9日，柏林圍牆被迫開放。1990年6月，東德政府正式決定拆除柏林圍牆。1990年10月3日，兩德最終統一，東德部分進入歐共體。
第五個階段 （1990-1999）： 歐洲無國界 (Europe without frontiers)	1.歐洲聯盟條約（Treaty on European Union）或稱馬斯垂克條約（Maastricht Treaty）：1992年2月7日馬斯垂克條約簽訂，在此條約上歐洲聯盟正式取代歐洲共同體的名稱。歐盟國家在司法、安全和共同外交政策上有更多的合作。 2.單一共同市場與四項自由的實現（The single market and its four freedoms）：1993年1月1日，單一共同市場的建立以及完成商品、服務、人員和資金的四項自由的實現。 3.第四次擴大成員國：1995年1月1日，奧地利、芬蘭與瑞典加入歐盟。 4.申根條約（Schengen Agreement）生效：1995年3月26日，申根條約在比利時、德國、西班牙、法國、盧森堡、荷蘭、葡萄牙七個國家之間開始生效，這些國家實現邊境檢查消除。凡持身分證或是申根簽證可以自由往來。 5.阿姆斯特丹條約（Treaty of Amsterdam）：1997年6月17日簽訂，旨在馬斯垂克條約的基礎上強化歐盟成員國家公民的權利，有效資源結合並且保障就業問題。

	6.歐元使用：1999年1月1日，歐元首先在11個國家開始採用，主要在於商業和財經交易之用。
第六個階段（2002-2009）：持續擴張（Further expansion）	1.歐元正式發行成為法定貨幣：2002年1月1日，新的歐元紙幣和歐元硬幣啓用，成為歐元區國家的法定貨幣。 2.第五次的擴大並且吸納東歐國家加入：2004年5月1日，捷克、塞浦路斯、愛沙尼亞、拉脫維亞、立陶宛、匈牙利、馬爾他、波蘭、斯洛文尼亞和斯洛伐克成為歐盟成員國。
	3.第六次擴大且第二梯次吸納東歐國家加入：2007年1月1日，保加利亞與羅馬尼亞加入歐盟。 4.里斯本條約（Treaty of Lisbon）：2007年12月13日簽訂，2009年12月1日正式生效，旨在探討歐盟全球角色和人權保障問題，主要探討全球氣候變遷、安全議題和永續發展的問題。
第七個階段（2010- ）：機遇和挑戰的十年（A decade of opportunities and challenges）	1.第七次擴大成員國：2013年7月1日，克羅埃西亞加入歐盟。 2.全球安全展望：成員國之間加強經濟合作以及增加綠色和環保技術的投資，以因應2008年全球金融危機後的困境。歐盟在國際安全的議題上扮演更多的協調角色，提高歐盟的國際影響力。

資料來源：作者根據歐盟（European Union）官方網頁歷史資料[46]等資料自行整理

五、俄烏的意識形態爭論

　　烏克蘭內部的意識形態分裂問題是蘇聯解體之後發展出來的，而在烏俄同源的俄羅斯歷史上，國家的發展方向確實長期受到兩股勢力的主導和影響：斯拉夫主義和西化主義。在俄羅斯的國際關係學中這兩股勢力就是孤立主義和自由主義的爭辯。如前文所述，莫大教授Tsigankov認為這是源於俄羅斯文化的特徵，但是國際關係理論當中鮮少給予非西方國家文化存在的空間。西方主義經常作為俄羅斯改革的養分，一旦俄羅斯學會的其中的技巧

---

[46] European Union ,「The History of the European Union,」<http://europa.eu/about-eu/eu-history/index_en.htm>.

和意涵，俄羅斯馬上會以自身民族的特點創造出屬於俄羅斯自身的文化。因此，西方文化是俄羅斯進步的補充要素，俄羅斯沒有必要與西方文明進行衝突，因為俄羅斯的東正教文化也源於西方拜占庭文化，但是俄羅斯的版圖橫跨歐亞大陸，民族的多樣性賦予俄羅斯民族歐亞文明的融合基礎。分裂將會導致俄羅斯失去國家方向，這是意識形態上的危機，也是國家安全上的危機。

烏克蘭內部意識形態撕裂的問題更多反應了傳統文化在國際權力衝突下的脆弱性，因為俄烏民族文化本屬同源，莫斯科公國擊敗了蒙古人的統治之後，作為現代國家的烏克蘭，其西部領土在中世紀吸收了原屬於立陶宛和波蘭的領土。[47]但是這些地方也是

---

[47] 根據古羅斯基輔的修道士涅斯托爾的《編年紀事》（Повести Временных лет）一段關於羅斯建國的記載，西元862年，被維京人稱作羅斯的人渡海請求他們來治理羅斯，他們說：「我們的土地廣大且肥沃，但是由於彼此之間內鬨所以沒有秩序。」建國之後到完成封建統一的歷史發展大體如後，維京人領袖留里克在位於現今俄羅斯境內的偉大諾夫哥羅德城建國，他的接班人奧列格於882年在現今烏克蘭境內的首都基輔建立都城，開啟了基輔作為古羅斯國家的首都歲月，一直到1240年蒙古人攻佔為止。988年，基輔的大公弗拉季米爾一世接受東正教為國家，受洗的過程引發了信仰自然神的居民和政府執行受洗命令之間的激烈衝突，這是羅斯西化的開端。1480年，莫斯科公國脫離蒙古統治的前後期間完成了封建王國的統一，並且併吞了在第轟伯河西岸屬於立陶宛的土地，這是今天烏克蘭西部西化的根源。現代的烏克蘭和俄羅斯都源於古羅斯國家，基輔大公建立了東正教與頒布了俄羅斯第一部法典，對於俄羅斯邁入西方文明國家具有開創奠基的貢獻；不過，莫斯科公國的大公卻是完成各個封建領地國家之間的統一工作並且完全擊退蒙古人統治的功臣，在莫斯科領導之下，建立了俄羅斯至今橫跨歐亞大陸版圖的強大帝國。今天烏克蘭和俄羅斯之間的衝突，也就是西化和斯拉夫化的衝突。俄羅斯試圖以歐亞文明和建立歐亞聯盟作為團結和融合文化的基礎。

古斯拉夫民族經常盤踞地。因此，強調烏克蘭民族認同的問題不是突出俄烏文化的差異性，反而是撕裂烏克蘭內部西部和東部的情感。西方媒體一面倒的鼓吹突出烏克蘭人的主體性和民族認同的結果就是：烏克蘭被解構了。當國際輿論不斷強調烏克蘭文化的認同之際，這撕裂的不是俄羅斯與烏克蘭在歷史上的融合性，反而是引發了烏克蘭內部的民族衝突和國家領土的分裂，製造了俄歐板塊上戰爭的危機，也阻撓了俄歐整合的進程，因為在歐洲整合的過程中沒有太多美國的利益和角色，只有分裂和動盪的烏克蘭才有美國深入的戰略前提條件。可以想像，這裡俄美雙方在歐洲地緣空間的博弈是非常激烈而缺發合作的空間，一旦俄羅斯從烏克蘭危機當中抽身，就要立即投入到亞洲的博弈戰場上。

　　隨著當代國際整合的趨勢發展：從現實主義和自由主義的爭辯中走向現在的整合主義的道路。一方面，新的國際關係理論不但重視國家權力傳統在軍事與安全領域中的作用以及在國際關係中的權力平衡關係，也就是新現實主義強調的硬實力的提升對於國家在國際政治地位上的作用，認為國家之間呈現的結構關係成為國家穩定與平衡的要素；另一方面，七〇年代之後興起的新自由主義，也關注作為經濟和文化要素的國家軟實力。兩者理論之間的整合就形成了「新自由制度主義」，強調國際建制對於國際無秩序狀態所發揮的對話與溝通的機制功能，這以歐盟為最佳典範。歐盟從結束二戰之後，就是以建立一個和平的歐洲開始做起，從經濟的整合到現在的政治整合，七十年的整合過程使歐盟已經成為全球安全領域中最重要的協調者之一。俄羅斯在歐盟整合過程中的角色正是需要在全球安全領域當中發揮出來的。

　　在全球化的發展過程中，我們看到了國際趨勢的區域整合發展以及外交上結合硬實力和軟實力的整合作用。在烏克蘭危機的過程中，俄美之間所引發的衝突首先是在國際輿論戰和金融戰的較量上，這是軟實力的對抗，目前美俄雙方還沒有進入軍事戰爭的意願，也就是雙方在硬實力都很堅強的情況下，軍事對抗只能兩敗俱傷。從冷戰到冷戰體系瓦解之後，美國戰勝蘇聯和俄羅斯的就是在經濟領域當中的制裁以及在文化領域當中的意識形態宣傳。俄羅斯必須小心應對，方能使烏克蘭危機的衝擊降到最低。目前俄羅斯內部的意識形態呈現比較穩定的狀態，對於亞太地區的戰略發展主要是平衡俄羅斯孤立主義和自由主義的出口。一方面，俄羅斯不能陷入與美國和歐盟國家的直接對立當中，另一方面，俄羅斯透過國際建構的機制（SCO & BRICS），欲將擴大與亞太地區國家多邊和雙邊關係的發展。

　　從俄烏文化與歷史同源的角度來看，烏克蘭的危機恐怕不是國際媒體宣稱的那樣說法，其辯稱俄烏具有文化認同的矛盾，事實上，要把俄羅斯拖進烏克蘭的混戰當中恐怕才是西方國際輿論戰的目標。烏克蘭的危機更多的是來自於內部存在的問題：政治人物的爭權奪利、國家政策搖擺不定以及領導層貪汙腐敗的人為因素才是分裂的問題所在。俄烏之間的身分認同矛盾是西方輿論上的策略，影響烏克蘭民眾的識別能力。因此，俄羅斯和烏克蘭之間的矛盾問題並不如西方媒體輿論所論述的那樣具有仇視感，媒體撕裂的結果反而是引發更多烏克蘭內部的衝突加劇，美國希望得到的是親美的政權，事實上，烏克蘭危機與俄烏之間的矛盾關係並不是最為關鍵的，但是西方媒體輿論一定要把俄羅斯拖進

這堆爛泥當中來負起責任，而俄羅斯則希望趕緊脫離這場烏克蘭內部的混戰狀態，尤其是俄羅斯拿下了克里米亞之後，確認了俄羅斯通往歐洲的能源管道計畫和黑海艦隊的戰略位置不會受到烏克蘭危機的波及之後，想得就是如何脫身，並且不願意陷入烏克蘭可能因為東部獨立問題所發生的內戰當中。

　　由於烏克蘭危機的開端正是來自於烏克蘭和歐盟整合的破局所導致，歐盟感覺上也是受到美國爭奪歐洲戰略地位的波及，未來俄羅斯與歐盟整合的道路必須要減少雙邊合作的不確定因素，才能達到雙邊發展的戰略目標。這項俄歐整合的戰略目標以雙邊於2011年2月24日在布魯塞爾簽訂的一項文件《共同尋求協調俄羅斯—歐盟能源對話通往2050年之前俄羅斯與歐盟在能源領域上合作的路線圖》（«Общие подходы Координаторов Энергодиалога Россия – ЕС к подготовке Дорожной карты сотрудничества России и ЕС в энергетической сфере до 2050 года»）作為標誌性整合的里程碑。[48]

伍、俄羅斯與歐盟整合的實質基礎與亞太角色

　　二戰之後，美國提出了歐洲經濟復興的「馬歇爾計畫」，蘇聯也制定了「莫洛托夫計畫」，以美國為首的資本主義陣營和以蘇聯為核心的社會主義陣營展開了在經濟領域當中的較量。

---

[48] Министерство Энергетики Российской Федерации, 「Дорожная Карта Сотрудничества России и ЕС в Сфере Энергетики до 2050 г,」<http://minenergo.gov.ru/co-operation/russia_eu/road_map/>.

1949年1月5日至8日，蘇聯、保加利亞、匈牙利、波蘭、羅馬尼亞、捷克斯洛伐克等6國政府代表在莫斯科通過會議磋商後，宣佈成立經濟互助委員會，蘇聯主要是針對在能源和燃料問題上制定一個長遠經濟發展的戰略計畫。蘇聯的經濟互助委員會和歐洲經濟共同體在冷戰時期彼此並不承認，到了七〇年代雙方才有了一些技術性的協議，雙邊關係在冷戰時期非常複雜。[49]1988年6月，蘇聯經互會與歐共體正式建立關係，不過三年之後隨著東歐的巨變，經互會也就宣布解散了，蘇聯解體之後，俄羅斯的政策是全面的西化，以建立一個西方民主體制和自由市場經濟為目標。2012年8月，俄羅斯進入了世界貿易組織，終於取得了國際承認的自由市場經濟的地位。不過代價巨大，但俄羅斯也取得了國際市場地位，算是慘勝。

一、俄歐雙邊經貿關係的建立

蘇聯解體之後，俄羅斯與歐盟發展雙邊經濟關係的建立始於1994年6月，俄羅斯與歐盟當時在科孚島簽訂了《夥伴關係與合作協定》，雙邊為發展自由貿易提供最優惠待遇以及遵守人權等國際原則做出了確認。特別是俄羅斯與歐盟之間在能源和原材料上的相互依存度很高，由於歐盟出口到俄羅斯的貿易份額仍然偏低，呈現逆差狀態，因此，歐盟和俄羅斯的經濟整合需要投入更多的時間和精力。雙邊都認為應該在國際安全領域上做出更多的合作，包括維護巴爾幹地區的和平穩定和防止大規模殺傷性武器

---

[49] Свен Хирдман, Роль России в Европе (Москва: Центр Карнеги, 2006), С. 12.

的擴散等問題。[50] 面對世界中諸多重大議題，歐盟需要以更開闊的眼光和觀點來看待俄羅斯可以在歐洲民主國家當中所扮演的角色。[51]

2005年5月10日，俄羅斯和歐盟簽訂了計畫協議書，包括建立免簽機制、研議國際安全和維和部隊等合作的機制，以及俄羅斯入世之後與歐盟建立自由貿易區，並且針對加里寧格勒地區的貨物運輸的轉運站、能源供應和漁業發展等問題做出了解決方案，雙方還商討了歐盟航空公司飛越西伯利亞上空的過境費用等等問題。歐盟對俄羅斯在車臣戰爭和限制新聞自由的問題上與俄羅斯發生意見分歧，與此同時，歐盟對俄羅斯相鄰的國家如白俄羅斯、摩達維亞、喬治亞等問題，與俄羅斯之間也存在意見上的分歧。化解這些歧見有助於加速歐盟與俄羅斯之間在人與物流方面移動的速度。[52] 在針對喬治亞申請加入北約的問題上，普京就獲得了默克爾的支持，在2008年8月的俄喬爆發戰爭之後，北約為避免與俄羅斯交戰，阻止了喬治亞入會的申請，以默克爾當時的聲明最為鮮明，她表示北約是為了維持地區的安全和穩定，不能接受一個有製造衝突問題的成員國入會。德國的態度決定了與俄羅斯關係的推展，這裡看出來美國和德國之間在決定北約東擴進程中有著不同的考量，德國考慮的多是歐洲安全和俄羅斯的夥伴作用。

經濟的互賴已經成為促進和平的重要因素之一。世界經濟一

---

[50]　Ibid., C. 12-13.

[51]　Ibid., C. 18.

[52]　Свен Хирдман, Роль России в Европе (Москва: Центр Карнеги, 2006), C. 13-14.

方面在全球化的趨勢下逐漸整合為一個自由貿易和自由傳播體系的全球性自由市場體系，另一方面以區域性為主體的經濟自由貿易區也同時在發揮其自主性較強的主導優勢。歐盟是俄羅斯主要的貿易夥伴，在2008年的全球金融危機之後，歐盟減少了對俄羅斯的投資，國際能源價格也下跌，俄羅斯流動資金的減少導致了內部市場需求的縮小，衝擊了俄羅斯經濟的成長。[53]此外，烏克蘭十多年以來政治的更迭和政策的搖擺，也使得俄羅斯與歐盟之間的能源安全受到了影響。故普京在2008年之後不但把戰略眼光放在加深與歐盟的能源互賴和整合上面，而且在2012年重新執掌總統職務之後，又將俄羅斯將能源政策轉向亞太地區，以帶動遠東地區的能源開發與經濟發展，這項措施將可提升俄羅斯未來幾十年內的經濟成長的動能。亞太政策首先要把中俄戰略關係作為一組最重要的對外關係。中俄關係在2008年全球金融危機之後得到了加強，以出口作為貿易導向的中俄雙方，發現了彼此之間的合作和互補將是確保未來國家經濟安全的關鍵，中俄遂開始聯手在國際政治上和國際經濟秩序重建上向美國挑戰，試圖減少美國經濟衰退對中俄經濟的衝擊力度。

　　2008年是俄羅斯因應國際危機的關鍵年，普京從總統兩期到任之後就直接退居到第二線擔任政府總理，在他擔任總理期間就

---

[53] Дмитрий Головенкин, Торговые Отношения между Россией и Европейским Союзом в Контексте Европейских Интеграционных Процессов , (Диссертация, Всерос. Акад. Внешней Торговли , Москва, Россия, 2009), <http://www.dslib.net/economika-mira/torgovye-otnoshenija-mezhdu-rossiej-i-evropejskim-sojuzom-v-kontekste-evropejskih.html>.

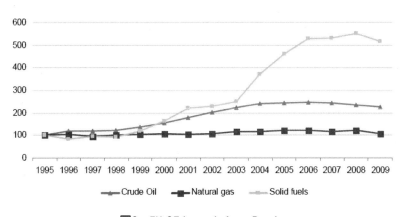

圖2　EU-27 imports from Russia

資料來源：歐洲執委會

積極開拓了俄羅斯油氣南溪（南流）的油管項目，管道是經過黑海通往中歐和南歐，以減少俄烏之間因為天然氣價格問題和烏克蘭內部政治更迭的問題導致俄羅斯在對歐盟輸出天然氣過程中蒙受經濟上的損失。從歐盟和俄羅斯於1994年簽訂了《夥伴關係與合作協定》開始，就替雙邊之後二十年的經貿發展關係建立了目標和提供了條件，這在歐洲執委會的俄羅斯出口到歐盟的圖2[54]當中可以見到，俄羅斯出口到歐盟的固體燃料項目上特別凸顯。隨著歐盟的簡能減碳政策，固態燃料將逐漸被天然氣所追趕持平，因此，天然氣是未來歐俄整合的前景項目。

---

[54] European Commission,「EU-27 Imports from Russia,」<http://epp.eurostat.ec.europa.eu/statistics_explained/index.php/File:EU-27_imports_from_Russia,_1995%3D100.PNG>.

　　由圖2亦可見到，俄羅斯對歐盟輸出的石油和天然氣，則受限於歐盟能源多元化進口的因素以及運輸管道的不足，成長速度明顯緩慢，俄羅斯主要通往歐洲的天然氣管道更是受限於四成以上需要過境烏克蘭境內，然而，俄羅斯與烏克蘭之間多年來則因為天然氣的價格和過境費而發生爭執。因此，俄歐烏三方之間其實都會受到烏克蘭政治動盪與經濟腐敗的衝擊，反觀美國本身則沒有直接經濟利益上的關聯性，美國應當更加注重的是在烏克蘭替美國圍堵俄羅斯的戰略作用上。事實上，歐盟和俄羅斯在烏克蘭問題上更多的是以雙邊的未來整合前景來考慮的，其中天然氣的管道與供應問題是俄歐整合過程中的關鍵要素。如果美國介入烏克蘭內部是基於參與歐洲事務的必然作法，那麼，俄羅斯則會努力排除美國的干擾，而歐盟由於受到金融危機的衝擊，則需要把俄美中三方同時放在一個平衡的天秤上來看。歐盟在政治上的穩定性使得俄美中三方都同時將拉攏歐盟作為自己國家戰略發展最重要的夥伴國家。俄美之間在烏克蘭危機上的競爭與對抗則較為直接且激烈。

　　從表6和表7可以見到，根據歐盟執委會在2010-2012年期間的貨貿和服貿資料顯示，歐盟對俄羅斯在貨物貿易量方面基本上是逆差的，服務貿易量則呈現順差的狀態。目前歐盟輸出到俄羅斯的貨物主要是在機械和運輸設備、化學製品、藥品和農產品。歐盟從俄羅斯進口的貨品主要是原物料、石油和天然氣[55]，歐盟還

---

[55] European Commission,「Trade with Russia,」<http://ec.europa.eu/trade/policy/countries-and-regions/countries/russia/>.

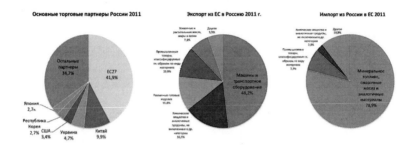

圖3　俄羅斯主要貿易夥伴和歐俄雙邊貿易比例圖

資料來源：歐盟駐俄羅斯代表處

是俄羅斯最重要的外資來源國家，這裡反應了俄羅斯對於歐盟在資金和運輸設備上的依存度；歐盟則]對俄羅斯石化燃料有很高的依存度。

表6　2010-2012歐盟與俄羅斯的貨物貿易統計

Trade in goods 2010-2012, € billions			
Year	EU imports	EU exports	Balance
2010	160.6	86.1	-74.5
2011	199.2	108.3	-90.8
2012	212.9	123.0	-89.9

資料來源：歐盟執委會

表7　2010-2012歐盟與俄羅斯服務貿易統計

Trade in services 2010-2012, € billions			
Year	EU imports	EU exports	Balance
2010	13.7	23.9	10.1
2011	14.2	23.9	9.7
2012	15.2	28.2	13.0

資料來源：歐盟執委會

　　從圖3可以見到，左一的圓餅圖是俄羅斯的主要貿易夥伴比例：2011年俄羅斯主要貿易夥伴排比：歐盟（41.9%），中國（9.9%），烏克蘭（4.7%），美國（3.4%），南韓（2.7%），日本（2.7%），其他地區（34.7%）；中間的圓餅圖則是歐盟出口到俄羅斯的產品類別和比例；右一的圓餅圖則是歐盟自俄羅斯進口的產品類別和比例。俄羅斯與歐盟雙邊貿易在2011年達到了3074億歐元，其中歐盟自俄羅斯進口的產品類別當中礦物燃料類別主要是石化燃料等能源佔了將近八成（78.9%）。歐盟出口到俄羅斯的產品類別：汽車和運輸設備（48.2%），化學製品（16.5%），各種製造成品（11.8%），各種工業產品（10.9%），各種動植物農產品（7.1%），其他（5.5%）。[56]歐盟和俄羅斯的經貿關係顯示雙方合作的領域主要集中在各自經濟的優勢項目，如何持續擴大優勢項目並且開拓新的市場領域仍是挑戰，這項挑戰會是在意識形態和國際安全方面更加突顯出來。目前，德國在歐盟當中維持主要對俄貿易的優勢，也是依賴俄羅斯能源進口最多的國家，俄羅斯勢必尋求德國更多在歐亞衝突當中的道義理解，但是在世貿自由市場的標準之下，必然滯礙了雙方更進一步的整合，雙方未來在經濟整合的合作目標上仍有相當努力的空間去化解存在的歧見。

　　從2013年的歐盟十大貿易夥伴國家（表8）中可以見到，俄羅斯是歐盟第三大貿易夥伴國家（9.6%），僅次於美國

---

[56] Представительство Европейского Союза в России,「Цифры и Факты,」<http://eeas.europa.eu/delegations/russia/eu_russia/trade_relation/facts_figures/index_ru.htm>.

（14.2%）和中國（12.5%）。可以知道俄羅斯在歐盟經濟體系當中的重要地位，以及中美俄三國對歐盟都有影響力。而俄羅斯主要出口到歐盟的就是石化能源燃料（占近八成），在俄羅斯取得黑海海域的最佳戰略位置之後，這將影響烏克蘭天然氣的過境地位，俄羅斯三年之後仍可以維持俄羅斯在歐盟天然氣供應主要的供應地位。同時，透過刻赤大橋的興建，連結了俄羅斯塔曼半島和刻赤半島最近的距離，俄羅斯也會縮短輸送石油和貨品通過歐盟的路徑。黑海和高加索地區的穩定也影響歐盟從里海輸送能源到歐盟的安全性，俄羅斯取得克里米亞之後大大增加了俄羅斯對歐盟的安全影響。

表8　2013年歐盟十大貿易夥伴國家[57]

Total EU Trade with… 主要貿易夥伴國家	Million (euro) 百萬（歐元）	Share (%) 比例
USA 美國	483,926	14.2
China 中國	428,062	12.5
Russia 俄羅斯	326,344	9.6
Switzerland 瑞士	263,810	7.7
Norway 挪威	140,184	4.1
Turkey 土耳其	127,969	3.7
Japan 日本	110,452	3.2
South Korea 南韓	75,807	2.2
Brazil 巴西	73,112	2.1
India 印度	72,697	2.1

資料來源：作者參考歐洲執委會自製表格

儘管俄歐整合具有基礎，但俄羅斯有專家指出，俄羅斯與歐

---

[57] European Commission, 「Statistics,」 <http://trade.ec.europa.eu/doclib/html/122530.htm>.

盟之間對於能源領域的合作仍存在歧見。俄羅斯政府於2009年出台了《俄羅斯至2020年期間能源戰略計畫書》，旨在確保俄羅斯能源發展預算使用的有效性以及能源機制的現代化和穩定性。然而，從時任梅德韋傑夫總統的能源部長施曼特科和歐盟能源專家愛特欽格爾於2011年7月共同撰寫的一份關於《俄羅斯與歐盟能源領域合作至2050年路線圖》來看，歐盟是希望達到能源市場的自由化，以確保歐盟內部能源市場競爭的公平性。[58]有此看出雙方運作模式的不同，而且雙方根本目標也不同，俄羅斯能源安全主要還是建立在政府有效控制之下，以保障國內經濟發展所需要的資金和提高人民收入的基礎上來制定的，俄羅斯並不願意簡單成為歐盟能源供應者和附庸，因為能源是作為俄羅斯外交的經濟手段和政治籌碼，使俄羅斯在美俄博弈過程中能夠影響歐盟的態度。

　　根據世界能源總署的資料顯示，俄羅斯已經在2010年以後超過沙烏地阿拉伯成為世界第一大石油生產國：俄羅斯年產量（5億2百萬噸），沙烏地阿拉伯（4億7千1百萬噸）。2009年，歐盟從俄羅斯進口了1億7千4百萬噸原油，其中以德國占的比例最多：德國（20%），波蘭（11%），義大利和荷蘭（10%）。俄羅斯出口到歐盟的天然氣主要過境烏克蘭、白俄羅斯和通過波羅的海到德國，輸出到德國就占了全部出口量的30%，第二位是出口到義大利占了17%。[59]俄羅斯的北溪管道是通過波羅的海直接到

---

[58] Татьяна Романова, 「Энергетические Связи России и Евросоюза: Проблемы и Перспективы,」 Аналитика РСМД, <http://russiancouncil.ru/inner/?id_4=1492#top>.

[59] European Commission, 「Russia-EU - Basic Statistical Indicators,」 *Eurostat*,

輸送到德國；南溪天然氣管道則是通過黑海進入中南歐，兩者都是減少對過境烏克蘭的依賴。目前烏克蘭可以說是俄羅斯輸往歐洲天然氣的「必經之地」，因此地緣政治位置關鍵。[60]不過，俄烏之間常因過境費問題而爭吵，俄羅斯早就計畫要擺脫烏克蘭的影響，克里米亞入俄之後基本上解決了許多問題。俄烏之間的底線應當就在克里米亞就需要有個停損點。

　　因此，如果俄羅斯在能源管道上可以多元化，更能源確保俄羅斯和歐盟之間的能源經濟安全，究其原因是俄羅斯並不希望在尚未解決烏克蘭的國家方向問題之前，把烏克蘭推向歐盟的懷抱，俄羅斯是希望烏克蘭未來成為歐亞聯盟的一員來共同制訂對歐的能源戰略目標。對於拓展通往歐盟國家的能源管道，俄羅斯可以在歐盟現行的架構下增加與歐盟的依存度，由於烏克蘭具有四成以上俄羅斯過境輸往歐盟的天然氣，在俄羅斯南溪和北溪的天然氣管道尚未完工啟動之前，烏克蘭加入歐盟讓俄羅斯恐遭到立即明顯的經濟損失。2015年將是俄羅斯全面崛起的一年，現在烏克蘭危機就是反對派為取得政權給美國的表現，提前干擾俄歐之間的天然氣管線計畫，目的在於阻撓歐俄整合的進程以及抑制俄羅斯的全面崛起。俄羅斯無法一直和烏克蘭投機政客糾纏下去，以空間換取時間是因應美國戰略壓縮的最好辦法：短期之內

<http://epp.eurostat.ec.europa.eu/statistics_explained/index.php/Russia-EU_-_basic_statistical_indicators>.

[60] 北京石油交易所，〈淺析烏克蘭危機對近期能源經濟的影響〉，《能源網》，2014年4月18日，<http://www.chinaero.com.cn/zxdt/ttxw/nyxw/2014/04/146145.shtml>。

建成通往歐盟的南溪天然氣管道；中長期戰略目標就是持續開發
遠東的油氣田管道，增加舖設通往中國、印度和日本的油氣管
道，並且整體尋求亞太出口市場的擴大則是俄羅斯能源戰略最重
要的工作。

二、俄歐能源合作戰略目標

目前俄羅斯和歐盟之間的能源合作應該是雙邊所有合作領域
當中最具有效益前景的一項重要指標。2011年2月24日，俄羅斯
政府與歐盟執委會在布魯塞爾簽署了一項文件《共同尋求協調俄
羅斯－歐盟能源對話通往2050年之前俄羅斯與歐盟在能源領域上
合作的路線圖》（«Общие подходы Координаторов Энергодиалога
Россия – ЕС к подготовке Дорожной карты сотрудничества России и
ЕС в энергетической сфере до 2050 года»），開啟了雙邊能源合作
的長期發展戰略目標。[61]這應當是俄羅斯與歐盟走向整合過程中
最為關鍵的因素。回想當初第二次世界大戰之後，法德即以煤鋼
共同體作為走向經濟整合道路的開端，此後歐洲進入了歐洲經濟
共同體，再走向歐洲共同體的單一市場，最後走向一個超國家組
織的政治聯盟。儘管，歐盟和俄羅斯之間在經濟整合過程中仍存
在相當困難，但是經濟整合的目標就是為了避免戰爭和促進經濟
成長，為發展永久和平世界而鋪平道路。然而，烏克蘭危機反應
了俄歐能源發展的前景仍存區域不穩定的因素與外部干擾。

---

[61] Министерство「Энергетики Российской Федерации,「Дорожная Карта
Сотрудничества России и ЕС в Сфере Энергетики до 2050 г.,」<http://
minenergo.gov.ru/co-operation/russia_eu/road_map/>.

　　根據《俄羅斯與歐盟能源合作至2050年路線圖》（Дорожная карта энергетического сотрудничества России и ЕС до 2050 года），俄羅斯與歐盟之間已有超過一萬家的能源企業相互合作。雙方都意識到協商新的能源合作模式的必要性，以因應歐盟低碳宗旨以及俄羅斯有效發展能源效益的雙贏目標。俄羅斯目前已經制定出《俄羅斯能源發展戰略至2030年》（Энергетическая стратегия России до 2030г.）和《俄羅斯與歐盟能源合作至2050年路線圖》（Дорожная карта энергетического сотрудничества России и ЕС до 2050 года）的能源政策計畫，以期提升雙邊長遠的能源合作潛力。根據國際能源總署的資料顯示，在2009-2035年期間，中國和印度快速的經濟成長將會帶動國際能源需求大約40%的成長空間，其中90%的能源需求將來自於非經濟合作暨發展組織（OECD）的成員國。天然氣的需求成長量將會相當於石油和煤炭需求擴大的總和，也就是天然氣貿易量將會擴大兩倍。[62]

　　由於歐盟正處在減少石化燃料的使用且走向低碳的轉型階段，這將影響石油和天然氣占俄羅斯國內生產毛額的比例從2011年24%降低到2035年15%。[63]由於歐盟對於石化燃料逐年的減少，這也是俄羅斯能源出口政策必須要轉向亞洲的重要原因。俄羅斯與歐盟在能源的合作領域上也將從簡單的供給關係拓展到共同探勘碳氫化合物的技術合作上以及核安全領域的合作上，這項能源

---

[62] Министерство Энергетики Российской Федерации, 「Дорожная Карта Энергетического Сотрудничества России и ЕС до 2050 Года,」 Март 2013 , с. 3-4.

[63] Мария Ван Дер Хевен & Фатих Бирол, 「Перспективы Мировой Энергетики,」 Доклад МЭА, 2011, с. 69.

對話的轉變是在日本爆發福島核電廠事故之後得到強化的。其中，「國際熱核聚變實驗堆（ITER）」[64]計劃，就被視為國際發展核聚變研究的長期研究計畫。[65]俄歐能源合作大體歸納如下：

1.俄歐電力發展前景

俄羅斯與歐盟未來在電力現代化方面也會有很大的合作空間。未來的20—25年電力的需求預估會超過其他能源需求平均的兩倍，也就是將需要有大量的資金投入到電力能源的基礎設施、能源效率和節能減碳的領域。未來在低碳的前景下，電力的需求市場將會提高，歐盟需要與其他周邊國家共同合作開發再生能源和新能源貿易，預估65%再生能源的需求會用在輕型的電動車和貨車的交通運輸工具以及取暖/制冷的領域上。俄羅斯到2017年

---

[64] 根據台灣維基百科對「國際熱核聚變實驗堆（ITER）」的歷史解釋：1985年，美蘇冷戰走向尾聲，蘇聯在戈巴契夫與西方合作的理念指導下，在日內瓦峰會上與美國共同倡議，由美、蘇、歐、日共同啟動「國際熱核聚變實驗堆（ITER）」計劃，也就是「人造太陽」計劃，而這，也成為美蘇冷戰結束的標誌性行動之一。1998年，美國還由於政治原因以及國內紛爭，一度退出計劃。2006年5月24日，參加這一項目的歐盟、美國、中國、日本、韓國、俄羅斯和印度7方代表草簽了一系列相關合作協議，標誌著這項計劃開始啟動。歐盟承擔50%的費用，其餘6方分別承擔10%，超出的10%用於支付建設過程中由於物價等因素造成的超支。11月21日，參加國際熱核聚變實驗反應堆計劃的7方代表在法國總統府正式簽署了聯合實驗協定及相關文件。2007年9月24日中國作為第七個參與國批准了該協定，2007年10月24日，《國際熱核聚變實驗反應堆合作協定》正式開始實施，國際熱核實驗反應堆組織也於當天正式成立。

[65] Министерство Энергетики Российской Федерации, 「Дорожная Карта Энергетического Сотрудничества России и ЕС до 2050 Года,」, Март 2013, с. 4.

以前電力會有2%的成長需求，基本上達到歐盟平均電力的使用水準。俄羅斯的電力戰略計畫包括：電力基礎設施的現代化、新的電力生產技術的引進以及推動再生能源和提高核電安全性的發展。未來俄歐會強化電力安全的合作，包括加強俄羅斯主導的歐亞經濟共同體成員國和歐盟之間在電力系統上的聯繫，並且針對完善組織和市場功能領域方面為電力市場的參與者研擬可理解的運作規則。此外，在結合電力生產以及使用再生能源供暖的基礎上發展現代化的供暖系統。[66]

　　目前俄羅斯和歐盟的核能發電站都佔據很大的份額，如果俄羅斯為了電力平衡再發展新的核電站取代舊的核電站，而歐盟卻有可能是在核電站服役到期之後選擇其他的替代能源，兩者在電力發展方向上可能走向差異化。不論俄歐雙方之間未來的抉擇如何，核能發電都必須要達到可靠性和安全性的最高國際標準。俄羅斯和歐盟之間電力也是相互依存的，比如俄羅斯的飛地—加里寧格勒，其電力系統就是依賴立陶宛。因為愛沙尼亞、拉脫維亞、立陶宛的電力系統在前蘇聯的結構下和俄羅斯與白俄羅斯的電力系統是同步連結的，與其他歐洲電力系統的連結反而是薄弱的。未來波羅的海區域內的新技術電力系統將會強化與歐盟之間的聯繫，所以也會使俄歐之間的電力貿易得到強化和多樣化發展。未來俄羅斯和歐盟會在採用新的技術和接收新的市場訊息的基礎上進行合作，主要將針對減少溫室氣體排放的問題進行經驗

---

[66] Министерство Энергетики Российской Федерации, 「Дорожная Карта Энергетического Сотрудничества России и ЕС до 2050 Года,」, Март 2013, с. 7-8.

的交換，以期達到節能減碳的環保目標。[67]

2.天然氣的需求持續成長

　　根據國際能源署的一些預測顯示，天然氣在世界能源當中將會扮演越來越重要的角色。國際能源署預測將會有一段能源黃金期。在2011年《世界經濟年鑑》，天然氣作為唯一需求成長的石化燃料。未來20—25年，天然氣的需求大約平均是1.7%的年成長率，屆時世界天然氣的使用將達到煤炭使用的水平。天然氣的需求擴大也有賴於環保政策的成功推行。根據國際能源署的預測，俄羅斯在2030年以前將是世界最大的天然氣生產者。[68] 2035年以前，俄羅斯天然氣年平均成長率為0.8%，達到年產5300億立方米。[69]也有不利於節能減碳和減少溫室排放氣體的因素，例如煤炭價格的降低以及天然氣價格的攀升，使得歐盟有些國家近年來的天然氣使用量停滯不前，而煤炭使用量獲得提高。不過未來二十年天然氣的使用按照策略地圖是要下降的，國際能源總署預測最低達到4億5千萬噸油當量，由於首先在建築物內有效利用能源的使用，以期達到節能減碳的結果。但是天然氣的需求量仍可能攀升，在其他的領域像是交通運輸或是再生能源的儲存。[70]俄羅斯作為最大的天然氣儲量國和生產國，也將會成為最大的出口國。亞太的和平環境才能使俄羅斯的能源政策獲得經濟上的回報。

---

[67] Ibid., c. 8.

[68] Ibid., c. 12.

[69] Ibid., c. 14.

[70] Ibid., c. 13.

　　歐盟未來是否能夠對俄羅斯採取制裁?以2013年的歐俄能源供需關係來看，歐盟國家共消費天然氣約5343億立方米，進口自俄羅斯的天然氣約1300億立方米，占總進口額約30%。受基礎設施和運輸成本所限，波羅的海國家和芬蘭使用的天然氣幾乎全部從俄羅斯進口。2013年歐盟自俄羅斯進口的天然氣中，約40%以上需途經烏克蘭境內的管道運輸，因此烏克蘭形勢關係到歐盟的切身利益。歐盟希望天然氣來源的多元化，減少對俄羅斯的能源依賴。 俄羅斯天然氣工業股份有限公司從4月1日起把對烏克蘭的天然氣供應價格提高44%，也就是每千立方米385.5美元，隨後，俄羅斯又將天然氣價格進一步提升至485美元。其實，歐盟對俄羅斯天然氣的依賴在近幾年已經有所下降，俄羅斯占歐盟進口天然氣的比例，已經從2007年的38.7%，2009年的33.3%，下降到2013年的30%。[71] 2007-2009年期間，歐盟自俄羅斯進口天然氣的下降比例快速，顯然受到2008年全球金融風暴的衝擊。

　　2030年以前，預估俄羅斯天然氣市場出口亞洲可以達到與出口歐盟同樣的水平。不過，俄羅斯與歐盟之間的天然氣關係仍然存在外部環境干擾的不確性因素，例如歐盟若參與對俄經濟制裁，比如歐盟如果減緩對俄投資將會導致雙方天然氣的供輸關係受到衝擊。俄羅斯需要長期穩定獲取歐盟天然氣需求的資訊，並且減少雙邊關係的不確定性因素。這些對於歐盟逐漸節能減碳和俄羅斯確認自己在歐盟市場的定位是相當重要的。唯有相互了解對

---

[71]　北京石油交易所，〈析烏克蘭危機對近期能源經濟的影響〉，《能源網》，2014年4月18日，<http://www.chinaero.com.cn/zxdt/ttxw/nyxw/2014/04/146145.shtml>。

方的能源長期發展策略，並且進行能源對話，才可以幫助雙方建立長期有效的能源合作。[72] 目前到2020年以前，歐盟的天然氣需求將會持續增長到每年7000億立方米的需求量，這需要俄羅斯提高對歐盟的輸出量，所以，俄羅斯的天然氣輸歐計畫勢必要如期落實，才能解決歐盟成長的需求量。未來歐盟天然氣進口多元化的國家包括：土庫曼、中國和伊朗，這些國家與俄羅斯在上海合作組織（SCO）內組成的能源俱樂部將控制全球的天然氣市場。囿於歐盟主要天然氣和石油進口國主要仰賴上合組織的成員國，未來歐盟要參與美國長期對俄羅斯的經濟制裁恐有一定的難度。[73]

3.俄石油市場的歐亞雙向發展

根據國際能源總署的預測，世界石油需求量在未來的20—25年間成長緩慢，大約平均成長的水平是0.6%。石油使用量同樣在經濟合作暨發展組織成員國家中會逐漸減少，未來俄羅斯的石油出口主要轉向亞太地區。儘管如此，俄羅斯和歐盟之間主要的石油供需關係目前仍遠高於亞太地區，歐盟在2010年從俄羅斯進口石油的份額達到34%。俄羅斯的石油和石油加工品大約占其總體對歐盟能源出口貿易的64%。歐盟主要兩大天然氣進口國是俄羅斯和挪威，分別都占了三成以上；石油進口國主要是俄羅斯和歐佩克，也都分別都占了三成以上。歐盟和俄羅斯的石油合

---

[72] Министерство Энергетики Российской Федерации, 「Дорожная Карта Энергетического Сотрудничества России и ЕС до 2050 года, 」, Март 2013, c.14.

[73] Рустам Танкаев, 「Россия, ЕС, Украина, Крым и Газовый Баланс в Мире, 」 Вести, Март 15, 2014, <http://www.vestifinance.ru/articles/40589>.

作主要體現在石油企業上，例如：歐盟對俄羅斯石油的探勘與生產感興趣；俄羅斯則主要是從事石油的加工和營銷，例如：俄羅斯石油公司（Роснефть）在石油加工方面和魯克油石油公司（ΛУКОЙΛ）在石油加工與營銷方面負責。[74]在歐盟國家當中德國對俄羅斯的能源依賴度最高（天然氣-36%，石油-39%）。[75]所以，德國將會是俄羅斯在俄美博弈中主要遊說的對象，這在2008年俄喬戰爭後德國總理默克爾是第一個站出來表態反對喬治亞加入北約最為鮮明。

俄羅斯石油出口大約在2010年是每天達到700萬桶，位居全球第二出口國，近六年是世界最大的石油生產國，每天生產達到99億2千萬桶。俄羅斯西西伯利亞基本上已經枯竭，要往北極地帶去開採石油，由於石油的開採會越來越困難，至2020年以前，俄羅斯的石油年生產量大約預測下降在5億1千萬噸—5億5千1百萬噸之間。因此，俄羅斯的能源出口也會多元化，未來到2030年以前，應該出口亞洲的比例會從目前的6%提高到22—25%。此間大約出口歐盟的比例會從2008年的35%降到2035年的29%，儘管如此，歐盟仍是俄羅斯石油的主要市場。也就是說，俄羅斯石油市場的穩定成長也是因為北非和中東政局的不穩定。歐盟的石油年使用量大約從6億6百萬到5億3千7百萬噸，大約下降11%左右。歐盟本身內部石油生產的減少也會促使依賴進口的比例從2005年

---

[74] Министерство Энергетики Российской Федерации,「Дорожная Карта Энергетического Сотрудничества России и ЕС до 2050 Года,」Март 2013, c.19.

[75] 「Germany's Russian energy dilemma,」 *DW*, March 9, 2014, <http://www.dw.de/germanys-russian-energy-dilemma/a-17529685>.

的 82% 升高到2030年的94%（幾乎完全依賴石油進口）。未來在節能減碳與替代能源的前景之下，石油的生產與需求量都會慢慢下降，由於歐盟逐漸完全仰賴石油進口，歐俄雙方在能源安全和技術合作轉型期間仍是非常有前景的。如何確保2050年以前石油運輸管道的安全並且採取替代能和有效利用能源都是俄歐雙方互惠互利的方向。[76]

4.烏克蘭危機阻撓歐俄能源整合

2008年1月，普京就連續訪問了保加利亞和塞爾維亞，近一步的擴大天然氣輸出歐洲和控制歐洲能源的戰略目標。[77]根據俄方擬定的南部天然氣管道（南溪）方案，該管道通過黑海海底部分，2015年底將每年計劃向歐洲輸送來自俄羅斯和中亞國家近300億立方米的天然氣。管道從俄羅斯的新羅西斯克穿越黑海海底鋪設到保加利亞瓦爾那後，再分為兩條支線，一條支線將經希臘通向意大利南部，另一條支線擬穿越羅馬尼亞、匈牙利和斯洛文尼亞後，在斯洛文尼亞再分支，分別通向意大利的北部和奧地利等西歐國家。[78] 2014年3月18日，俄羅斯就完成了克里米亞入

---

[76] Министерство энергетики Российской Федерации, 「Дорожная Карта Энергетического Сотрудничества России и ЕС до 2050 года,」, Март 2013, c.19-20. 註：1噸＝7.33桶；1桶＝42加侖

[77] 關健斌，〈普京卸任前開打「管道戰」俄羅斯用能源套牢歐洲〉，《中國青年報》，2008年2月1日，<http://big5.xinhuanet.com/gate/big5/news.xinhuanet.com/world/2008-02/01/content_7537501.htm>。

[78] 關健斌，〈普京卸任前開打「管道戰」俄羅斯用能源套牢歐洲〉，《中國青年報》，2008年2月1日，<http://big5.xinhuanet.com/gate/big5/news.xinhuanet.com/world/2008-02/01/content_7537501.htm>。

俄的法律程式，之後，俄羅斯便開始計畫在克里米亞的軍工產業、旅遊業和天然氣管道的鋪設計畫。俄羅斯《公報》4月14日消息，俄羅斯天然氣工業公司正在研究建設向克里米亞地區輸送天然氣管線專案。目前有二個備選方案，第一方案是從克拉斯諾達爾至塞瓦斯托波爾，全長400公里，年輸氣量100億立方米，預算10億美元；第二方案是從「南溪」管線的起點阿納帕至克里米亞，管線長度約100公里，預算2—3億美元。[79]

　　現在西方正在對俄進行經濟制裁，俄羅斯能源部長諾瓦科表示（Александр Новак），如果歐盟要停止從俄羅斯進口天然氣作為制裁的話，出售給歐盟天然氣的價格將從每千立方米380美元攀升到550美元。[80]俄羅斯今年輸通過烏克蘭輸送到歐盟約有700億立方米的天然氣，比2013年的861億立方米已有下降。[81]目前俄羅斯對於烏克蘭所引發的能源危機和軍事威脅的因應之道仍存在兩手策略：一方面，加速投資克里米亞，當前俄羅斯並不希望在尚未解決烏克蘭的國家方向問題之前，把烏克蘭推向歐盟的懷抱，烏克蘭作為俄羅斯主要天然氣過境管道，俄羅斯是希望烏克蘭未來成為歐亞聯盟的一員，以歐亞聯盟作為與歐盟整合的基礎，實現俄羅斯大歐洲的整合計畫目標；另一方面，對於拓展通

[79] 駐俄羅斯聯邦經商參處，〈俄天然氣工業公司研究修建克里米亞輸氣管線〉，2014年4月15日，<http://www.china5e.com/news/news-866540-1.html>。

[80] 「Новак: Газ в Европе Подорожает на 50% при Отказе от Поставок из России,」РИА Новости, April 3, 2014, <http://ria.ru/economy/20140403/1002427329.html>.

[81] 「Минэнерго Украины: Ситуация в Крыму не Повлияет на Транзит Газа из России в Европу, Телеканал ТВ Центр,」 Март 3, 2014, <http://www.tvc.ru/news/show/id/32985>.

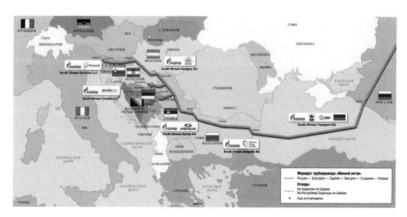

圖4　俄羅斯南溪管道路線圖

資料來源：俄羅斯今日媒體集團http://www.segodnya.ua/economics/enews/Rossiya-nachala-stroit-gazoprovod-v-obhod-Ukrainy.html

往歐盟國家的天然氣管道，俄羅斯可以在歐盟節能減碳的能源轉型過程中，持續增加與歐盟的依存度。烏克蘭有主要的俄羅斯過境管道，在俄羅斯新的天然氣管道尚未完工之前，烏克蘭加入歐盟將使俄羅斯遭到立即的經濟損失，俄羅斯須以空間換取時間。

　　克里米亞對於俄羅斯的地緣戰略需求以及保護黑海海域的戰略安全的重要性可以從三方面來看：

　　第一，俄羅斯將於2015年進行俄羅斯黑海艦隊現代化。俄羅斯的黑海艦隊早已需要更新換代，俄羅斯將加編六艘11356塔爾瓦級護衛艦進入黑海艦隊，另外還要加編六艘636基洛級的柴電動力潛艦，過去基輔一直反對這艘潛艦進駐黑海艦隊，如今克里米亞成為俄羅斯聯邦管轄區的範圍，俄羅斯立刻就順理成章可以提升黑海艦隊的戰鬥力了。塞瓦斯托波爾的海軍造船廠和修船

廠、刻赤海灣的造船廠以及替中國製造氣墊船的費奧多西海洋造船廠都將現代化。[82]

　　第二，2015年俄羅斯「南溪」[83]（南流）天然氣管道工程的營運。2012年底，普京宣布了俄羅斯「南溪」（南流）天然氣管道工程，主要是從俄羅斯的克羅斯諾達爾邊疆區經過黑海進入到歐盟（保加利亞─塞爾維亞─克羅地亞／波斯尼亞─斯洛文尼亞─義大利），預計2015年底開始營運，全長900公里，可以每年輸送630億立方米的天然氣，可以增加俄羅斯270億歐元的年收入。目前南溪管道受到西方經濟制裁之後俄羅斯決定先停擺。（見圖）[84]

　　第三，克里米亞政府第一副總理捷米爾加利耶夫表示，克里米亞是黑海盆地開採大陸架油氣田最大的地區之一。目前天然氣年開採量約為15億立方米。他強調，由于黑海大陸架的敖德薩（Odessa）和斯托爾默弗耶（Stormovoe）天然氣田投產，2013年開採量增加了40%。因為根據地質勘探資料，刻赤海峽地區分布著黑海地區最大的油氣田之一。[85]

---

[82] 維克多・李托夫金（Victor Litovkin），〈俄軍動態：俄將大幅提高黑海艦隊戰鬥力〉，《透視俄羅斯》，2014年5月2日。<http://big5.tsrus.cn/junshi/2014/05/05/33873.html>。

[83] 2014年12月，由於西方的經濟制裁，普京表示先暫停南溪管道。俄羅斯考慮在土耳其和希臘邊境建立一個天然氣轉机站。他還表示，土耳其是僅次於德國的俄羅斯天然氣第二大進口國，俄方承諾從2015年起對出口土耳其的天然氣價格給予6%的折扣，並將出口量增加30億立方米。

[84] 「Россия Начала Строить Газопровод в Обход Украины (Карты)，」Сегодня.ua., Декабрь 7, 2012, <http://www.segodnya.ua/economics/enews/Rossiya-nachala-stroit-gazoprovod-v-obhod-Ukrainy.html>.

[85] 〈克里米亞副總理稱收到俄氣有關開採大陸架的建議〉，《俄新網》，

三、歐盟與俄羅斯整合中的亞太角色

　　2008年金融危機之後，全球經濟都被迫調整。同年8月爆發的俄喬戰爭迫使俄羅斯軍事主義抬頭，烏克蘭可以說是俄美在歐洲競逐和博弈的最激烈戰場之一。由於當前美俄雙方都宣布重返亞洲，可以預見雙方在未來幾年最大利益衝突地點會是在亞太地區。中國的崛起與周邊國家的衝突日趨升高，華府的智庫例如Woodrow Wilson Center認為中國的軍事化等於是準備以戰爭奪取島嶼，這將改變美國在亞太地區的傳統勢力範圍。[86]美俄的博弈是反應在既合作又對抗上。2001年以後美國爆發九一一恐怖事件，美俄開始在打擊恐怖份子上進行合作，為了阿富汗的反恐戰爭，俄羅斯不反對美國租借中亞國家的軍事基地並且默許美國進入了俄羅斯傳統勢力範圍的中亞地區，但是中國卻如坐針氈。

　　中亞有上海組織成員國家之間的邊境安全和能源管道的經濟利益，這個區域合作的迫切性要大於衝突，美國撤出阿富汗之後的中亞需要上合組織去替補這裡戰略安全上的剩餘空間。朝鮮半島的危機不斷加深，在金正恩不斷成功試射飛彈與核彈測試成功之後，日韓均感軍力失衡，六方會談的架構與歐盟參與其中的協調仍然是解決該區衝突的可行性框架。隨著中國的崛起，中日東

2014年3月18日，<http://big5.rusnews.cn/eguoxinwen/eluosi_neizheng/20140318/44012199.html>。

[86] Woodrow Wilson Center, 「Strategic Asia: China's Military Challenge,」 Event, October 3, 2012, <http://www.wilsoncenter.org/event/strategic-asia-china%E2%80%99s-military-challenge >.

海爭議以及南海島嶼危機卻充滿許多的不確性因素。這樣一來，以俄羅斯在亞太的軍售和能源市場的布局來看，俄羅斯將是中國與其他周邊國家安全關係的重要協調角色。烏克蘭危機則決定了美國在歐洲的角色以及美國亞太在平衡的成效，中俄聯手在亞洲與美國的抗衡將使亞洲的權力平衡關係發生變化。兩岸關係如果是亞太地區不穩定因素之一，那麼，台灣如果成為強權解構換取和平妥協的籌碼，台灣內部恐會出現分裂危機，俄羅斯將在中美對台的角力中扮演關鍵角色。

　　這幾年隨著中俄戰略夥伴關係的強化，俄羅斯逐漸把外交戰略的眼光放到亞太地區，作為平衡西化政策的要素。從俄羅斯的能源和武器市場的前景來看，達到亞太利益與歐盟利益的均衡是未來俄羅斯十五年之內的發展戰略計畫目標。俄羅斯加強與中國的合作關係事實上有利於俄羅斯國際地位的增強。作者在莫斯科讀書的母校即有這樣的看法。若是從俄羅斯不斷受到美國戰略空間的壓縮以及受到美國製造的國際金融危機的影響來看，就可以理解俄羅斯和中國聯合建立多極體系的權力平衡概念和目的。俄羅斯外交部直屬的莫斯科國立國際關係大學（MGIMO-University）校長Anatoly Torkunov認為，超級強權的美國所構成的世界警察和單極體系模式不能給全球化和民主化帶來足夠的資源[87]。他認為中俄關係的穩定有助於建立更加公平、平衡和穩定的多極世界[88]。由於中俄是美國兩大債券國，全球金融危機使中俄感到

---

[87]　Анатолий Торкунов, Китай в Мировой Политике (Москва：МГИМО, 2001), c.5.
[88]　Ibid., c.11.

美國的經濟衝擊性，2008年的全球金融危機也促使中俄雙方找到了重建國際經濟新秩序的合作契機。

由於俄羅斯與中亞2015年1月1日正式啟動了歐亞（經濟）聯盟，這個區域整合的方向與習近平提出的絲綢之路經濟帶有許多相同之處。克里米亞危機之後，俄羅斯已經把能源出口轉向到鋪設中印俄能源管道的合作上來，俄羅斯也會增加兩三到三倍對中國能源的出口，[89]並且增加中俄軍事演習的區域範圍。由於美國與東南亞經濟整合圈已經逐漸形成擴大，俄羅斯和中國在沒有經濟整合主體的劣勢下並無法真正獲得經濟合作的主動權。中國還面臨東海與南海島嶼爭議的衝突問題。這些經濟和安全問題促使中俄會更加緊密合作。美國當前的外交政策是重返亞洲的再平衡政策，對中國的圍堵壓力並沒有緩解，儘管中國在烏克蘭危機初期與中期並沒有意識到俄羅斯對中的態度，等到烏克蘭危機逐漸轉向南海危機，中國就意識到中俄之間應該要同舟共濟。普京於2014年5月20日訪中，不但將與中國簽訂確保未來30年輸往中

---

[89] 1998-2008年期間，俄羅斯對中國的產品出口比例占全額出口的4-5%。到了2012年，對中國輸出的比例已經提升到俄羅斯總體對外產品輸出的9.9%。可以想像改善中俄關係可以給俄羅斯有多大的消費市場的前景。2012年，俄羅斯是中國原油進口的第三位國家（8.98%），僅次於沙烏地阿拉伯（19.89%）和安哥拉（14.81%）。俄羅斯在中國的能源前景還有在煤炭、電力與核電廠等等方面。中俄在安全方面的合作有助於能源貿易的提升。以2013年為例，俄羅斯出口到中國的主要產品項目：能源燃料（67%）、木材（7%）、有色金屬（5%）；俄羅斯從中國進口的主要產品項目：機械設備（40%）、衣服鞋帽等紡織品（10%）、化學製品（10%）。中俄能源貿易可參考俄羅斯經濟發展部的資料，其網址為：<http://www.ved.gov.ru/exportcountries/cn/cn_ru_relations/cn_ru_trade/>。

國700億立方米的天然氣計畫合約，還未出售中國先進武器進行定調。普京還要出席上海亞信第四次峰會，日本媒體稱，亞信峰會[90]由中國、俄羅斯及中亞國家組成，跟上海合作組織基本重合，指這是中俄連手打造的「沒有美國的亞洲安全系統」一部分。[91]5月20日—26日的2014中俄海上協作聯合軍演將使中俄未來處理東海爭議建立模式，這個模式也可能應用在台灣海峽與南海衝突區域。

　　同時觀看烏克蘭2004年的橙色革命以及2014年的政變，可以看出來美國對於烏克蘭反對派的長期支持。藉由烏克蘭危機，俄羅斯以空間換取時間是因應美國戰略壓縮的出路。除了發展歐盟的能源合作關係，按照俄羅斯能源發展戰略的規劃，2030年以前，歐盟與亞太的天然氣市場將達到相同的水平。因此，持續發展通往亞太的能源出口則是擴大俄羅斯的能源戰略效益刻不容緩的目標。2008年全球金融危機之後，普京的亞太政策就是以開發遠東地區的能源以及鋪設能源管道作為重返亞洲的基礎，這在2012年俄羅斯舉辦亞太經合會上可以看出。遠東地區作為俄羅斯落實歐亞橋梁的門戶，需要更多的投資來提升這個區域所需要的

[90] 根據中國前駐哈薩克大使姚培生的回憶，亞信是哈薩克總統納扎爾巴耶夫在1992年於第47屆聯合國大會上首倡的。由於當時哈薩克還是蘇聯解體後新獨立的國家，在國際、地區上影響力有限，因此一些國家對亞信能否辦成持懷疑態度。在這樣的背景下，哈方始終不遺餘力推動亞信，納扎爾巴耶夫利用各種場合唱響這一多邊安全合作平台。參見：<http://news.sina.com.cn/c/2014-05-19/140530168171.shtml>。

[91] 陳志芬，〈中俄兩軍將於東海聯合軍演配合普京訪華〉，《BBC中文網》，2014年5月19日。<http://www.bbc.co.uk/zhongwen/trad/china/2014/05/140519_china_russia_putin.shtml>。

一切基礎設施。此外，人力、技術和市場都是遠東地區與亞太整合的潛力要素。因此，未來遠東地區與亞太的依存度將越來越高。遠東的潛力在能源、航太、核電、交通、漁業等多方面體現出來，具有戰略上的安全和經濟價值。國內研究俄羅斯與歐盟的權威學者郭武平教授即認為，遠東地區的天然資源豐富並且具有聯繫歐亞板塊的陸上運輸道路，例如西伯利亞大鐵路，如果亞太各國都與俄羅斯發展了很好的經貿關係，也都從俄羅斯獲得穩定的能源供應並且紛紛進入遠東地區投資，那將來對台灣的影響就太大了，台灣應該要提早因應未來俄羅斯深入亞太地區之後的影響。[92]

烏克蘭危機突顯了俄羅斯的新危機，如何化危機為轉機也是俄羅斯當局的急切目標，總結俄羅斯的未來外交戰略方向為：第一，持續維持與歐盟整合的策略目標，按照俄歐雙方制定的2050年以前的能源策略路線圖持續在國際能源安全和綠色能源領域當中合作；第二，減少與美國在軍事上的挑釁所引發的國際輿論撻伐，全球的輿論話語權和金融權皆掌握在美國的手中，因此加速與德國的對話，減少美俄之間的軍事升高，以2008年俄喬戰爭為例，德國當時成為主要反對喬治亞加入北約的關鍵國家，阻止了喬治亞對俄羅斯的挑釁而造成歐洲的動盪；第三，強化俄中戰略夥伴關係，包括上海合作組織架構內軍事合作、能源合作、和金融合作的加強，增加俄中印三邊互動關係將可穩定俄羅斯與亞太

---

[92] 郭武平，〈台俄經貿關係發展現況與未來展望〉，<http://www.google.com.tw/url?sa=t&rct=j&q=&esrc=s&source=web&cd=5&cad>。

國家的主要關係。俄中印三邊關係主要會在金磚國家聯盟的架構下得到發展，也就是透過以俄中為主體的國際性組織，加強中俄未來在國際問題上合作的互賴程度，減少美國的戰略圍堵衝擊。此外，亞信峰會在歐亞經濟聯盟啟動之後，將提高哈薩克斯坦的國際地位與安全角色，可能成為中俄哈的合作將打造的歐亞板塊的新安全體系；第四，推動歐亞聯盟的發展，俄羅斯的大歐洲計畫實際上涵蓋了以歐亞聯盟和絲綢之路經濟帶的範圍，俄中雙邊共同的戰略方向都是同樣是以拉攏歐盟和中亞國家以排除美國在歐洲和中亞地區的影響力作為共同目標。能源[93]和武器將作為俄羅斯重反亞太的外交工具。

陸、結語：俄歐美地緣政治擴張衝突將移往亞太？

　　烏克蘭長期以來都是歐洲和俄羅斯之間的地緣屏障，所有來自於歐洲對俄羅斯的侵略都是經過烏克蘭與白俄羅斯而進入到俄羅斯境內的，如果烏克蘭本身不能發揮地緣上的樞紐角色及其穩定的作用，解構或是弱化烏克蘭的領土完整與權力結構就會成為列強割據的必然結果。

　　2015年5月22日，歐盟舉行東部夥伴關係峰會，6個國家獲得

---

[93]　俄羅斯人口僅占世界總人口的3%不到，自然資源卻是非常豐富：天然氣的儲量卻占世界總儲量的34%（130兆立方米），石油儲量占世界總儲量的13%（570億桶），煤炭儲量占世界總儲量的17%（1930億噸），2009年的電力供應量是9780億千瓦／小時，12萬條河川和2百萬個湖泊。直至2014年俄羅斯的能源輸出（礦產燃料、石油與石油製品）占對外貿易總體的67.89%，詳情亦參考俄羅斯能源部網站：<http://minenergo.gov.ru/china/history/>。

了歐盟有關援助和貿易的承諾。然而，歐盟的態度曖昧，烏克蘭等國「感到失望」。這是烏克蘭危機爆發以來舉行的首次歐盟東部夥伴關係峰會。透過此次峰會可以看出，許多歐盟成員國不願對抗俄羅斯，使得烏克蘭以及喬治亞和摩爾多瓦等夥伴國感到絲絲寒意。這些國家希望得到有關歐盟成員國身分的明確承諾，但最終峰會聲明無非是關於經濟合作和民主的空洞詞句，讓他們感到失望。法國總統奧朗德強調，需要與俄羅斯展開全球合作。「我們不能將東部夥伴關係變成又一場與俄羅斯的衝突，」他說道，「我相信歐盟和俄羅斯能夠開展放眼未來的討論。」2009年受邀組成歐盟「東部夥伴關係」的六個國家之間出現了明顯分化。烏克蘭、喬治亞和摩爾多瓦正叩打歐盟大門，亞美尼亞、亞塞拜然和白俄羅斯的態度則模棱兩可，而歐盟對這些國家也比較冷淡。此外，歐盟成員國之間的分歧也在加大。一些來自東歐的成員國希望歐盟對俄羅斯採取更強硬的態度，並向東歐鄰國打開大門。愛沙尼亞總理羅伊瓦斯稱，一旦這些鄰國滿足了歐盟的治理標準，加入歐盟就不應再有障礙。但歐洲西部國家納稅人對歐盟擴張的成本保持謹慎，尤其是對允許債臺高築的烏克蘭加入保持戒心，還有些國家領導人希望緩和與俄羅斯的緊張關係。[94]

　　蘇聯解體之後，兩極對抗的國際體系驟然瓦解，俄羅斯並沒有為解體後的國家發展方向做出準備，只是延襲戈巴契夫提出的「重組」和「新思維」兩個意識形態改革的概念，走向西化的

---

[94] 外媒：歐盟東部夥伴峰會　對東歐態度冷暖難辨，《中國網》，2015年5月26日，<http://big5.china.com.cn/gate/big5/news1.china.com.cn/live/2015-05/26/content_32868011.htm>。

改革道路。2000年普京以葉利欽交代他的一句話「保護俄羅斯」作為他執政的意識形態基礎，來整合俄羅斯內部激烈的意識形態鬥爭，這反應在九〇年代的府會鬥爭以及寡頭參政的現象當中。是故普京上台之後，首先打擊寡頭，把媒體和能源企業進行國有化重組，普京一手掌握輿論控制，另一手掌握下蛋金雞，開始他的強國之路。對外關係方面，隨著區域整合的趨勢不斷加強，普京開始對獨立國協國家和中國加強互動關係，這主要是以建立上海合作組織和金磚國家之間的聯盟為例。期間，國際油價保持高價，保持了俄羅斯經濟平穩運轉，也為俄羅斯因應西方經濟制裁做好的準備。

　　為了與歐盟推動的東方夥伴關係的地緣擴張計畫相競爭，同時為避免受到歐亞區域的孤立，俄羅斯開始逐步落實歐亞經濟聯盟計畫。歐亞經濟聯盟主要以歐盟模式為參照目標，其特點在於首先建立獨立國協內部經濟一體化的空間，以建立俄羅斯為主導的單一共同市場，作為歐亞大陸的經濟橋樑，其中擴大能源和武器市場作為俄羅斯重返亞洲的兩大外交工具和收入來源。目前，烏克蘭危機的關鍵不在於俄烏之間身分認同的危機，而是西方要挑起這樣認同的意識形態差異來建立親西的政權，使烏克蘭成為美國阻撓俄羅斯推動歐亞經濟聯盟和重返亞太的絆腳石。由此看來，俄美在烏克蘭的博弈是雙方重返亞太地區博弈的前哨戰場。烏克蘭危機導致俄美解構烏克蘭成為必然的結果，因為動盪的烏克蘭會影響俄羅斯和歐盟整合的速度，分裂的烏克蘭也可以說符合俄美雙方基本利益的底線。為避免俄烏發生戰爭並且避免因烏克蘭內部發生內戰而迫使俄羅斯軍事介入，恐是俄羅斯當前與歐

盟整合的最棘手問題。但俄羅斯和中國的合作項目轉分散了俄羅斯處理烏克蘭危機的經濟困境，給俄羅斯制定經濟戰略提供了經濟保障；同樣地，俄羅斯提供中國最先進武器以及共同進行軍事科技暨太空的研究計畫，保障了中國的國防力量。俄中在軍事合作和經貿互賴的國家合作計畫下，也為雙邊其他領域的合作奠定了基礎且提供了國家保障，最重要的是向世界發出了重要訊息。

一、俄羅斯克里米亞戰略優勢成為定局

烏克蘭為何成為強權利益競逐之地？首先，克里米亞半島具有戰略安全的價值，自古以來一直是兵家必爭之地，掌握該地等於掌握了進入俄羅斯的通道，因此，俄羅斯在國防上需要將黑海艦隊長期駐守在塞凡堡，現在將克里米亞併入版圖之後，俄羅斯不需要再受制於烏克蘭駐軍合約的牽制。此外，克里米亞的軍工產業多年處於虧損狀態，收復該地之後俄羅斯立刻會投資當地的軍工產業，主要是那些黑海艦隊所需要的海空維修工廠。這些都保障了俄羅斯與歐盟維持最低限度緊張關係的安全防禦條件。

其次，克里米亞半島具有黑海最豐富的油氣田大陸架，就位於亞速海，現在俄羅斯掌握了油氣田的主動開發權，目前俄羅斯計畫鋪設南溪天然氣管道經過黑海通往中南歐國家，南溪工程因為西方經濟制裁延宕，俄羅斯主動把轉運站的優惠提供給土耳其與希臘，保持了土耳其作為俄羅斯第二大歐洲能源輸出國的地位。確定了俄羅斯與土耳其關係，等於穩定了與高加索區域國家之間共同的經貿圈關係。未來不論南溪工程重啟或是土耳其轉運站都將取代過境烏克蘭作為主要通往歐盟的天然氣運輸管道路徑。

　　再者，克里米亞是聯繫俄羅斯與歐洲的交通要道，刻赤海峽聯繫了亞速海和黑海，刻赤半島與俄羅斯大陸的塔曼半島之間僅有4.5-11公里的距離，刻赤大橋建成之後將聯繫俄羅斯與克里米亞貨物進出口，軍隊也可以直接透過刻赤大橋進入克里米亞。這裡是俄羅斯和中國落實歐亞橋梁的重要貨物通道。西方本來希望藉由控制烏克蘭親美派來遏止俄羅斯的大歐洲整合計畫，現在烏克蘭的危機使得俄羅斯必須先下手奪下克里米亞，其影響就是克里米亞公投入俄的聯邦化模式成為了烏克蘭東部獨立運動的參考模式。然而，俄美對於烏克蘭內部分裂的角力將可能近一步惡化烏克蘭內部的局勢，使其可能走向內戰衝突的邊緣。俄羅斯要避免重蹈俄喬戰爭的覆轍。

　　烏克蘭危機不能減緩俄羅斯與德國、法國、英國等傳統歐洲大國的經濟互賴關係。甚者，歐盟的安全角色也不能脫離俄羅斯的支持。歐俄之間在能源安全與供應方面具有實質的整合基礎。尤其未來歐盟逐漸邁向節能減碳的低碳國家，雙方在核能發電的安全領域合作以及研發新的國際熱核聚變實驗堆都是前景的合作項目，目前雙方在電力、天然氣和石油供需關係上相互依存度高。歐盟是俄羅斯主要的貿易夥伴，歐盟也是俄羅斯最大的投資者，而俄羅斯是歐盟第三大貿易夥伴，僅次於美國和中國。目前歐盟的石油和天然氣最大的進口國家就是俄羅斯，占三成以上的進口比例，以德國依賴俄羅斯能源的進口供應比例最高，因此，德國是俄羅斯主要遊說的國家，也是俄羅斯分化美國與歐盟關係的主要拉攏對象。德國在烏克蘭是否成為北約或是歐盟成員國的態度上具有關鍵性的決定作用，以2008年俄喬戰爭為例，因為德

國的反對使得喬治亞無法成為北約的正式會員國家。

二、俄羅斯持續加強國際輿論攻防戰

對於俄美展開國際輿論宣傳戰，俄羅斯外交部長拉夫羅夫認為，西方正在操控全球閱聽眾對於烏克蘭事件的解讀概念。在俄美軍事力量勢均力敵的情況下，軟實力（柔性權力）是俄美博弈的主要戰場。俄美兩國由於各自的國家利益衝突在對烏克蘭危機中爆發，雙方意見劍拔弩張，主要透過媒體進行國際輿論戰向對方人民施加心理戰，以求達到中國古籍《孫子兵法》中所描述的「不戰而屈人之兵」的效果。俄羅斯多數智庫單位認為不能把自己陷入反美或是孤立當中，因為能夠掌握國際事務報導的新聞記者在俄羅斯仍然缺乏，智庫與媒體之間的合作也是近幾年才形成。事實上，俄羅斯國際新聞所面臨的問題就是俄羅斯國際地位的問題，蘇聯解體之後，俄羅斯在國際媒體的新聞報導中幾乎都是負面形象的為主，俄羅斯的記者也會感到挫折，這與俄羅斯媒體轉型與轉型後的定位發展有關。2008年的俄喬戰爭使得俄羅斯政府意識到俄羅斯國際宣傳的薄弱，因此，建立官方智庫和強化媒體的國際宣傳成為了俄羅斯重塑國際形象和爭奪國際輿論話語權的重要工作。

隨著媒體逐漸走向娛樂化和市場化的趨勢，普京上任之後主要因應媒體市場化的趨勢並且強化了俄羅斯媒體文化的導向，大量的記者專才投身到媒體，積極開發俄羅斯的教育文化產業，使本土的文藝市場與文創產業能夠重新成為俄羅斯市場的主流。2000年以後，全俄羅斯國家電視與廣播集團公司作為俄最大的官

方媒體集團開始重組，國家電視與電台是普京控制媒體與推動媒體國家化的代表，是以提升俄羅斯文化認同和佔據本土產業為目標，近年來主要發展媒體的聯邦預算都是投入在基礎設施的現代化和數位化傳輸上；另一方面，少量的國際記者最後進入了黨和政府的高層，這樣的結果，如何使具有國際事務專才背景的人才持續投入到國家媒體仍是俄羅斯當前的挑戰。觀看普京這三年以來的執政表現，尤其在捍衛俄羅斯國家利益和處理國際危機方面的具體成就非常顯著，再加上俄羅斯國內經濟成長穩定使得普京可以成功掌握俄羅斯境內的輿情。

隨著當代國際整合的趨勢發展：從現實主義和自由主義的爭辯中走向現在的整合主義的道路。一方面，新的國際關係理論不但重視國家權力傳統在軍事與安全領域中的作用以及在國際關係中的權力平衡關係，也就是新現實主義強調的硬實力的提升對於國家在國際政治地位上的作用，認為國家之間呈現的結構關係成為國家穩定與平衡的要素；另一方面，七〇年代之後興起的新自由主義，也關注作為經濟和文化要素的國家軟實力。兩者理論之間的整合就形成了「新自由制度主義」，強調國際建制對於國際無秩序狀態所發揮的對話與溝通的機制功能，這以歐盟為最佳典範。歐盟從結束二戰之後，就是以建立一個和平的歐洲開始做起，從經濟的整合到現在的政治整合，七十年的整合過程使歐盟已經成為全球安全領域中最重要的協調者之一。俄羅斯在歐盟整合過程中的角色正是需要在全球安全領域當中發揮出來的。

在全球化的發展過程中，我們看到了國際趨勢的區域整合發展以及外交上結合硬實力和軟實力的整合作用。在烏克蘭危機的

過程中，俄美之間所引發的衝突首先是在國際輿論戰和金融戰的較量上，這是軟實力的對抗，目前美俄雙方還沒有進入軍事戰爭的意願，也就是雙方在硬實力都很堅強的情況下，軍事對抗只能兩敗俱傷。從冷戰到冷戰體系瓦解之後，美國戰勝蘇聯和俄羅斯的就是在經濟領域當中的制裁以及在文化領域當中的意識形態宣傳。俄羅斯必須小心應對，方能使烏克蘭危機的衝擊降到最低。目前俄羅斯內部的意識形態呈現比較穩定的狀態，對於亞太地區的戰略發展主要是平衡俄羅斯孤立主義和自由主義的出口。一方面，俄羅斯不能陷入與美國和歐盟國家的直接對立當中，另一方面，俄羅斯透過國際建構的機制（SCO & BRICS），欲將擴大與亞太地區國家多邊和雙邊關係的發展。

三、新遠東戰略是俄羅斯渡難關後盾

胡逢瑛撰文指出，[95]俄羅斯總統普京在迎接2015年的新年賀詞中提到：「在未來的一年當中擺在我們面前的任務並不少，未來一年會是怎麼樣的一年將完全取決於我們當中的每一個人是如何進行有效率的、創造性的且成果性的努力而完成的。除此別無他法。我們必須要執行與落實既定的所有目標——為了自己，為了我們的孩子，也是為了俄羅斯。」顯然，2014年3月克里米亞的脫烏入俄事件被視為俄羅斯歷史上的重大事件，成為了普京在該年底國情咨文中的開場主題。在歷史上克里米亞象徵了俄歐在

---

[95] 胡逢瑛，〈新遠東戰略是俄渡難關後盾〉，《國際金融報》－人民網，2015年1月12日，<http://paper.people.com.cn/gjjrb/html/2015-01/12/content_1519768.htm>。

歐洲格局上的勢均力敵，因此普京才會要大家凝聚共識、共體時艱，為了克里米亞回歸俄羅斯領土的付出代價必須是由全民共同承擔，故普京未來一年仍將不斷呼籲全國民眾一起承受西方經濟制裁與國際能源價格下跌所帶來的經濟衝擊，為俄羅斯經濟結構轉型與國內區域發展平衡共同做出努力。由此觀之，收復克里米亞成為了普京重返克里姆林宮執政的最大歷史功績，普京的支持度也攀升至近九成的歷史高峰。

俄羅斯在2012年符拉迪沃斯托克舉行了亞太經合會之後，奠定了俄羅斯遠東在亞太經濟圈中的地位，擴大與亞太國家的自然資源貿易合作成為具有潛力的投資方向。西伯利亞在歷史上一直扮演著俄羅斯的寶藏和避難所的角色，但是長期以來都是脫離於俄羅斯歐洲經濟圈之外，成為流放犯人的化外之地，只有發生危難時俄羅斯高層才會想起它的好處。這次俄羅斯在克里米亞事件後的國際環境變化中，西伯利亞暨遠東又將是俄羅斯渡過難關的後盾。除了解決與西方的僵局，雙頭鷹向東俯瞰亞太地區是2015年的必然選擇。在太平洋安全領域中，中俄2014年進行的海上協作聯合軍演已經將海域範圍擴展到東海之內，過去兩次的演習範圍主要是在中國黃海與俄羅斯日本海域的彼得大帝灣內進行，中國的海上絲路經濟仰賴東海與南海的海上安全。東海區域範圍之內的安全可以保護雙邊歐亞戰略的實施。預期未來的亞太安全將成為中俄印崛起的新體系，與美日安保聯盟產生抗衡，上海合作組織的強化勢在必行。

2014年12月30日，普京總統在聽取俄羅斯自然資源與生態部部長東斯科伊的年度總結報告時指出，俄羅斯當前必須積極落實

生態技術的更新，相關產業環保設備的現代化已經刻不容緩，其對於生態保護和經濟發展相當重要，東斯科伊對此表示跨部門的協調工作已經順利開展，並且鎖定了俄羅斯主要160家高污染的企業，監督並且協助其進行環保設備的全面現代化，使其符合環境保護的嚴格標準，預計2019年以前將全部完成更新目標。主要被列入提高環保標準的黑名單包括：克拉斯諾雅爾斯克的諾里爾斯克鎳公司、克拉斯諾雅爾斯克的有色冶金企業以及車裡亞賓斯克的馬格尼托戈爾斯克冶金聯合企業等在內的大型國營企業，未來將被嚴格要求必須建立大規模的淨化結構體系。事實上，中俄雙邊近十年已經就黑龍江與松花江流域的各種災害防治、緊急應變措施以及跨境的水質監測、自然生態區域內生物多樣性的保護進行定期每年高層的互訪與會晤工作，旨在確保發展邊境能源與礦業加工產業的同時，加強環保的意識與措施以保護自然生態免於持續擴大污染，這對於中俄雙邊加強在綠色科技的技術投資方向提供了具有潛在廣大的美好前景。

四、俄羅斯與歐盟和中國合作可有效反恐

　　胡逢瑛同時撰文指出，[96]聯合軍演，彼此的軍事演習行動逐漸增多並且融合度也在增高，這種趨勢不容忽略，或許，我們可以稱之為一種准軍事聯盟的關係。中俄不結盟政策仍具有反恐與地緣雙重安全的務實與彈性作用1月7日，巴黎《查理週刊》辦公

---

[96] 胡逢瑛，〈中俄合作可有效反恐〉，《國際金融報》－人民網，2015年1月19日，<http://paper.people.com.cn/gjjrb/html/2015-01/19/content_1521811.htm>。

室發生恐怖攻擊事件，1月11日，來自全球的44位國家首腦與法國總統奧朗德一起手挽手，邁出遊行第一步。這觸及了歐盟最關鍵的核心價值之一：恐怖主義的威脅。歌德大學世界國際研究學會（WISC）執行書記的Hellmann教授歸納出歐盟外交政策優先的國家地區以及歐盟睦鄰政策關心的四項核心利益與認同價值觀的威脅：難民、恐怖主義、屠殺、武力領土擴張。巴黎恐怖事件被歐盟視為目前最大的安全危機，觸及的是恐怖主義。歐盟執行的外交政策是一種結合睦鄰政策、安全行動、歐盟模式和經濟制裁的外交。後三者都是包括進入到睦鄰外交政策裡面的要素，後兩者被認為是歐盟的軟實力典範與外交工具。

第一，睦鄰政策。歐盟把東歐、中亞、中東與非洲部分國家視為睦鄰政策的重點，主要從地緣的接近性與區域安全作為考慮。Hellmann教授認為過去20年歐盟把俄羅斯視為睦鄰政策成功與否最關鍵的合作夥伴。

第二，安全角色：歐盟越來越把自己視為一個國際安全的重要行為者，歐盟成員國之間如何達成國防政策的共識作為統一的對外政策成為執委會的重點工作。德國作為第二次世界大戰的侵略者，現在重新崛起成為歐盟的共主，對於美國和俄羅斯而言都是挑戰，所以德國更希望把自己的國防與安全政策包裝進入到外交機制當中。

第三，歐盟模式。Hellmann教授把歐盟整合與擴張的過程稱為一種軟實力，他認為歐盟的模式被俄羅斯視為一種挑戰或是威脅。俄羅斯的歐亞經濟聯盟顯然是仿效歐盟模式，烏克蘭與歐盟自貿區把烏克蘭分解了，俄羅斯要取消給烏克蘭所有的優惠政

策，道德層面上，歐盟一定非常尷尬。所以在經濟制裁的立場上之所以目前還沒有鬆動，恐怕道德層面是主要原因。

第四，經濟制裁：結合安全與歐盟模式的軟實力來看，Hellmann教授認為歐盟近20年來的經濟制裁扮演著越來越重要的外交作用，他舉例說，對俄羅斯的經濟制裁會產生作用是因為歐盟占俄羅斯主要對外貿易的一半，而俄羅斯僅占歐盟對外貿易的1/3，歐盟認為克里米亞事件是挑戰了歐盟核心價值其中反對以武力進行軍領土擴張這一項而進行經濟制裁的。歐盟與美國在對俄經濟制裁立場的一致性提高了北約的作用，也刺激歐盟成員國提高軍事費用的支出。但歐盟恐會為打擊恐怖主義和俄羅斯進行艱難的和解溝通。

美國加州大學聖地牙哥分校特聘教授David Lake在比較冷戰時期美蘇之間的聯盟特點時認為，美式安全聯盟更像是一種武器買賣關係，而武器買賣下的安全關係使得聯盟之間不會被要求承擔過多的協防費用，由各國之間自己決定花費，但同時也意味著不保證決定安全的權責關係，而是從經濟與道德層面來維繫彼此之間的安全領域；蘇式安全聯盟更像是行政管理關係，各國投入的軍事費用比例過高，可想而知，蘇聯作為管理階層的領導，投入的軍事費用也會過高，在這種情形之下，聯盟的經濟容易被過高僵硬的軍事費用所拖垮，只是為了穩定某種威攝與脅迫的作用。

換言之，目前中俄之間在武器買賣關係上也決定了彼此在聯盟理論中的關係程度，一方面，彼此根據安全需求提高武器合約，另一方面，彼此沒有附屬關係，可以根據自己的財政來決定

軍售的額度，類似美式聯盟，中俄之間簽署了一份協防條約，但是條約並沒有要求承擔共同協防的權屬責任，只是建議共謀對策，因此，中俄之間還稱不上是正式聯盟關係。2001年7月16日俄中簽署為期20年且自動延長5年的《俄中睦鄰友好合作條約》第九條規定：如出現締約一方認為會威脅和平、破壞和平或涉及其安全利益和針對締約一方的侵略威脅的情況，締約雙方為消除所出現的威脅，將立即進行接觸和磋商。中俄的軍事合作程度儘管還沒有上升到美式聯盟的程度，更不具有蘇式聯盟的關係，但是中俄之間在上海合作組織的架構下，每年會定期進行陸上反恐軍事演習，再加上從2012年以來，也開始進行海上聯合軍演，彼此的軍事演習行動逐漸增多並且融合度也在增高，這種趨勢不容忽略，或許，我們可以稱之為一種准軍事聯盟的關係。中俄不結盟政策仍具有反恐與地緣雙重安全的務實與彈性作用。

五、俄中區域整合有利於亞太和平穩定

　　依照國際能源總署的預測，未來能源需求的成長市場主要在非經濟暨合作組織的成員國家，也就是主要是在亞太地區的印度和中國，因此，俄印中的三角戰略聯盟關係是俄羅斯重返亞太的軸心關係。印度、越南、中國是俄羅斯三大亞太武器輸出市場，中國要主動加強與俄羅斯的軍事關係成為必然方向，否則中國將難以解決中越之間在南海的衝突問題。同樣的邏輯也符合兩岸之間的台海局勢的變化，俄羅斯將是影響決定中國出兵與否的最關鍵國家。

　　烏克蘭危機的作用及其影響在於引爆了俄美歐中四極強權的

區域爭奪戰：在歐洲部分，俄美進行激烈的博弈戰，尤其反映在
國際媒體的輿論宣傳和美國對俄羅斯進行的金融制裁方面，歐盟
則是俄羅斯和美國同時拉攏的對象，克里米亞公投「脫烏入俄」
應是俄羅斯在這場烏克蘭危機中的停損點；亞太部分，由於美國
執行重返亞洲再平衡政策，使得中國在東海與南海的島嶼爭議問
題趨於白熱化，俄羅斯角色成為關鍵；歐亞部分，哈薩克斯坦角
色日漸重要，尤其俄羅斯和中國都是以歐亞橋樑作為未來經濟發
展的範圍，歐亞經濟聯盟的建立將強化俄羅斯與哈薩斯斯坦的經
濟同盟關係，中國更無法與俄羅斯在中亞競爭，整個烏克蘭的局
勢和南海衝突的加劇都使得中國更加向俄羅斯靠攏。也難怪中國
會特別重視今年普京的訪問以及在上海舉行的亞信峰會，中國將
試圖尋求亞信成員國作為抗衡美國的後盾，亞信峰會將更偏向建
立亞太地區的新安全體系。俄羅斯若從烏克蘭危機中脫身，將使
得中美俄之間在亞太地區的博弈關係更為激烈。

　　美國似乎在歐巴馬連任之後，更加偏向於解決內政問題，
重新將中亞的軍力部署到亞太地區，使得美國幾乎喪失在中亞地
區和俄羅斯的競爭關係。高加索地區的部署也因為德國反對喬治
亞加入北約而告終止，現在烏克蘭危機又使得北約喪失控制黑海
的機會。但是美國在亞太的傳統勢力範圍似乎最能緩解美國在國
際事務當中與俄羅斯博弈的受阻困境，尤其筆者於2012年9月—
2013年2月訪問華府期間，剛好目睹歐巴馬總統競選連任並且當
選總統，在智庫見到了日本和越南駐華府的大使館人員與媒體特
派記者所做的公關工作，普遍針對中國軍事化的問題凝聚共識。
中國當然不希望與美國發生軍事衝突，但是中國如何因應周邊國

家在東海與南海的奪島行動，任何的突發狀況都可能逼迫中國動用武力，因此，中國格外需要俄羅斯的軍事支持，這將促使中國主動提升中俄軍事關係的層級。屆時台海的軍事力量將會持續失衡，台灣的處境將會隨著內部對於國家發展方向的分歧而非常危急。美國正強化與亞太國家之間的聯盟關係，台灣將唯恐在中俄準軍事同盟和美國聯盟之間成為安全漏洞，應該在亞太逐漸軍事衝突白熱化過程中提早採取因應之道。如果兩岸之間缺發談判條件，那麼兩岸關係的最短距離仍然在於北京和華府之間。而俄中領導的上海合作組織與金磚國家雖非正式聯盟關係，但是對於發揮亞太經濟整合的互補性和軍事安全的防衛能力，將對周邊國家產生深遠的影響。

　　烏克蘭危機成為俄羅斯將美國排出在歐洲之外的最激烈戰場；對於美國而言，烏克蘭是最好阻撓俄羅斯進入亞太的絆腳石。克里米亞的軍工產業是中國、印度和巴基斯坦軍工產品來源的源頭，俄羅斯現在一下子等於控制了亞太的軍火市場並且提高了在亞洲的安全角色，難怪俄羅斯佔據克里米亞之後會讓美國氣得動作頻繁，持續不間斷的國際輿論戰撻伐、一波又一波的經濟制裁名單、空中海上的軍事演習，以及大量的資金進入烏克蘭進行援助。俄中雙邊於2015年5月在黑海的海上聯合軍演如同向北約東擴展現了海上軍事防禦能力。俄美在烏克蘭的博弈應當反映的是美國利益衝突最集中的地方，重點不在於烏克蘭本身，而在於俄羅斯的舉措強化了中國對於俄羅斯整體的軍事依賴關係，也讓中國認識到將來亞太的局勢以及如何做出回應。同樣的觀點在斯德哥爾摩中心也表達出來，該中心認為烏克蘭走向北約將斷送

中國的武器來源，中國還不如支持俄羅斯，並且與俄羅斯簽署俄中軍事政治協議，將使雙方的軍事關係成為準同盟關係。未來只有俄中聯手在亞太與美國抗衡，才會對美國重返亞太構成極大的壓力。換個角度來說，只有俄中制衡力量的產生，亞太的穩定與和平才有希望。一切將透過大國談判來決定區域的局勢，這將可以避免了美日聯盟下可能出現日本、越南、菲律賓或是其他國家冒進的危險行為。看來，現在只有俄中建立一種準同盟的軍事關係才能因應美國在南海的戰略布局。相信藉由俄羅斯和中國不斷加深俄中聯合軍事演習和經濟整合的訊息傳播，可以讓西方世界清楚接受到清晰的訊息且避免做出錯誤的判斷。

隨著烏克蘭和敘利亞分裂成為俄美博弈的停損點，美國重返亞太政策將加劇中美博弈，這是否帶來軍事的衝突？但這必將帶來俄羅斯的亞太角色，屆時，強化俄中關係是必然的趨勢，離間俄中的關係仍是美國不會改變的策略。因此俄美博弈，中國不能隔岸觀火，需強化國際參與和扮演實際協調角色，提高國際地位仍是避免陷入孤立的唯一出路。

參考文獻

中文部分

專書

吳志成、劉豐、劉佳譯，Chris Brown & Kirsten Ainley著，《理解國際關係》（第三版）（Understanding International Relations, Palgrave and Macmillan），（北京：中央編譯出版社，2010年）。

胡逢瑛、吳非的《蘇俄新聞史論》（台北：秀威資訊出版公司，2006年）。

袁鶴齡、宋義宏、梁書寧，《國際關係的基礎》，（台北：韋伯出版社，2006年）。

馮玉軍、徐向梅譯，Цыганков А.П., Цыганков П.А.著，《當代俄羅斯國際關係學》（Российская Наука Международных Отношений: Новые Направления）（北京：北京大學出版社，2008年）。

期刊論文

包宗和，〈台海兩岸互動之和平機制〉，《遠景季刊》，第1卷第1期，2000年1月，頁1-17。

吳玉山，〈非自願的樞紐　美國在華盛頓─台北─北京之間的地位〉，《政治科學論叢》，第12期，2000年6月，頁197。

宋學文、楊昊，〈整合理論研究之趨勢與應用：東南亞區域安全的分析〉，《政治科學論叢》，第28期，2006年6月，頁39-47。

網際網路

2008/2/1。關健斌，〈普京卸任前開打「管道戰」俄羅斯用能源套牢歐洲〉，《中國青年報》，2008年2月1日，
<http://big5.xinhuanet.com/gate/big5/news.xinhuanet.com/world/2008-02/01/content_7537501.htm>。

2014/3/12。劉冠廷，〈吳玉山：台灣與烏克蘭有相似性〉，《中國評論新聞網》，<http://hk.crntt.com/doc/1030/6/7/6/103067609.html?coluid=217&kindid=0&docid=103067609&mdate=0312002302>。

2014/3/18。〈克里米亞副總理稱收到俄氣有關開採大陸架的建議〉，《俄新網》，<http://big5.rusnews.cn/eguoxinwen/eluosi_neizheng/20140318/44012199.html>。

2014/4/8。北京石油交易所，〈淺析烏克蘭危機對近期能源經濟的影響〉，《能源網》，<http://www.chinaero.com.cn/zxdt/ttxw/nyxw/2014/04/146145.shtml>。

2014/4/8。吳非、胡逢瑛，〈對克里米亞危機的國際輿情分析報告〉，《人民論壇‧學術前沿》，2014年3月上，<http://www.rmlt.com.cn/2014/0408/254808.shtml>。

2014/4/15。駐俄羅斯聯邦經商參處，〈俄天然氣工業公司研究修建克里米亞輸氣管線〉，<http://www.china5e.com/news/news-866540-1.html>。

2014/4/17。〈俄民眾愛國情緒爆發　普京支持率接近歷史峰值〉，《參考消息》，<http://world.cankaoxiaoxi.com/2014/0417/376826.shtml>。

2014/4/22。〈普京責成在2018年前建成刻赤海峽大橋〉，《俄新網》，<http://big5.rusnews.cn/eguoxinwen/eluosi_neizheng/20140422/44043961.html>。

2014/5/2。李托夫金（Victor Litovkin），〈俄軍動態：俄將大幅提高黑海艦隊戰鬥力〉，《透視俄羅斯》，http://big5.tsrus.cn/junshi/2014/05/05/33873.html>。

2014/5/14。〈俄外長：莫斯科不打算向烏克蘭東部派遣部隊〉，《俄新網》，<http://big5.rusnews.cn/eguoxinwen/eluosi_duiwai/20140514/44063215.html>。

2014/5/14。〈俄專家：應幽默對待美公布的烏邊境似有俄軍部署圖片〉，《俄新網》，<http://big5.rusnews.cn/eguoxinwen/eluosi_anquan/20140514/44063090.html>。

2014/5/19。陳志芬，〈中俄兩軍將於東海聯合軍演配合普京訪華〉，《BBC中文網》，<http://www.bbc.co.uk/zhongwen/trad/china/2014/05/140519_china_russia_putin.shtml >。

2015/1/12。胡逢瑛，〈新遠東戰略是俄渡難關後盾〉，《國際金融報》－人民網，<http://paper.people.com.cn/gjjrb/html/2015-01-12/content_1519768.htm>。

2015/1/19。胡逢瑛，〈中俄合作可有效反恐〉，《國際金融報》－人民網，<http://paper.people.com.cn/gjjrb/html/2015-01-19/content_1521811.htm>。

2015/5/26。〈外媒：歐盟東部夥伴峰會　對東歐態度冷暖難辨〉，《中國網》，
<http://big5.china.com.cn/gate/big5/news1.china.com.cn/live/2015-05-26/content_32868011.htm>。

2015/8/31。吳非，〈俄羅斯發展「互聯網+」是新出路〉，《國際金融報》－人民網，< http://paper.people.com.cn/gjjrb/html/2015-08-31/content_1604526.htm>。

周作姍，〈區域經濟整合的理論分析〉，<http://www.google.com.tw/url?sa=t&rct=j&q=&esrc=s&source=web&cd=1&cad=rja&uact=8&ved=0CDIQFjAA&url=http%3A%2F%2Fnccur.lib.nccu.edu.tw%2Fbitstream%2F140.119%2F33847%2F8%2F98102308.pdf&ei=evJRU8SuM8XjkgWfqYCYCQ&usg=AFQjCNHtzvS7N2StZITxHmYyBTYgPDM7Ww&sig2=roD1BFEynB56vvcpoztMtQ>。

郭武平，〈台俄經貿關係發展現況與未來展望〉，<http://www.google.
com.tw/url?sa=t&rct=j&q=&esrc=s&source=web&cd=5&cad>。

英文部分

網際網路

2012/10/3. Woodrow Wilson Center,「Strategic Asia: China's Military
Challenge,」Event, <http://www.wilsoncenter.org/event/strategic-asia-
china%E2%80%99s-military-challenge >.

2013/8/10. Natalia Burlinova,「The Kremlin's Favorite Buzzword Is Still 'Soft
Power',」*Russia Direct*, August 10, 2013, <http://www.russia-direct.org/
content/kremlin%E2%80%99s-favorite-buzzword-still-soft-power>.

2013/10/24. Yury Dubinin,「The Art of Diplomacy,」*RIAC*, <http://
russiancouncil.ru/en/inner/?id_4=2566#top>.

2014/2/6. Igor Rozin,「Professionalism, Bias and Information Wars in
International Journalism,」*Russia Direct*, <http://www.russia-direct.
org/content/professionalism-bias-and-information-wars-international-
journalism>.

2014/3/6. Pavel Koshkin & Ksenia Smertina,「Russian Soft Power Still Has
Some Hard Edges,」*Russian Direct*, <http://www.russia-direct.org/content/
russian-soft-power-still-has-some-hard-edges>.

2014/3/9.「Germany's Russian Energy Dilemma,」*DW*, <http://www.dw.de/
germanys-russian-energy-dilemma/a-17529685>.

2014/3/18. Dominic Basulto,「The West Has Run out of Ways to Talk about
Russia,」*Russia Direct*, <http://www.russia-direct.org/content/west-has-
run-out-ways-talk-about-russia>.

2014/4/15. Graham Westbrook,「Russia Watchers Try to Predict the Next

Crimea, 」 *Russia Direct*, <http://www.russia-direct.org/content/russia-watchers-try-predict-next-crimea>.

2014/4/17. Pavel Sharikov, 「Leaks: A game-Changer in Shaping Russia's Image over Ukraine's Crisis, 」 *Russia Direct*, <http://www.russia-direct.org/content/leaks-game-changer-shaping-russias-image-over-ukraine-crisis>.

2014/4/24. Pavel Koshkin, 「The Ukrainian Crisis Could Lead to Another Russian 'Brain Drain', 」 *Russia Direct*, April 24, 2014, <http://www.russia-direct.org/content/ukrainian-crisis-could-lead-another-russian-brain-drain>.

2014/4/28. Vladimir Kabeev, 「Russian Foreign Minister Lavrov Accuses West of Anti-Russian Propaganda, 」 *Russia direct*, <http://www.russia-direct.org/content/russian-foreign-minister-lavrov-accuses-west-anti-russian-propaganda>.

2014/4/30. PIR Center, 「The Chief of Staff of the Russian Presidential Executive Office Congratulates, 」 *PIR Center*, <http://www.pircenter.org/en/news/6619-the-chief-of-staff-of-the-russian-presidential-executive-office-congratulates-pir-center>.

European Commission, 「EU-27 Imports from Russia, 」 <http://epp.eurostat.ec.europa.eu/statistics_explained/index.php/File:EU-27_imports_from_Russia,_1995%3D100.PNG>.

European Commission, 「Trade with Russia, 」 <http://ec.europa.eu/trade/policy/countries-and-regions/countries/russia/>.

European Commission, 「Statistics, 」 <http://trade.ec.europa.eu/doclib/html/122530.htm>.

European Commission, 「Russia-EU - Basic Statistical Indicators, 」 *Eurostat*, <http://epp.eurostat.ec.europa.eu/statistics_explained/index.php/Russia-EU_-_basic_statistical_indicators>.

European Union , 「The History of the European Union, 」 <http://europa.eu/about-eu/eu-history/index_en.htm>.

The Council of the European Union, 「Independent International Fact-Finding Mission on the Conflict in Georgia,」 *a Report to the Council of the European Union* , Volume I, 2009, <http://news.bbc.co.uk/1/shared/bsp/hi/pdfs/30_09_09_iiffmgc_report.pdf>.

俄文部分

專書

Анатолий Торкунов, Китай в Мировой Политике (Москва: МГИМО, 2001).

Мария ван дер Хевен & Фатих Бирол, 「Перспективы Мировой Энергетики,」 (доклад МЭА, 2011), с. 69.

Свен Хирдман, Роль России в Европе (Москва: Центр Карнеги, 2006).

網際網路

2000/5/7. 「Выступление на Церемонии Вступления в Должность Президента России,」 <http://archive.kremlin.ru/appears/2000/05/07/0002_type633 74type82634type122346_28700.shtml>.

2012/9/4. Сервер Садыков, 「Структура Внешней Торговли Украины,」 Авдет, <http://www.avdet.org/node/6614>.

2012/12/7. 「Россия Начала Строить Газопровод в Обход Украины (Карты),」 Сегодня.*ua*., <http://www.segodnya.ua/economics/enews/Rossiya-nachala-stroit-gazoprovod-v-obhod-Ukrainy.html>.

2014/3/3. 「Минэнерго Украины: Ситуация в Крыму не Повлияет на Транзит Газа из России в Европу,」 Телеканал ТВ Центр, <http://www.tvc.ru/news/show/id/32985>.

2014/3/5. Мария Бабенко, 「Крым и Украина.Экономические Последствия Разрыва Отношений,」 Информационное Агентство ЛIГАБізнесIнформ,

<http://finance.liga.net/economics/2014/3/5/articles/37664.htm>.

2014/3/13. 「Рейтинг Владимира Путина Достиг Максимума, 」 *Izvestiya*, <http://izvestia.ru/news/567397>.

2014/3/15. Рустам Танкаев, 「Россия, ЕС, Украина, Крым и Газовый Баланс в Мире, 」 Вести, <http://www.vestifinance.ru/articles/40589>.

2014/3/19. 「Крым Выставит «Черноморнефтегаз» на Продажу, 」 Пронедра, < http://pronedra.ru/oil/2014/03/19/krym-chernomornefegaz/ >.

2014/3/20. 「Spiegel: Новый Альянс России и Китая Изменит Соотношение Сил в Мире, 」 *Russia Today*, <http://russian.rt.com/inotv/2014-03-20/ Spiegel-Novij-alyans-Rossii-i>.

2014/3/23. 「Будет ли Раздел Украины? 」, Вопросик, <http://voprosik.net/ budet-li-razdel-ukrainy/>.

2014/4/3. 「Новак: Газ в Европе Подорожает на 50% при Отказе от Поставок из России, 」 РИА Новости, <http://ria.ru/economy/20140403/1002427329. html>.

Дмитрий Головенкин, 「Торговые Отношения между Россией и Европейским Союзом в Контексте Европейских Интеграционных Процессов , 」 (Диссертация, Всерос. Акад. Внешней Торговли , Москва, Россия, 2009), <http://www.dslib.net/economika-mira/torgovye-otnoshenija-mezhdu-rossiej-i-evropejskim-sojuzom-v-kontekste-evropejskih.html>.

Министерство Энергетики Российской Федерации , 「Дорожная Карта Сотрудничества России и ЕС в Сфере Энергетики до 2050 г, 」 <http:// minenergo.gov.ru/co-operation/russia_eu/road_map/>.

「Экономика Украины. Состояние Украинской Экономики, 」 *www.ereport.ru* - Мировая Экономика и Мировые Рынки. <http://www.ereport.ru/articles/ weconomy/ukraine.htm>.

Министерство Энергетики Российской Федерации, 「Дорожная Карта Сотрудничества России и ЕС в Сфере Энергетики до 2050 г. 」 , <http://

minenergo.gov.ru/co-operation/russia_eu/road_map/>.

Министкерство Экономического Развития Российской Федерации,「Российско-Китайское Торгово-Экономическое Сотрудничество,」<http://www.ved.gov.ru/exportcountries/cn/cn_ru_relations/cn_ru_trade/>。

Министерство Энегетики Российской Федерации, Энергодиалог Россия-Китай, <http://minenergo.gov.ru/china/history/>.

Представительство Европейского Союза в России,「Цифры и Факты,」<http://eeas.europa.eu/delegations/russia/eu_russia/trade_relation/facts_figures/index_ru.htm>.

Татьяна Романова,「Энергетические Связи России и Евросоюза: Проблемы и Перспективы,」Аналитика РСМД, <http://russiancouncil.ru/inner/?id_4=1492#top>.

Федеральное Агентство по Печати и Массовым Коммуникациям,「Телевидение в России. Состояние, Тенденции и Перспективы Развития,」Отраслевой Доклад, УДК 654.197 (470) ББК 76.032 Т31, <http://www.fapmc.ru/rospechat/activities/reports/2013/tv_in_Russia.html>.

Russia's Role in the Process of Europe's Integration: Implications from the Ukraine Crisis

Hu Feng-Yung

Ph.D of MGIMO University of the Russian Federation,

Postdoctoral researcher of Communication and State Governance Center,

Fudan University

Assistant Professor, College of General Studies,

Yuan Ze University

Abstract

After Ukraine launched out ideological crisis between pro-western and pro-Russian groups, the political chaos led to the coup and elevated the separatism situation into the edge of civil war, which might damage the process of integration between EU and Russia, both of which are seeking for more comprehensive cooperation in the future, especially in the area of energy and security of nuclear power. Crimea is the crucial transport hub for integrating Russia and EU and plays the role of Russia's security portal against NATO's expansion toward the east. Ukrainian event reflects that the tendency of the power fighting will stretch from Europe to the Asian-Pacific Region, where the United States are implementing their policy of Rebalancing toward Asia for protecting their traditional political sphere after the Second World War and Russia regards APR as the most potential market for its economic growth. With the rising of China, the balance of power of the United States in this region is challenged by China, which has very controversial relationships with Japan and Vietnam because of the disputed islands ownership in East China Sea and South China Sea. The author attempts to elaborate the competition among Russia, China and the United States, trying to explain why their relationships will be more and more intensive in APR, finding that Ukraine is only the frontier and the bridgehead for their power expansion. This paper is analyzed by the author from four aspects: firstly, finding the reasons of why Ukraine becomes the most concentrated area for these above mentioned powers to contest, secondly, international information war and media propaganda are processed by the powers fighting for their opinions market in order to influence the world audience for standing in their sides and moving situation toward the direction beneficial for their interests; thirdly, both EU and Russia are seeking ways for closer cooperation and removing uncertain elements blocking this process of integration, precondition of which is the peace in this region; fourthly, with the enhance of the potential of Asian economic contribution to the world, APR will be the most region which is full of concentrated interests conflicts, and where not only all the actors but also the key powers are fighting for the leadership. Taiwan should be aware of the threat of security hole under being isolated.

Keywords: Ukraine crisis, Crimea, Russia-EU integration, China-Russian strategic partnership, US-Russia Game competition

第五章　俄羅斯與北約邁入「關係正常化」對於亞太安全暨經濟的影響（2016年展望）：從俄羅斯國際輿論戰與「轉向亞洲」戰略觀之[1]

胡逢瑛

莫斯科國立國際關係大學博士

復旦大學傳播與國家治理研究中心博士後研究

元智大學助理教授

摘　要

　　自蘇聯解體之後，北大西洋公約組織展開了東擴的兩個步驟：第一，吸收前華沙公約組織的成員國（1999年，波蘭、匈牙利、捷克；2004年，拉脫維亞、立陶宛、愛沙尼亞、保加利亞、斯洛伐克、斯洛文尼亞、羅馬尼亞；2008年，阿爾巴尼亞、克羅地亞），北約東擴使得北約範圍的界線推到前蘇聯地區地緣的邊界；第二，透過「和平夥伴計畫」，與前蘇聯國家簽訂雙邊的軍事合作計畫，透過軍事協商、提供預算、人道救援、控制武器擴散以及組建共同武裝力量的各種合作，使前蘇聯國家慢慢融入到

---

[1] 本文刊登於亞太和平基金會之《亞太評論》季刊，在本書略有增修。特此感謝陳一新教授的鼓勵與建議。

北約的軍事體系當中，最終目的當然是以吸納成為北約成員國為
目標。波羅的海三小國與東歐國家控制波羅的海，扼住了俄羅斯
通往歐洲的北面通道，這裡有俄羅斯的北海艦隊駐軍；烏克蘭、
喬治亞、亞塞拜然則是控制黑海環高加索地區，扼住俄羅斯通往
中南歐的海上通道，克里米亞駐有俄羅斯的黑海艦隊；中亞五國
（哈薩克、烏茲別克、土庫曼、塔吉克、吉爾吉斯）環繞裡海，
則是控制俄羅斯通往中亞、中東和南亞的通道。北約東擴的範圍
直達俄羅斯邊界，這種對於俄羅斯的地緣圍堵，被俄羅斯莫斯
科國立國際關係大學教授波加圖羅夫（Алексей Богатуров）稱為
「北約透過『蠶食戰略』這些前蘇聯國家及其勢力範圍並且使其
扮演『蟒蛇繞頸』的地位」。[2]

　　2016年初，世界局勢出現了變化，包括美國與俄羅斯以及北
約與俄羅斯關係是否正走向「正常化」以及關係「正常化」對於
亞太安全局勢的影響是什麼？目前西方與俄羅斯的關係處於所謂
的「新冷戰」導致俄羅斯內部經濟結構快速轉型，這又會給中俄
關係帶來怎樣的影響？中俄關係的緊密性對於中美避免衝突是否
具有遏止的作用？如果中美關係是「鬥而不破」是否意味海峽兩
岸關係也是處於某種「冷和平」低溫但不破的狀態？那麼，未來
亞太安全對於地區經濟發展的影響又為何？本文試圖從俄羅斯與
北約之間的博弈包括在意識形態領域的國際輿論宣傳戰、中俄合
作以及俄羅斯「轉向亞洲」的安全暨經濟戰略意涵，來探討俄羅

---

[2]　"Политика НАТО на территории постсоветских стран," *МГИМО:военно-политических исследований (ЦВПИ)*, <http://eurasian-defence.ru/?q=node/32546>.

斯如何化解烏克蘭危機之後國際孤立的困境以及在中美關係持續
緊張之際透過中俄合作的深化以期推進俄羅斯自身在亞太地區發
揮積極的安全協調角色和經濟促進作用。

關鍵詞：北約東擴、國際輿論戰、轉向亞洲、中俄關係、亞太安全

壹、前言：北約東擴遇到了瓶頸嗎？

　　俄羅斯常駐北約代表亞歷山大・格魯什科（Александр Грушко）接受俄羅斯第一經濟大報《生意人報》採訪時表示，俄羅斯-北約理事會會議（заседание Совета Россия—НАТО）在2016年4月20日舉行是一種情境下會議，不期待俄羅斯與北約關係有突破性的改變，自烏克蘭危機之後，北約成員國在2014年4月即決定終止與俄羅斯的一切對話合作，這使得關於鞏固阿富汗安全問題、國際反恐以及清除加里寧格勒過期彈藥等等安全議題完全中斷，北約認定「俄羅斯在烏克蘭有侵略行徑」的決議成為了「團結歐洲大西洋」的緊箍咒。北約秘書長延斯・斯托爾騰貝格（Йенс Столтенберг）認為，俄羅斯在沒有完成落實《明斯克決議》之前北約不可能恢復與俄羅斯的正常關係。俄羅斯擔憂的仍是北約圍堵俄羅斯政策給歐洲整體安全帶來的不穩定因素，俄歐關係的惡化使得雙邊所有安全議程與共同行動的凍結而導致歐洲處在更大的安全漏洞當中。因此，此次俄羅斯－北約理事會會議討論實際的內容仍有助於營造關係恢復且邁向「正常化」的情境。[3]

---

[3]　Елена Черненко, "Совет Россия—НАТО соберется впервые с обострения украинского кризиса," Коммерсантъ, 9 апреля 2016, <http://www.kommersant.ru/Doc/2960851>.

一、「反俄」、「反恐」或是「反中」？

　　對於北約與俄羅斯的關係總是充斥著紛亂的意見，這種紛亂的意見來自於西方內部對於自身經濟與安全困境的反應以及美國總統選舉競選活動中所帶來美國外交定位的爭論：「反俄」、「反恐」或是「反中」優先順序目標的爭論。隨著敘利亞局勢自美俄支持停火協議下的轉機以及國際反恐聲浪的高漲，國際局勢對峙的僵化以及中俄的崛起都使得亞太安全與經濟趨勢將產生結構性的轉變。2016年3月31日，在美國華府舉行的核安全高峰會議也因為俄羅斯的缺席蒙上陰影：一方面，普京避開與歐巴馬對於波羅申科指控俄羅斯核威脅烏克蘭的政治化議題的直接交鋒，顯示了俄羅斯將要與美國的新政府打交道；另一方面，中美在朝鮮半島與南海主權爭議的交鋒也成為核峰會的另一焦點。共和黨總統候選人川普曾表示北約已經過時，並強調現在外交任務應是「反恐」。俄美關係「正常化」將對世局和亞太產生影響，其中就是美國是否會將外部敵人定位在中國，而造成亞太局勢的安全動盪。

　　據此，美國總統大選也至少反映當前兩大困境：首先是中俄關係的持續加強對美的挑戰，2016年6月，普京總統也將訪問中國，中俄關係在全面戰略協作夥伴的架構下使得美國重返亞太的「再平衡」政策同時與中俄兩大強權為敵極為不利；其次是歐盟安全的困境與美國安全利益的衝突，歐盟發生伊斯蘭國多起的恐怖攻擊事件顯示歐洲情報的弱化，美歐安全的合作重點卻在北約東擴以及對於俄羅斯戰略空間的壓縮，然而，北約東擴顯然已

經在烏克蘭分裂之後達到極限，因為《明斯克決議》的執行是在基輔當局和頓巴斯本身之間的談判，不在於俄羅斯，俄羅斯的角色與西方一樣都是處在協調與監督的位置上，不是參與衝突的一方，這使得西方的孤立戰略與經濟制裁前提逐漸在俄羅斯的國際輿論宣傳戰當中失去正當性並且在歐盟內部出現了分化立場。美國與北約成員國自身在國際反恐與北約東擴之間的方向上在對面與俄羅斯和解的問題上出現了自身安全的困境和矛盾。

二、俄羅斯不會陷入北約的衝突邏輯當中

俄羅斯方面的說法是：「俄羅斯不會讓自己陷入與北約史無前例的對抗當中」。俄羅斯猶太裔商人傑米揚‧庫德里亞夫采夫（Демьян Кудрявцев）所持有的自由經濟日報《聲明報》刊登報導「拉夫羅夫：莫斯科充分考量與華盛頓恢復關係」（Лавров: Москва рассчитывает на восстановление отношений с Вашингтоном），俄羅斯外交部長拉夫羅夫（Сергей Лавров）認為，自冷戰結束之後，北約對俄羅斯進行史無前例的軍事挑釁，不斷對俄羅斯進行軍事與政治的圍堵，這裡面始終伴隨著「妖魔化」俄羅斯的國際輿論宣傳戰，其目的在於「為北約尋找繼續存在的理由」。[4]

拉夫羅夫表示俄羅斯不會與西方陷入衝突而導致惡化國際秩序的困境中，尋求恢復關係仍是俄羅斯外交努力的目標。拉夫

---

[4] Наталья Райбман, "Лавров: Москва рассчитывает на восстановление отношений с Вашингтоном," Ведомости, 15 апреля 2016, <http://www.vedomosti.ru/politics/articles/2016/04/14/637677-lavrov-vosstanovlenie-vashingtonom>.

羅夫認為，美國國務卿凱瑞3月下旬訪問莫斯科就是希望促進美俄關係的「正常化」，美國方面爭取俄羅斯的支持也是意識到孤立俄羅斯無利於解決當前國際急迫性的問題，包括國際反恐等等一系列的國際危機。俄羅斯仍強調俄美關係「正常化」仍需建立在「相互尊重與利益平衡」的基礎上。拉夫羅夫認為，俄羅斯並沒有把解除西方經濟制裁當作議題或是請求西方解除經濟制裁，然而，西方一直強調俄羅斯要執行《明斯克決議》才能解除西方的經濟制裁，但是俄羅斯並非烏克蘭內戰的衝突一方，何來俄羅斯需要執行《明斯克決議》的說法？這也顯示西方對於基輔當局的承諾已經「無力兌現」，而「只能將矛頭指向俄羅斯」的困境。[5]

　　從烏克蘭危機爆發之後的國際局勢發展至今看來，俄羅斯目前和北約的博弈採取的是「鬥而不破」的較量，主要就是國際輿論戰。對此，美國方面亦深感威脅。俄羅斯意識形態激進報紙《觀點報》刊登了一篇「美國『飛鷹』降落巴爾幹」（Американский «ястреб» приземлился на Балканах）為題的文章，指稱美國年輕參議員克里斯多佛爾‧墨菲（Кристофер Мерфи）發表了要「把俄羅斯完全逐出巴爾幹半島」的激進言論，他認為俄羅斯對美國利益造成主要的威脅來自於俄羅斯意識形態輿論的威脅和影響，其中特別是俄羅斯國家多媒體新聞社Russia Today的國際輿論宣傳。[6]

---

[5]　同上。

[6]　Евгений Крутиков, "Американский «ястреб» приземлился на Балканах," *Взгляд*, 2 февраля 2015, <http://vz.ru/politics/2015/2/2/727511.html>.

貳、「鬥而不破」的國際輿論宣傳戰

事實上，官僚結構的不作為在許多國家都存在。官僚結構的不作為主要原因在於兩點：第一，國家領導者本身對於訊息掌握和民意取向的缺乏認識；第二，對於官僚貪污以及利益分配不均的無力處理。

首先，俄羅斯普京總統本身是情報體系出身，對於情報掌握是非常熟悉，但是與情報的機密性不同，掌握民意是需要公開出來讓民眾有直觀的感受，普京與民眾的直接對談以及總統親自出席各式論壇直接參與討論，這些總統的親力親為都有助於和民眾之間建立信任感受的長期培養，甚至包括普京在全球民眾當中的形象建立，包括美國《福布斯》雜誌以及西方民調機構都有進行關於全球最有影響力領導排名調查，普京在烏克蘭危機之後全球民意支持度居然達到頂點，這與西方國家對於俄羅斯的經濟制裁和媒體輿論撻伐使其孤立到極點成為「兩極現象」（孤立＝國際影響力：越孤立造成反制力越大／形象≠國家利益：形象好壞是以西方利益為標準／輿論＝國家安全：失去國際話語權則造成內部輿論崩解）。因此，探討這種「兩極現象」仍有其現實的意涵。

其次，蘇聯解體之後，在私有化與自由化政策下，俄羅斯的最重要國家資源包括能源和媒體都落入到私人財閥的手中，形成了所謂的「金融工業集團的媒體寡頭政治」，其對於俄羅斯政府權威性和廉潔性造成極大損害。例如，美國可以有憶萬富翁與

家族參選並擔任總統，美國沒有因此成為貪腐政治的代名詞，但
是俄羅斯不具有這樣的國情傳統，西方就會以「雙重標準」來扭
曲俄羅斯政治，好像俄羅斯不能存在有錢人或是私營企業。實際
上，俄羅斯是要鼓勵創新的企業，屬於蘇聯時期原有的公共事業
則不能藉由不正義的手段取得，這不但影響政府稅收，更影響民
眾的觀感。所以，普京上任之後進行了媒體與能源企業「回歸國
家化」的一段艱辛的鬥爭，關於蘇聯新聞體制與蘇後俄羅斯媒體
回歸國家化進程與寡頭政治，這段歷程筆者已有許多分析。[7]

一、國際宣傳戰仍有助於減少誤判

　　筆者與廣州暨南大學新聞傳播學院教授吳非在研究俄羅斯
「傳媒外交」的過程中發現，如今媒體仍然是捍衛國家利益與對
外宣揚本國價值觀的主要意識形態工具。傳播學者重視傳播媒體
的影響力，而政治學者重視如何運用傳播媒體影響力來達到捍衛
國家利益與政府決策的目標，二者之間的互動關係成為爭取民意
的指標。過去本國是媒體在階級鬥爭中的場域，現在國際社會則
成為媒體捍衛國家利益的新場域。強大的全球媒體網路是在「資
訊不平衡」的國際體中生存發展的重要手段。全球資訊戰已成為
挑戰「國家主權界線」的現代化「非傳統戰略安全」戰爭。[8]

　　也就是，國際輿論的多元化在取得「輿論平衡」的同時，可

---

[7]　胡逢瑛、吳非，《蘇俄新聞傳播史論》，（台北:秀威資訊，2006年）。

[8]　吳非、胡逢瑛，〈"今日俄羅斯"展示出傳媒外交新的發展方向〉，
　　《觀點中國─中國網》，2015年8月13日，<http://big5.china.com.cn/gate/
　　big5/opinion.china.com.cn/opinion_9_135409.html>.

以減少各國誤判帶來的軍事衝突或是利益損害，這有助於國際安全的維護以及國際共同經濟成長。國際的參與者需要有自己的宣傳機器，爭取自己的話語權與發表自己的觀點，這是每個國家都刻不容緩的任務。從後現代主義對於國際關係的影響看來，國際參與者需要有更多的非政府組織（NGO）進入協調機制，需要有柔性宣傳的手段來傳達不同階層的聲音，反對單一強勢的官方宣傳。因此，俄羅斯的國際宣傳正是對國際輿論單一西方觀點的平衡與反制。西方認為俄羅斯的媒體是由政府控制不利於多元觀點的建立，其實這正是西方自己在國際社會中的「媒體霸權」之寫照。

俄羅斯需要掌握自己國家發展的速度和問題，故不能按照西方的標準在作業。事實上，俄羅斯閱讀量最大的報紙幾乎都是掌握在私營者手中或是屬於公私合營的商業媒體，只是在普京總統的「國家安全戰略概念」中，認為電視媒體應該是需要以「國家資本」為主，以保障全國基礎設施的建立以及報導傳達以建構全國性同一空間的完成。俄羅斯國土幅員遼闊並且民族眾多，私營電視台根本沒有足夠的資本以及人才可以完全承擔全俄羅斯訊息「空間一體化」的任務，在西方強勢冷戰宣傳的傳統之下，俄羅斯無法讓西方資本成為俄羅斯媒體的主要控股者，只能限縮在百分之二十的條件下保障俄羅斯國家暨新聞安全，故私營電視台在俄羅斯不適合成為主流媒體，但可以限縮在娛樂性的架構下來發展。

事實上，如果只有一方的強勢宣傳對於彼此進行磋商並不完全有利，因為那會引起相當多的傲慢所帶來的形勢誤判，其結果

可能只有利於美國一方，並不利於其他國家地區與俄羅斯之間的
關係發展，造成國際體系的嚴重失衡。蘇後美國單極主義（球員
兼裁判）所帶來的區域衝突、顏色革命、毒品暨武器擴散以及國
際恐怖主義猖獗都是明顯的實證。這顯示國際體系快速的變化在
於美國不能完全考量其他國家所需要的資源及其利益，這需要更
多的國際角色進入到談判的過程當中，而考量各方利益是需要建
立在長期互動以及平等對談的基礎上，這不是短期可以立即明顯
生效的，因此，為了使俄羅斯具有影響國際局勢並且掌握談判的
資本，俄羅斯需要建立國際有利的輿論環境，以提昇國際合作所
帶來經濟成長所需要的「軟實力」資源。

二、俄羅斯國際宣傳特點

　　俄羅斯國際輿論宣傳特點至少有二：首先，借助Russia Today
對於國內外媒體報導進行輿論引導，為此提供大量的多國語言的
訊息，爭取國內外輿論的支持，特別是爭取國內民意的支持，凝
聚團結共識且簡少分歧的爭論給俄羅斯國家發展帶來的內鬥內
耗，並且以時間換取空間，進一步落實「進口替代」政策以完成
俄羅斯產業結構的轉型以及現代化基礎設施的建設；第二，解釋
俄羅斯政府政策，明確俄羅斯安全戰略方向，減少國際對俄羅斯
的誤判，以期持續爭取國際的合作以及保持與俄羅斯之間平等健
康的對話。

　　《孫子兵法》早就已經指出「謀攻為上、攻城為下」、
「不戰而達屈人之兵」以及「令民與上意同」的觀點，戰爭總是
鈍兵折銳使百姓不堪其苦的最下策結果，以損人利己所帶來的軍

事衝突不能為自己國家帶來長久的利益，儘管暫時可以把痛苦轉嫁給他國，但是對於整體環境的破壞是弊多於利的。所以才會有美國知名學者奈伊提出的「軟實力」（soft power）的公共外交（public diplomacy）觀點，以柔性的手段達到目的，這是國家長期從事對外安全非常重要的手段，不但減少戰爭帶來「零和遊戲」的損害，更是可以增加國際影響力所帶來的好處，「減少誤判」是「軟實力」發揮國際安全作用的重要目標。俄羅斯「軟實力」作為「公共外交」的核心，成為幫助俄羅斯建立國際共識的手段。[9]國際安全環境是國家發展的外部條件，因為國家不可能在安全受到威脅的基礎上獲得發展的，不但國內老百姓缺乏安全感，就連國外的資本也不敢長期投入，只能進行短期的剝削，這等於變相鼓勵本國企業的出走以及外國資本的投機。

三、輿論宣傳仍有助於中央政策推動

　　俄羅斯總統普京於2016年4月7日在聖彼得堡參加媒體論壇，針對日前西方媒體公佈的巴拿馬檔指稱所謂的「離岸資金」做出回應，由俄羅斯資訊電視頻道 "俄羅斯-24" 全程直播。普京總統說：西方媒體將他的照片放在顯著版面的位置上並且後面放著一些不知道是甚麼人的照片，給人的印象就是他與他們這些人都與此事有關，然後找了一些總統的友人指稱他們涉嫌不法所得並且得到總統的支持。普京說：「唯一的事實」就是俄羅斯音樂家

9　吳非、胡逢瑛，〈俄羅斯羅公共外交與文化軟實力戰略〉，《人民論壇－學術前沿》期刊，2015年12月下，第24期，頁44-52。

謝爾蓋・羅杜金（Сергей Ролдугин）是他的好友，普京認為以自己的努力並且為俄羅斯的文化做出貢獻的人，其所獲得的所得是值得鼓勵的，並且他以自己有這樣的朋友感到為榮。普京還說：我們的夥伴們都習慣壟斷國際舞臺，什麼都不想顧忌。 但是，敘利亞最近發生的事件表明，俄羅斯不僅有能力解決自己近處的事情，也能解決遠離邊境的事情。 我們的經濟變得更加獨立，更加自給自足，俄羅斯武裝力量成倍地增長。然而，俄羅斯人民的團結一致令夥伴們感到不安，他們想讓「內部動搖」。[10]由此觀之，普京需要對於任何可能動搖俄羅斯內部輿論支持的新聞做出迅速回應，這也是普京擅長運用媒體進行意識形態形塑以及危機處理的公共外交的方式方法（危機處理能力＝民意支持度）。

　　輿論戰比起真正的軍事戰具有以「最少的成本，換取最大的國際影響力」的功能。俄羅斯的輿論戰略思維也是：減少內部輿論爭論帶來的內耗，但是這絕對不是簡單的輿論箝制，而是輿論宣傳戰。輿論箝制是使老百姓感受到壓迫而有苦不能伸冤，輿論宣傳戰則是要讓民眾知道國家處境的危機意識，例如：俄羅斯總統普京上任之後每年都舉行三到四個鐘頭的「總統連線」（與弗拉基米爾・普京直接連線／Прямая линия с Владимиром Путиным）[11]，由中央媒體（第一頻道、俄羅斯1頻道、俄羅斯

---

[10] "Владимир Путин прокомментировал публикацию так называемого «Панамского досье»," *Первый канал*, 10 апреля 2016, <https://www.1tv.ru/news/2016/04/10/300095-vladimir_putin_prokommentiroval_publikatsiyu_tak_nazyvaemogo_panamskogo_dosie>.

[11] "Прямая линия с Владимиром Путиным," *Администрация Президента России*, 14 апреля 2016, <http://kremlin.ru/events/president/news/51716>.

24頻道、燈塔廣播台、消息FM和俄羅斯廣播電台）進行現場直播，4月14日「總統連線」之前，俄羅斯的中央電信公司已經累積了一百萬餘通的電話，由俄羅斯資訊頻道整理歸納再向總統提出，現場還有出席個各界代表提問，也設有屏幕顯示網民留言與提問，普京看到也會回答。這是代表總統積極作為的優勢。「總統連線」是需要耐力信心和體民所苦的一種綜合能力的展現。

　　俄羅斯的輿論宣傳工作目的在於：減少中央政府對於地方的鞭長莫及所帶來的「政策鴻溝」與「監督不力」政令無法下達或是無效執行的缺陷，透過民眾反映問題給總統實際上卻是直接給地方官員進行輿論的施壓，而達到中央推動地方建設的督促作用，因為普京的民意支持度非常高，民眾對普京總統已經建立起長期以來的信任關係，民眾知道總統會支持地方建設以及任何民眾所關心的問題，這是一種總統與民眾站在一起監督各階層官僚與權力結構的輿論宣傳體制。這不是西方宣傳的「普京崇拜」那麼簡化的問題，俄羅斯監控是在情報信息這個領域，專門對付恐怖份子的，不是在新聞媒體這個領域，兩者共同點就是的情報和輿情都在普京的掌握之中，這也註定俄羅斯的總統並定是要能夠處理國家安全的總統。在俄羅斯值得一提的就是媒體是政府的傳播神經，但不是眼線，它是強調訊息無障礙的溝通而不是單向訊息強制壓迫的「魔彈理論」，因此，了解當前俄羅斯的意識形態輿論宣傳機制特點也有助於了解俄羅斯政府決策的模式和思維。筆者自製普京媒體公關示意圖如下：

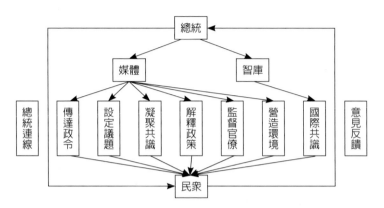

圖1　俄羅斯公共外交與國際輿論宣傳結構示意圖

俄羅斯媒體使用概況（2016年2月排名）

表1　前五位最常引用的新聞社

№	移位	媒體	引文索引
1	0	塔斯社（ТАСС）	12 694,58
2	0	俄新社（РИА Новости）	11 194,24
3	0	國際文傳社（Интерфакс）	7 780,34
4	+1	藍巴勒新聞服務社（Rambler News Service）	419,46
5	-1	普萊姆經濟新聞社（ПРАЙМ）	408,26

表2　前十位最經常引用的報紙

№	移位	媒體	引文索引
1	0	《生意人報》（КоммерсантЪ）	2 950,05
2	0	《聲明報》（Ведомости）	2 249,62
3	0	《消息報》（Известия）	1 249,49
4	0	《俄羅斯報》（Российская газета）	1 185,85
5	+1	《莫斯科共青團報》（Московский комсомолец）	361,34
6	-1	《先鋒真理報》（Комсомольская правда）	283,85
7	0	《新報》（Новая газета）	180,23

8	+1	《論據與事實報》（Аргументы и факты）	89,32
9	+1	《羅斯商業諮詢報》（Газета РБК）	74,85
10	-2	《獨立報》（Независимая газета）	69,93

表3　前八位最常引用的廣播電台

№	移位	媒體	引文索引
1	0	俄羅斯新聞服務電台（Русская служба новостей）	973,63
2	+1	莫斯科說話電台（Говорит Москва）	397,41
3	-1	莫斯科回聲電台（Эхо Москвы）	199,73
4	0	自由之聲廣播電台（Радио Свобода）	79,66
5	0	生意人FM電台（Коммерсантъ FM）	67,20
6	new	"先鋒真理" 廣播電台 （Радио "Комсомольская правда"）	37,67
7	-1	商業FM電台（Business FM）	35,03
8	-1	消息FM（Вести FM）	31,89

表4　前十位最常引用的雜誌

№	移位	媒體	引文索引
1	0	《福布斯》（Forbes）	537,83
2	+4	《新時代》（The New Times）	104,16
3	-1	《明星直擊》（Star Hit）	59,40
4	0	《名流》（Сноб）	19,76
5	0	《尚流Tatler》（Tatler）	19,66
6	-3	《生意人－金錢》（Коммерсантъ-Деньги）	18,12
7	0	《專家》（Эксперт）	14,44
8	new	《星火》（Огонек）	13,65
9	0	《人物特寫》（Профиль）	13,47
10	new	《GQ 俄羅斯》（GQ Россия）	10,41

表5　前十位最常引用的電視頻道

№	移位	媒體	引文索引
1	0	生活新聞頻道（Lifenews）	1 528,51
2	0	俄羅斯24資訊頻道（Россия 24）	647,59
3	+1	第一頻道（Первый канал）	382,37
4	-1	獨立電視台（НТВ）	371,33

5	+1	REN TV電視頻道（РЕН ТВ）	200,41
6	-1	俄羅斯1頻道（Россия 1）	198,56
7	0	雨頻道（Дождь）	196,80
8	0	今日俄羅斯電視台（RT）	188,85
9	0	紅星電視台（Звезда）	75,14
10	new	中心電視台（ТВ Центр）	30,11

表6　前三十位最常引用的網絡媒體

№	移位	媒體	引文索引
1	0	Rbc.ru	1 929,25
2	0	Lenta.ru	1 229,32
3	0	Gazeta.ru	1 144,18
4	0	Fontanka.ru	423,01
5	+2	Lifenews.ru	285,26
6	-1	Kp.ru	252,67
7	+1	Dni.ru	250,74
8	-2	Vesti.ru	220,40
9	0	Newsru.com	129,71
10	+1	Rusplt.ru	128,94
11	-1	M24.ru	112,78
12	+2	Znak.com	94,29
13	-1	Meduza.io	93,45
14	+1	Ntv.ru	78,37
15	+1	Business-gazeta.ru	65,70
16	new	Zona.media	65,42
17	0	47news.ru	60,97
18	+1	Kommersant.ru	55,88
19	new	63.ru	52,31
20	+5	E1.ru	49,32
21	-8	Russian.rt.com	43,13
22	-2	Kavkaz-uzel.ru	41,74
23	+1	Slon.ru	38,83
24	-6	Echo.msk.ru	37,99
25	-4	Tayga.info	36,82
26	+1	Ngs.ru	34,26

27	+1	66.ru	32,92
28	new	Super.ru	32,46
29	-7	Rg.ru	32,41
30	-4	Polit.ru	31,19

（數據根據俄羅斯獨立媒體觀察分析機構"Медиалогия"2016年2月份調查）[12]

叁、美俄安全博弈下的中俄安全合作

　　隨著俄羅斯國家經濟前景戰略在烏克蘭危機之後全面轉向亞太地區，俄羅斯西伯利亞暨遠東地區的經濟開發需求遂顯得迫在眉睫。俄羅斯亞太政策的主要重點是在於能源對於俄羅斯與亞太區域經濟整合的作用，俄羅斯要重返亞太地區，不但有地緣政治上的效益，同時也是具有廣大經濟上的效益。[13]但是能源整合這顯然在全球金融危機和西方經濟制裁之後發生困境，需要有更多的資源配合能源的政策，這給「轉向亞洲」戰略提供了思考的空間。

　　2015年底，中國成為俄羅斯境外第一個使用C-400反彈道飛彈系統與Ｃｙ-35殲擊機的使用者。[14]2016年3月3日，俄羅斯天然氣工業集團與中國銀行之倫敦分行在上海簽訂了貸款合同，中國將直接貸款給俄羅斯天然氣工業集團20億歐元。[15]這使得俄羅斯

[12] "Федеральные СМИ - февраль 2016," *Медиалогия*, <http://www.mlg.ru/ratings/federal_media>.

[13] 胡達瑛，〈俄能源政策向東有助亞太整合〉，《國際金融報》，2014年11月3日，<http://paper.people.com.cn/gjjrb/html/2014-11/03/content_1494188.htm>.

[14] Михаил Коростиков, "Недоворот на Восток," *Коммерсантъ*, 25 декабря 2015, <http://www.kommersant.ru/doc/2884691>.

[15] "Bank of China предоставит «Газпрому» кредит в размере 2 млрд евро," *Пресс-*

在西方經濟制裁期間將獲得充足的資金可以進行國內的投資。2015年，俄羅斯天然氣工業集團和中國簽訂了30年4000億美元的合同，並且完成了「西伯利亞力量」管道的鋪設，每年透過東線輸出380億立方公尺的天然氣以及西線的300億立方公尺天然氣。俄羅斯對中國的天然氣輸出目前可望佔據中國天然氣進口的四分之一市場，這對於中俄雙邊保持能源戰略安全奠定了穩定的基礎。在普京任內，俄羅斯的「轉向亞洲」戰略目標為俄羅斯平衡國內經濟結構和因應西方戰略圍堵鋪墊了長期發展的道路。中俄關係的強化主要在2015年普京總統訪問中國之後，全面深化雙邊的經濟依存關係，首先透過的是「能源外交」與「武器外交」，現在則是「糧食外交」。

一、中俄強化糧食戰略安全

2014年底，俄羅斯工業暨貿易部成立了俄羅斯企業發展基金會，該單位總經理阿列克塞·柯米薩羅夫（Алексей Комиссаров）表示，這是因應外部經濟與政治環境惡化而建立的事業單位，對於補助中小型企業發展以及百分之五年利率貸款極具有吸引力。[16]依據2015-2020「進口替代」的五年計畫，俄羅斯在汽車、醫療用品、通訊產品以及輕工產品等等方面都會持續增

центр / Новости «Газпрома», 3 марта 2016, <http://www.gazprom.ru/press/news/2016/march/article268254/>.

[16] Александра Семенова,"Импортозамещение под 5% годовых,"*Expert Online,* 15 марта 2016, <http://expert.ru/2016/03/15/importozameschenie-otdayut-na-otkup-srednemu-biznesu/>.

加本國的生產力，普京總統認為，不論在何種情況下，「進口替代」都是俄羅斯經濟結構轉型的機會。

然而，「進口替代」這的確是一個相當困難的過程，這包括自身財政的條件、人才與市場的調整，都會影響俄羅斯整體外貿結構的改變。俄羅斯長期以來過於仰賴能源輸出所帶來的經濟收入，成為一個能源型的經濟結構，容易受到國際金融危機以及貨幣的衝擊。就在西方對俄羅斯進行經濟制裁之後，俄羅斯政府為了延續俄羅斯國家安全戰略的擴張以及進行「轉向亞洲」的調整，找到了可以說服國人共同努力且克服難關的理由，就是依賴西方經濟的結果只能使俄羅斯受制於西方，永遠沒有辦法在國家自主權上獲得出路，同時也改變俄羅斯傳統上不信賴東方的心理恐懼和排斥障礙，以融入亞洲的方式來發展俄羅斯落後的西伯利亞暨遠東地區的經濟，使其成為俄羅斯經濟成長的後盾。

經濟結構轉型從糧食轉型取得效果最快，因為盧布貶值能夠使本國農產品首先得到自給自足的發展。目前俄羅斯出口中國的主要產品百分之六十以上是農畜產品，其主要原因至少有三：

第一，俄羅斯已經完成了「糧食的進口替代」，發展自己的農業與畜產業已經達到國內市場的飽和，本國的國民消費力因為受到西方經濟制裁帶來的經濟危機已經明顯降低，本國肉品加工廠也受到外在環境的影響縮減資產甚至因為市場飽和而倒閉，因此，為了持續鞏固俄羅斯整體的糧食安全結構，擴大亞洲市場是俄羅斯糧食出口安全的長期戰略目標；

第二，中國這幾年因為汙水帶來環境汙染嚴重，使得中國逐年增加肉品的進口數量，特別是中國是全球最大的豬肉消費市場，

對於穆斯林地區則輸出雞肉為主，俄羅斯需要與歐盟和拉丁美洲國家競爭在中國及其他亞洲國家包括台灣在內的肉品出口市場；

　　第三，為了因應TPP可能帶來的市場排擠效應，俄羅斯需要加速攻佔亞洲糧食市場，俄羅斯目前已是全球最大的小麥出口國。俄羅斯的糧食出口戰略順序應該是：由近而遠的次第輻射發展，目前俄羅斯已經與環高加索地區的國家取得良好的糧食貿易成果，在於運輸、冷藏以及貨幣兌換差異小等等優勢；其次是與近東中亞穆斯林國家的糧食貿易，具有宗教文化熟悉性與接近性的優勢，俄羅斯本身也有許多回教徒；再次，就是對於亞洲市場的開發，這部分是俄羅斯長期以來最缺乏的新興市場。俄羅斯亞太政策是要借助亞太的經濟關係提振俄羅斯遠東的經濟發展，使其成為通往亞洲的窗口。[17]這部分俄羅斯已從意識形態的口號進入到地緣政治暨經濟的實質項目中運行。

　　俄羅斯可以與台灣發展「能源外交」與「糧食外交」，其具有前瞻性，「武器外交」則具有挑戰性。由於中俄雙方都堅持「不結盟」政策給彼此帶來外交空間的自主性和靈活度，並非軍事同盟關係，但西方經濟制裁在加速俄羅斯落實「轉向亞洲」過程中加強了中俄彼此之間政治經濟與軍事安全關係（筆者遂以「準聯盟」關係稱之，強調中俄雙方依據外部威脅與國際安全環境的變化制定的一種「進可攻、退可守」的戰略步驟）。[18]因此

---

[17] Николай Проценко, "Россия накормит Китай и Закавказье," *Взгляд*, 29 марта 2016, <http://vz.ru/economy/2016/3/29/802379.html>.

[18] 胡逢瑛，〈美俄敘利亞博弈和俄中準軍事聯盟對世局之影響〉，台北論壇之《台北觀點》，2015年10月2日，<http://www.taipeiforum.org.tw/>.

俄羅斯的武器市場需要滿足市場需求，但同時也可增加彼此成為一種「準結盟」關係的友好狀態。俄羅斯的經濟外交思惟在於：友好信任（安全合作）為先，實際雙邊貿易為後，這有賴於國內外輿論的塑造和鼓勵，如果都是負面或是偏頗的報導，則對於推動與俄羅斯貿易沒有助益。

二、中俄強化跨境合作

俄羅斯阿穆爾自治洲與中國黑龍江省之間2016年3月底在哈爾濱簽訂了建造跨黑龍江大橋（中方稱同江大橋）之協議。俄羅斯遠東地區由於缺乏基礎建設，經濟發展較慢，這兩年俄羅斯中央政府的「轉向亞洲」政策即強調發展西伯利亞暨遠東地區是俄羅斯整體遠東經濟政策的目標。輔以發展遠東自由貿易區暨建設自由貿易港口等等的優稅政策以及利用盧布貶值的貨物出口競爭力，為遠東商品銷售帶來了競爭性，因此促進了建造中俄跨江大橋的意願。這座跨界大橋屬於中國一帶一路的項目之一，據中國方面媒體報導中方動工較早且橋段較長。看來，中方對打通中俄邊境交通較為積極投入，但似乎不理解俄方工程的延宕原因。據俄方媒體報導，跨境大橋建成之後的整體貨運運輸成本可以縮減百分之二十到三十，同時提高物流量和人流量，且不像渡輪運貨會受到冬季結冰期的影響。但俄方缺乏資金，必須由地方政府自籌建橋經費，根據俄羅斯《專家-線上》雜誌媒體於4月4日的報導指出，建橋費用俄方估計需要188億盧布，俄方承擔136億盧布，中方承擔52億盧布，俄方建橋經費將從黑龍江省的銀行取得15年貸款，年利率百分六且三年還本，依此推估，若沒有意外的

話，2019年由俄中合資公司投資的跨界大橋預期可以竣工。[19]

　　俄羅斯中央對於遠東地區採取的經濟模式也是一種共同開發的模式，中央提供政策和外交環境的鋪墊，地方政府自己要想辦法進行合作項目的開發與融資。俄羅斯《專家－線上》雜誌稱，俄羅斯的「轉向亞洲」慢慢從宣示性的方針走向實質與亞洲國家的具體合作上面。2016年3月25~26日，俄羅斯瓦爾代國際俱樂部和華東師範大學俄羅斯研究中心在上海舉行為期兩天的中俄關係合作與前景論壇，瓦爾代俱樂部基金會主席貝斯特里茨基接受俄羅斯《專家》雜誌訪問時表示，中國對於西伯利亞和遠東地區的興趣不在領土攫取，而在於自身內部資源的耗竭而希望向外尋求生產的基地，從地緣關係來看，俄羅斯的西伯利亞和遠東地區最具有吸引力，雙邊合作互惠互利。他認為，俄中關係合作在雙邊研討會中是開誠布公的，但是雙邊關係需要長時間且穩健落實每個階段的具體項目才能達到預期的結果，才不會落於畫梅止渴或是僅是紙上談兵的空談。[20]

　　可以看出，中俄關係在普京執政達到兩個意識形態宣傳效果：第一，瓦解「黃禍論」與「中國威脅論」，解決了俄中邊境劃界問題並且為跨境貿易奠定基礎論調；第二，確定「歐亞主義」身分認同，擺脫過去俄羅斯人歐洲的身分執著，回歸俄羅斯文化當中的多民族特點，不再爭論西方與東方的隔閡，為俄羅斯

---

[19] Варвара Фокеева, "Мост через Амур сократит логистические расходы на экспорт в Китай," *Expert Online*, 4 апреля 2016, <http://expert.ru/2016/04/4/most/>.

[20] Геворг Мирзаян, "Китай торопиться не будет," *Expert Online*, 17 апреля 2016, <http://expert.ru/2016/03/31/kitaj-toropitsya-ne-budet/>.

進入亞太經濟市場找出天然的合理基礎：就是俄羅斯四分之三的
領土是位於亞洲，俄羅斯不能忽略地緣上俄羅斯的亞洲性。中國
是俄國最大鄰邦，唇亡齒寒的關係使俄羅斯時期的中俄關係超越
沙皇與蘇聯時期的不平衡關係，在中國經濟崛起與俄羅斯軍事崛
起之際達到一個相互尊重且互惠互利的平等關係，這有利於中俄
雙邊倡議的「多極體系」的世界，同時攜手結伴提身各自在國際
上的國際地位。這個「多極體系」的形成為美國總統大選的選情
帶來新的啟示。

三、「轉向亞洲」戰略的安全暨經濟意涵

俄羅斯高等經濟大學世界政治與經濟學院院長、也是擔任
俄羅斯外交與國防政策理事會榮譽主席、《俄羅斯在全球政治
中》（*Россия в глобальной политике*）期刊編輯委員會主席的謝爾
蓋·卡拉干諾夫（Сергей Караганов）表示，俄羅斯「轉向亞洲」
戰略走過一段艱辛的政治理念摸索歷史發展道路。這基於過去
歷史進程中俄羅斯總是陷入到「身分認同」的困境當中，「歐
洲主義者」與「斯拉主義者」之爭以及蘇後的「西方主義者」
（западники）與「歐亞主義者」（евразийцы）的知識社群的論
戰當中。這與俄羅斯的傳統文化與改革經驗有關：從古羅斯時代
起，俄羅斯的精神文化與文明即定位在歐洲，俄羅斯文化的根即
是源於「歐洲-拜占庭」的文化與宗教延續至今。十九世紀的俄
羅斯甚至是因為有了成功的西化經驗與立足於歐洲文明而創造了
文化的黃金世紀。蘇聯解體之後的九十年代，俄羅斯民生凋蔽且
百廢待興，從事研究西方的國際關係學者受到支持，研究東方的

學者（востоковеды）則是完全陷入到學術研究的財政赤字的困境
當中。然而，如今當歐盟發展到高度時卻開始犯了一列遠離自身
傳統文明價值的錯誤，斯賓格勒撰寫的《西方的沒落》恐怕反映
了「歐洲衰落」（закат Европы）已經成為了現實。[21]

　　卡拉干諾夫還認為，當普京採納歐亞主義的論述進行「轉向
亞洲」（поворот России к Азии）政策之初，主流知識界覺得那是
一群西伯利亞的「亞細亞人」反西方與反現代化的敵視口號。這
主要是俄羅斯基於傳統文化源於「歐洲-拜占庭」之故，對於亞
洲文明非常陌生且疏離，印象也是負面的，故對於「轉向亞洲」
抱持極大的困惑，知識界遂產生了「俄羅斯人的自我身分認同定
位之爭」（борьба и за самоидентификацию россиян）。而國際關
係學者開始尋求如何不在歐洲與亞洲之間做選擇，而是能夠容納
歐洲與亞洲的一個海納百川的共同概念，於是乎以「中央西伯利
亞」為中軸的「大歐亞共同體」的概念遂產生。當中美在亞太地
區關係逐漸緊張之際，俄羅斯還能基於地處「歐亞太平洋」的身
分參與協調亞太秩序的管理任務，這對於俄羅斯在亞太發揮積極
的角色具有相當的激勵作用。[22]筆者自製「轉向亞洲」戰略示意
圖如下：

---

[21] Сергей Караганов, "Поворот к Азии: история политической идеи," *Россия в глобальной политике,* 12 января 2016, <http://www.globalaffairs.ru/pubcol/ Povorot-k-Azii-istoriya-politicheskoi-idei-17919>.(Статья опубликована в декабре 2015 г. издательством «Международные отношения» в качестве предисловия к книге «Поворот на восток: Развитие Сибири и Дальнего Востока в условиях усиления азиатского вектора внешней политики России».)

[22] 同上。

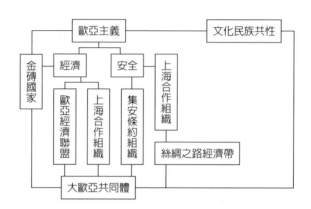

圖2 「轉向亞洲」概念示意圖

　　卡拉干諾夫認為，當許多的國際關係研究者把俄羅斯的西伯利亞暨遠東的地緣因素和經濟特點作為研究核心時，發現俄羅斯地處歐洲與亞洲之間，有豐富的能源、技術和人文條件，應該改善自身的運輸基礎設施條件作為歐亞大陸的運輸通道，並且發展北冰洋的海洋運輸通道，在這個歐亞運輸通道的概念上產生了「歐亞共同體」、「歐亞太平洋」以及「走向偉大海洋」等等的概念之後，俄羅斯的「轉向亞洲」政策已經不是「身分認同」的爭論，而是發展西伯利亞暨遠東的具體經濟政策，這體現在普京與習近平於2015年會晤時確認彼此將歐亞經濟聯盟與絲綢之路經濟帶的計畫進行對接，以及在上海合作組織架構之下包含大的中亞與南亞國家進入到這個地緣區域型的國際架構當中進行合作。他認為，俄羅斯「轉向亞洲」政策已經真的形成了，從追求歐洲文明以及追求亞洲市場的困惑當中，找到的自身立足的基礎，不

是向外追求而是向內創造發展，並且以自身的歐亞地緣優勢發揮
建立新的「歐亞太平洋」中心，這使得俄羅斯擺脫了知識界中有
關於文化文明論述之紛爭並且也避免陷入到國防軍事的軍備競賽
危險的邏輯當中，這也是符合俄羅斯當前的整體外交政策以及化
解西方戰略圍堵和因為烏克蘭危機後受到西方經濟制裁導致雙邊
關係惡化所帶來彼此之間的經濟損害。此時，俄羅斯的國際關係
學者在瓦爾代俱樂部所倡議的「建立大歐亞共同體」（Создание
Сообщества Большой Евразии）的概念才初步成形。[23]

　　莫斯科國立國際關係大學教授、漢學家亞歷山大·盧金
（Александр Лукин）認為「轉向亞洲」政策是現實的，具有國家
的政治與經濟利益。例如，2012年俄羅斯在海參崴舉辦亞太經合
會議，2014年俄羅斯通過聯邦法《關於在俄羅斯聯邦境內推動社
會-經濟發展的國土》，2015年普京總統批准聯邦法《關於海參
崴建成自由貿易港》等等具體措施，他同時引用卡拉干諾夫的
觀點表示，2015年初俄羅斯的政治菁英界已經意識到了，與西方
關係的惡化是長久且有原因的，必須要發展與非西方世界關係
的道路。盧金認為，與西方保持意見分歧的和而不同共識是基本
「和平共存」的基礎，而與中國、印度和伊朗等亞洲區域大國的
合作是俄羅斯早已既定的方針並且成為了「轉向亞洲」的堅實基
礎。[24]

---

[23]　同上。

[24]　Александр Лукин, "Поворот России к Азии: миф или реальность?," *Говорят
экспертыМГИМО*, 16 апреля 2016, <http://mgimo.ru/about/news/experts/
povorot-rossii-k-azii-mif-ili-realnost/>.

肆、俄羅斯「公共外交」在對外戰略中的角色

　　戈爾恰科夫公共外交基金會是俄羅斯從事「軟實力」工作的非政府組織，以本國的文化、歷史和政治價值觀作為施展國際影響力的泉源和基礎，區隔世界強權以國家軍事和經濟的行政單位模式來處理對外關係和國際事務。俄羅斯的「公共外交」是以在公民社會中的任何俄羅斯公民和非營利組織作為對外交往的主角，這不同於政府作為絕對的壟斷者來執行國家的對外政策方針和對外戰略。戈爾恰科夫公共外交基金會作為俄羅斯第一個公共外交的非營利組織，其目標是積極致力於在國際社會中傳播正確的俄羅斯文化精髓並展現真實的當代俄羅斯社會。[25]

一、展開基本行動方向

　　戈爾恰科夫公共外交基金會於2010年2月2日根據時任總統梅德韋傑夫的總統令創立。在政治、經濟和社會發展進程全球化的環境條件下，「公共外交」在有效執行俄羅斯外交利益中具有特殊地位。基金會的使命在於促進公共外交領域的發展以及援助形成有利於俄羅斯海外政治、社會和經貿的氣氛。為了支持「公共外交」，並且協助俄羅斯非營利組織參與國際社會的合作，同時也為了使公民社會的機構有效展開投入到國際進程當中，戈爾恰科夫公共外交基金會在幾個方面落實自己的行動：

---

[25]　"О Фонде," <http://gorchakovfund.ru/about/>.

　　第一，協同在國際關係領域中推動社會、文化、教育、科學和管理的計畫；

　　第二，向定位在達成基金會特定目標的大眾傳播媒體與消息來源提供支持；

　　第三，參與分析俄羅斯國內外投資和創新的經濟和社會暨政治現狀，並且參與諮詢和監測公共外交的實際過程；

　　第四，提供財政、方法和組織上的支持給本國有興趣的機構，其所宣導的建議是符合基金會所設定的特定目標；

　　第五，在自願的基礎上吸引個人和組織以期落實基金會的特定目標；

　　第六，對於與己主題有關的大眾傳播媒體與社會機構提供資訊和諮詢的服務；

　　第七，組織和舉行研討會、課程、座談會、商務會議和演講；

　　第八，針對與己相關之主題進行研發並且傳播研究方法和資訊材料；

　　第九，參與教學暨教育的過程；

　　第十，推動慈善活動；

　　第十一，創建大眾傳播媒體與落實刊物出版，在此框架之內完成資訊產品、期刊及學術暨方法學出版品的發行活動；

　　第十二，支持俄羅斯暨境外的俄語大眾傳播媒體和消息來源，其行為符合於基金會所制定的目標；

　　第十三，建立自身關切之主題的資訊傳播中心；

　　第十四，推動國際合作並且促進國際聯繫的發展，包括民主和捍衛人權的領域；

第十五，建立為俄羅斯形成良好輿論的海外環境，協助推展俄羅斯在境外之人才、文化、教育、科學和經貿的潛力。[26]

二、制定長期計畫專案

「以未來為名的對話」科學－教育計畫，是基金會的關鍵計畫，自2011年伊始，每年舉行一場關於俄羅斯外交活動及其優先政策和趨勢的相關會議。「以未來為名的對話」科學－教育計畫之目標、功能、對象和傳統如下：[27]

第一，其目標在於建構一個意見交流的平臺，使獨聯體與波羅的海國家的與會代表可以充分透過「公共外交」的稜鏡視角來討論國際迫切性的問題；

第二，其功能在於同時告知俄羅斯對於當前全球議事日程的主要立場，並且在這些國家當中形塑俄羅斯公正客觀的形象；

第三，計畫的對象主要是面向25-40歲之間的青年階層，包括來自於國際關係領域的專家與學者，研究院所的學生，以及國家機關與公民團體代表。在為期5天的演講、課程與圓桌會議的框架下，積極討論各種人文合作的面向，以及俄羅斯和北約、歐盟之間關於安全問題和互動關係。此外，特別關注歐亞經濟聯盟空間中的經濟整合問題，當代世界中的區域動盪麻煩，以及俄羅斯和近東國家之間的合作問題。

第四，根據過去幾年活動的傳統，與會者可以向俄羅斯權威

---

[26] "Миссии и Задачи," <http://gorchakovfund.ru/about/mission/>.

[27] "Программы и проекты," <http://gorchakovfund.ru/projects/5740/>.

專家和政府官員提問。過去以來，出席的重要人物包括：集安組織秘書長博爾久扎、前俄羅斯聯邦合作署（關於獨聯體事務、境外僑胞和國際人文合作）署長科薩喬夫、政治家暨企業家的普羅霍羅夫、已故前總統暨外交部長的科學院士普里馬科夫、俄羅斯國家杜馬議長納雷什金、人權、民主和法治全權特使多爾戈夫、外交次長卡拉辛，依照慣例最後一天與俄羅斯外交部長拉夫羅夫會晤，作為總結。

　　除了「以未來為名的對話」學術－教育計畫，作為培育青年專家的學術教育計畫還有以大學和研究機構為主體的「學術計畫」，以及「外交座談會」、「高加索對話」、「波羅的海對話」、「集安組織科學研究院」、「中亞青年專家學校」、「里海青年學校」和「巴爾幹對話」。其他的計畫專案還有「俄羅斯－格魯吉亞對話」、「赴俄羅斯進行短期科學教育訪問」和「演講與評論」等等；出版「以未來為名的對話」與會者論文集以及發行戈爾洽科夫基金會資訊通訊。

三、柔性外交是「公共外交」的特點

　　普京總統於2015年11月5日在出席一場積極公民的「社區」論壇會上表示，聯邦預算於該年度對非營利組織的財政支持超過40多億盧布，總體支持非營利組織的經費將近60億盧布，並且政府將持續支持有利於公民社會發展的非營利組織與政治社會機構。[28]事實上，普京總統還於2015年9月7日簽署成立了管理非營

---

[28] "Владимир Путин: Власти России продолжат поддержку политических и

利組織的50人工作小組，由總統辦公廳第一副主任沃洛金負責領導。[29]

俄羅斯的公共外交具有高度的學術教育和人才培育的特點，在搭建蘇聯解體後之地緣政治版圖使其具有同一空間的交流平臺方面，發揮著支持俄羅斯大外交的柔性工作，其特點在於首先側重在於透過定期研討會的舉行，對獨聯體暨俄羅斯周邊國家的青年國際關係人才進行教育培訓，鼓勵其進行主題研究，也就是在研討會的過程中同時完成形塑俄羅斯國家的公正客觀形象、培育未來從事國際關係教育暨學術或是外交工作的優秀人才，透過研討會搭建以討論俄羅斯暨獨聯體外交活動為核心的溝通平臺，對重要全球的國際議題積極進行意見交流並且形成共識。

四、積極宣揚本國立場

國際能源價格走低與盧布貶值儘管衝擊了俄羅斯經濟，但是對俄羅斯降低對能源出口的依賴並且發展多元經濟結構卻是有幫助，俄羅斯可以透過北極的開發吸引更多的投資，俄羅斯的能源開發並不會因為能源市場飽和或是價格走低而疲軟，反而藉由能源作為打造多元外交的工具，這個概念來自於七十年代能源危機時代蘇聯能源外交理論大師日茲寧提出的「能源外交」與「對外能源政策」。

能源問題不僅是經濟問題，更是外交和安全問題。俄羅斯藉

社иальных НКО," <http://gorchakovfund.ru/news/17529/>.

[29] "В России создадут рабочую группу по регулированию НКО," <http://gorchakovfund.ru/news/16542/>.

由提高內需的方式，提高了本國產業的動能，盧布貶值刺激了對
外出口，也振興了本國產品的銷售市場，俄羅斯民眾明顯感受到
便宜的國貨所帶來的經濟好處，也刺激了本國旅遊事業。這些都
是因為西方藉由烏克蘭危機給俄羅斯施加經濟制裁所帶來的內部
經濟轉型。「公共外交」在地緣政治興起的時代具有更多的發揮
空間，例如，與前蘇聯國家以及友好國家不斷發展友好互助的戰
略計畫，透過各種學術教育、科學文化和技術創新的交流互動促
進並擴大多邊關係的發展，「公共外交」在這裏還可以持續藉由
意見交流的平臺來擴展平等對話的範圍並且吸納不同區域的對話
夥伴。這對於抵抗美國持續要建立TPP以期建構美國經濟帝國並
以此施加政治壓力的趨勢有平衡的作用。事實上，俄羅斯和中國
都可以藉由「公共外交」提高自身在國際舞臺中的角色，發揮大
國外交自主的協調作用，這更有利於多極世界、多元文化、公平
經濟、主權尊嚴以及自主外交的健康發展。台灣在大國博弈中的
角色也可以透過「公共外交」的概念來拓展更有台灣自身特色的
國際空間。

　　當前俄羅斯面臨的經濟挑戰主要還是必須透過政治力量和外
交協商來解決，「公共外交」就扮演非常重要提供詮釋俄羅斯政
策以及宣揚國家立場的平臺角色。在經濟危機期間，俄羅斯公共
外交的主要方向在於宣傳俄羅斯經濟的主要優先走向。2000年普
京執政之後，俄羅斯經濟發展主要以能源型為主，這樣如果遇到
一些重大危機的時候，俄羅斯都很難跨越經濟障礙，這樣如果俄
羅斯經濟開始進入轉型階段之後，如何展開對外的宣傳成為主要
的問題。如何介紹俄羅斯的多元化經濟成為「公共外交」當前遇

到經濟轉型期間的首選課題，這樣不但要把一些國際專家請到莫斯科，而且還要讓俄羅斯專家與國際專家進行直接的交流，這些國際專家必須要講俄語，熟悉俄羅斯專家的語言，然後不論這些國際專家是否在當地國是否有深刻的影響力，但由於俄羅斯本身的國際議題非常被世界媒體所看重，那麼，俄羅斯「公共外交」在媒體與智庫交流上全面展開對於俄羅斯多元化經濟的理解，並且歐洲開始發現俄羅斯經濟與歐洲的互補性，並且開始認識到烏克蘭危機及石油價格的低靡對於俄羅斯的影響儘管巨大，但不足以擊潰其經濟體，這個衝擊力量是催促俄羅斯經濟轉型和執行「轉向亞洲」外交政策的催化劑；烏克蘭危機反而是對需要俄羅斯協助參與解決國際衝突和恐怖主義危機的西方國家受到與俄羅斯關係惡化所帶來的反作用力的危害更大。

伍、結論

2016年是危機與轉機的轉折年，烏克蘭問題與敘利亞問題成為了俄羅斯與西方之間關係惡化的核心，執行《明斯克停火協議》和《敘利亞停火協議》成為國際共同解決區域軍事衝突的範例，然而，美俄關係以及俄羅斯與北約之間的關係要走向「正常化」仍非常不容易。其中關鍵原因在於俄羅斯的崛起已經對美國傳統安全勢力範圍以及北約東擴造成了威脅，這個威脅來自於俄羅斯將具有獨立解決國際問題和自身問題的能力，成為多極體系的霸主之一，俄羅斯與中國的關係挑戰了美國自冷戰結束之後單邊解決國際衝突的地位。本文研究從俄羅斯觀點出發提出幾點分

析和意見提供未來的討論：

第一：北約東擴代表著西方圍堵戰略具有企圖保存冷戰衝突的特點與邏輯，在國際迫切需要合作解決全球危機（反恐、削減核武、武器不擴散、打擊跨國犯罪、主權爭議、文化衝突、民族屠殺、疾病預防以及減緩全球暖化⋯⋯）以及設置國際議程之際，區域間大國的對立與衝突將使得跨國危機難以獲得充分的討論和執行；

第二：在歐盟高度仰賴俄羅斯能源以及身處俄歐地緣親近性整合的過程中，北約東擴與國際反恐兩項任務在當歐盟接二連三遭到恐怖攻擊之後產生了矛盾，亦即「反俄」和「反恐」孰先孰後？歐洲安全問題不能缺少俄羅斯的參與，因此北約和美國與俄羅斯彼此之間都產生試圖恢復關係「正常化」的意願，顯示西方衝突邏輯造成自身經濟與安全的困境，這是在俄羅斯崛起之後的新課題；

第三：國際輿論戰特點在於「資訊平衡」與「凝聚共識」，俄羅斯國際輿論戰的作用在於佔據國際話語權，對於解釋俄羅斯政策以及提供俄羅斯觀點以避免其他國家對於國際形勢的誤判具有至關重要的決定性作用，「資訊不對稱」會造成國際間合作的障礙，是故減少區域衝突需要多元正確的資訊報導，而普京上任之後立即著手媒體的改革，對於建立有利於俄羅斯發展的國際輿論環境和建立國內民意支持度具有優先的輔助性作用；

第四：國際輿論戰不完全是不同意見的紛擾，它仍有助於考量各方的利益，避免「資訊失衡」造成國際間的利益損害，同時對於本國民眾了解政府作為具有直觀的感受，有助於減少權力結

構不作為的官本位現象並且可以防止官僚腐化，媒體的專業化與基礎設施都需要國家資源的支持；

　　第五：西方國家對於俄羅斯的經濟制裁和媒體輿論撻伐使其孤立到極點成為「兩極現象」（孤立＝國際影響力：越孤立造成反制力越大／形象≠國家利益：形象好壞是以西方利益為標準／輿論＝國家安全：失去國際話語權則造成內部輿論崩解）；

　　第六：俄羅斯從事「軟實力」工作的非政府組織，以本國的文化、歷史和政治價值觀作為施展國際影響力的泉源和基礎，區隔世界強權以國家軍事和經濟的行政單位模式來處理對外關係和國際事務。俄羅斯的公共外交是以在公民社會中的任何俄羅斯公民和非營利組織作為對外交往的主角，這不同於政府作為絕對的壟斷者來執行國家的對外政策方針和對外戰略。戈爾恰科夫公共外交基金會作為俄羅斯第一個「公共外交」的非營利組織，其目標是積極致力於在國際社會中傳播正確的俄羅斯文化精髓並展現真實的當代俄羅斯社會；

　　第七：俄羅斯的「公共外交」具有高度的學術教育和人才培育的特點，在搭建蘇聯解體後之地緣政治版圖使其具有同一空間的交流平臺方面，發揮著支持俄羅斯大外交的柔性工作，其特點在於首先側重在於透過定期研討會的舉行，對獨聯體暨俄羅斯周邊國家的青年國際關係人才進行教育培訓，鼓勵其進行主題研究，也就是在研討會的過程中同時完成形塑俄羅斯國家的公正客觀形象、培育未來從事國際關係教育暨學術或是外交工作的優秀人才，透過研討會搭建以討論俄羅斯暨獨聯體外交活動為核心的溝通平臺，對重要全球的國際議題積極進行意見交流並且形成共識；

　　第八：俄羅斯「公共外交」是結合外交、國安單位與杜馬議會的三駕馬車，包括代表外交體系的戈爾洽科夫公共外交基金會，代表國安單位的俄羅斯國際事務委員會以及代表杜馬議會系統的俄羅斯世界和平基金會。這三駕馬車必須齊頭並進以協助俄羅斯整體外交戰略的進行。智庫與媒體的結合是公共外交的兩大機制，「總統連線」則是鼓勵民眾共同監督地方官僚結構不作為的輿論平台；

　　第九：全球危機的解決是需要多國共同參與，因此建立「相互尊重」與「平等對話」的機制以及觀念，是「多極時代」來臨的基礎，避免造成小國在大國之間進行選邊站的抉擇，俄羅斯在被西方孤立之際進行的「進口替代」經濟結構轉型與公共外交值得參酌，特別是中國正面臨美國在亞太地區的圍堵以及自身內需市場的建立與TPP未來的競爭，中美之間如何「鬥而不破」是影響自身安全與經濟的因素，亦是影響海峽兩岸關係的主要變數，在美俄博弈下的烏克蘭內部衝突是值得警惕預防的案例；

　　第十：俄羅斯「轉向亞洲」戰略的特點在於擺脫傳統上「身分認同」的意識形態爭論，進入到建立以自身國情特點的實際地緣政治和經濟政策軌道當中運行，俄羅斯不需要在歐洲與亞洲之間做出選擇，利用自身歐亞板塊與歐亞民族的特點，建立了「歐亞主義」的融合概念並且落實到「大歐亞共同體」的實際運作當中，包括歐亞經濟聯盟的成立與中國的經濟大戰略－絲綢之路經濟帶對接俄中經濟項目以及在上海合作組織架構下對於共同安全與經濟合作的效應，均顯示了有效的「地緣政治與經濟」政策可以擺脫內部意識形態鬥爭的內耗，這對於台灣也是極具有參鑒和

相當的啟示作用，特別是台灣身處亞太交通樞紐，中美俄之間的
互動關係則是牽一髮而動全身地影響台灣。

參考文獻

中文部分

專書

胡逢瑛、吳非，《蘇俄新聞傳播史論》，（台北：秀威資訊，2006年）。

論文期刊

吳非、胡逢瑛，〈俄羅斯羅公共外交與文化軟實力戰略〉，《人民論壇－學術前沿》期刊，2015年12月下，第24期，頁44-52。

網際網路

吳非、胡逢瑛，〈"今日俄羅斯"展示出傳媒外交新的發展方向〉，《觀點中國－中國網》，2015年8月13日，<http://big5.china.com.cn/gate/big5/opinion.china.com.cn/opinion_9_135409.html>.

胡逢瑛，〈美俄敘利亞博弈和俄中準軍事聯盟對世局之影響〉，台北論壇之《台北觀點》，2015年10月2日，<http://www.taipeiforum.org.tw/>.

胡逢瑛，〈俄能源政策向東有助亞太整合〉，《國際金融報》，2014年11月3日，<http://paper.people.com.cn/gjjrb/html/2014-11/03/content_1494188.htm>.

俄文部分

Караганов, Сергей , "Поворот к Азии: история политической идеи," Россия в глобальной политике, 12 января 2016, <http://www.globalaffairs.ru/pubcol/Povorot-k-Azii-istoriya-politicheskoi-idei-17919>. (Статья опубликована в декабре 2015 г. издательством «Международные отношения» в качестве предисловия к книге «Поворот на восток: Развитие Сибири и Дальнего Востока в условиях усиления азиатского вектора внешней политики России».)

Коростиков, Михаил ,"Недоворот на Восток," Коммерсантъ, 25 декабря 2015, <http://www.kommersant.ru/doc/2884691>.

Крутиков, Евгений , "Американский «ястреб» приземлился на Балканах," Взгляд, 2 февраля 2015, <http://vz.ru/politics/2015/2/2/727511.html>.

Лукин, Александр ,"Поворот России к Азии: миф или реальность?," Говорят эксперты МГИМО, 16 апреля 2016, <http://mgimo.ru/about/news/experts/povorot-rossii-k-azii-mif-ili-realnost/>.

Мирзаян, Геворг , "Китай торопиться не будет," Expert Online, 17 апреля 2016, <http://expert.ru/2016/03/31/kitaj-toropitsya-ne-budet/>.

Проценко, Николай ,"Россия накормит Китай и Закавказье," Взгляд, 29 марта 2016, <http://vz.ru/economy/2016/3/29/802379.html>.

Райбман, Наталья , "Лавров: Москва рассчитывает на восстановление отношений с Вашингтоном," Ведомости, 15 апреля 2016, <http://www.vedomosti.ru/politics/articles/2016/04/14/637677-lavrov-vosstanovl enie-vashingtonom>.

Черненко, Елена, "Совет Россия—НАТО соберется впервые с обострения украинского кризиса," Коммерсантъ, 9 апреля 2016, <http://www.kommersant.ru/Doc/2960851>.

Семенова, Александра ,"Импортозамещение под 5% годовых," Expert Online, 15 марта 2016, <http://expert.ru/2016/03/15/importozameschenie-otdayut-na-otkup-srednemu-biznesu/>.

Фокеева, Варвара , "Мост через Амур сократит логистические расходы на экспорт в Китай, " Expert Online, 4 апреля 2016, <http://expert.ru/2016/04/4/most/>.

2016/2. "Федеральные СМИ - февраль 2016,"Медиалогия, <http://www.mlg.ru/ratings/federal_media>.

2016/3/3. "Bank of China предоставит «Газпрому» кредит в размере 2 млрд евро," Пресс-центр / Новости «Газпрома», 3 марта 2016, <http://www.gazprom.ru/press/news/2016/march/article268254/>.2016/4/10. "Владимир Путин прокомментировал публикацию так называемого «Панамского досье»," Первый канал, <https://www.1tv.ru/news/2016/04/10/300095-vladimir_putin_prokommentiroval publikatsiyu_tak_nazyvaemogo_panamskogo_dosie>.

2016/4/14. "Прямая линия с Владимиром Путиным," Администрация Президента России, <http://kremlin.ru/events/president/news/51716>.

"О Фонде," <http://gorchakovfund.ru/about/>.

"Политика НАТО на территории постсоветских стран," МГИМО:военно-политических исследований(ЦВПИ), <http://eurasian-defence.ru/?q=node/32546>.

"Программы и проекты," <http://gorchakovfund.ru/projects/5740/>.

"Владимир Путин: Власти России продолжат поддержку политических и социальных НКО," <http://gorchakovfund.ru/news/17529/>.

"В России создадут рабочую группу по регулированию НКО," <http://gorchakovfund.ru/news/16542/>.

"Миссии и Задачи," <http://gorchakovfund.ru/about/mission/>.

跋

胡逢瑛

Россию упрекают в том,

俄羅斯受到指責在於，

что она изолируется и молчит перед лицом таких фактов,

她孤立起來且在那些事實面前緘默，

которые не гармонируют ни с правом, ни со справедливостью.

其既不合法又不公正。

Говорят, что Россия сердится.

人們說，俄羅斯是在生氣。

Россия не сердится, Россия сосредотачивается.

俄羅斯不是在生氣，俄羅斯在集中力量。

——Горчаков Александр, 1856

亞歷山大·戈爾恰科夫，1856

Россия сосредотачивается — вызовы,

俄羅斯在集中力量—那些挑戰，

на которые мы должны ответить

面對它們我們應當回應。

——Владимир Путин, «Известия»,16 января, 2012

弗拉基米爾·普京，《消息報》，2012年1月16日

　　今年春節在台灣過得特別寒冷，在家收看俄羅斯電視新聞報導，其中一則有關於俄國許多地區政府著手改善了居民住宅的暖氣設備。回想起九十年代留學時，俄羅斯的經濟並不好，可以說百業蕭條且民生凋敝，但是在首都莫斯科讀書的我們仍然是享受著家中暖氣的溫暖，幾乎免費的電價以及非常便宜的住宿費和交通費。蘇聯解體後，在冬天俄國首都的街頭，總可以看到酗酒躺下的老人和流浪漢，醉死在皚皚白雪的雪地上，直到第二天清晨骯髒冰凍的屍體才被搬走，退休老嫗拿著幾包香菸在寒風刺骨的大街上兜售，跳蚤市場隨處可看到退伍老兵在賣自己的勳章和家中的日用品，以換取微薄的生活費，蘇聯偉大的光輝竟在解體後黯淡。如今，這些都過去了，新一代俄羅斯人在經濟現代化中精神洋溢。儘管俄羅斯政府要慢慢在廢墟中重建社會福利挑戰依然很大，但是還是有所作為。我想寒冬終將過去，冬去春來的循環也是自然的現象，是生命的延續。

　　本書的內容集結了這兩年多以來兩位作者對於俄羅斯變局的研究成果，包括對已發表或是未發表的期刊論文和媒體評論進行梳理，也算呈現這個階段大體上觀察分析的總結報告。在出版的前夕，首先想感謝秀威資訊出版社的社長宋正坤先生、主編鄭伊庭小姐和責任編輯盧弈珊小姐多年來的支持和鼓勵，使我得以在情緒痛苦的環境中仍然將手邊既有的研究稿件整理出版問世。我特別喜歡俄羅斯偉大的外交官戈爾恰科夫«Россия не сердится, Россия сосредотачивается»的這句名言，我覺得它簡單有力，清楚反映了俄羅斯當年的心境，似乎也是我此時此刻的心境。歷史彷彿是一面鏡子，不斷重演再現，克里米亞在這百餘年接近兩百年

的歷史隧道中相互呼應。

2014年3月，俄羅斯壟罩在收復克里米亞的光榮喜悅和應對西方經濟制裁的討論思辯之中，至此，由於烏克蘭的分裂和內戰導致了俄烏關係的惡化確實造成兩國許多人民的傷痛。我們於該年2月前往美國紐奧良參加國際研究學會（ISA）的次級政府工作小組會議時，與該組來自於俄羅斯戈爾恰科夫公共外交基金會（Alexander Gorchakov Public Diplomacy Fund）的計畫部主任、MGIMO校友Anna Velikaya初次見面，這位年輕有為的姑娘就是出生在烏克蘭和俄羅斯的混血家庭，她說烏克蘭的事件讓她極其痛苦。蘇聯解體之後約有八百多萬的俄僑居住在烏克蘭，這幾年大約已有百餘萬人返回俄羅斯定居。我想她的確不是個案，烏克蘭危機事件爆發以來，西方一直認為俄羅斯是侵略者的輿論攻勢其實仍是見獵心喜的心理宣傳戰，反觀俄羅斯內部的輿論，縱使有從不同角度切入的爭辯，但因為事關國家存亡，其實對此事的意見倒是挺團結的，設想如果國際輿論轉化為內部的顏色革命，那麼俄羅斯將可能再面臨主權解體的危機。

2014年10月，我與先生攜小女去了莫斯科參加母校MGIMO的建校七十周年慶祝大會和國際校友論壇，在幾天的活動當中，我們不但聽了俄政府所有部長、各級單位首長和專業人士對於當前俄羅斯國內外重大議題的演講，並且在克里姆林宮內的晚會上還親耳目睹普京總統的風采並且聆聽了普京總統的親自致詞。現場所有出席者一見到普京總統入場，全場約一千人與會者並沒有被要求卻自動起立鼓掌，熱情的掌聲使我震撼，極具感染力！普京總統那種令人景仰的個人魅力真不是假的，親臨現場完全可以

感受到什麼是領袖魅力，什麼是民心！這是一位讓俄羅斯民眾恢復生活水準和民族尊嚴的國家捍衛者。面對蘇聯解體後的斷垣殘壁，再到現在俄羅斯整體現代化之後的社會環境重建，印入眼簾的所見所聞，均是對於過去歷史文化的傳承以及當代生活的再現，普京的影響力恐怕足以成為俄羅斯最偉大的領導人。西方總有媒體及輿論患有「普京恐懼症」，並且總是盡可能將普京貶低為極權主義者或是稱之為普京的造神運動，這是西方以自己的標準來衡量俄羅斯出現困境的漠視並且也是極具敵意的傲慢態度，他們仍不習慣有普京這號人物可以挑戰西方的智慧和制度。

這兩年來，俄羅斯經歷了一次次國家空前的危機，這些危機始於烏克蘭政變和克里米亞事件所引發的西方對俄經濟制裁和國際油價下跌，及其所衍生出來一連串因為盧布貶值所造成的資產縮水和信心危機，這些事件的連鎖效應都衝擊了俄羅斯國家預算並且因其出現的漏洞而可能導致國家的再度崩解。烏克蘭東部頓巴斯地區內戰硝煙尚未消除，為防止在前蘇聯地區因分裂造成的動盪衝擊過大，普京總統快速將國家航向的舵盤駛向了中國和亞洲。適逢習近平主席推出了「一帶一路」國家大經濟戰略，雙方都需要確認合作框架來進行投資項目和預算規劃。此間，由西方主導的國際輿論撻伐，特別是在作為世界秩序龍頭老大的美國發動單邊主義的指導之下，誇大解讀俄羅斯在烏克蘭危機中的武力威脅，使得許多國家真相莫辨，或是選擇有助於自身利益的部分真相。出於地緣政治爭奪戰的考量，甚至造成了美國判斷俄羅斯的威脅是超過伊斯蘭國威脅的自私舉措。這場地緣政治權力擴張的野心造成了現在世人看到的慘況：敘利亞難民自2011年內戰至

2015年以來數以百萬計地出逃，約有22萬人已經死亡，750萬人逃離家園而流離失所，超過50萬人湧向歐洲。

在一次電話通話當中，得知我的老長官彭宗平校長特別關心敘利亞難民，希望台灣在國際人道援助的崇高信仰和行動中不可缺席。我想台灣過去那些從美國留學回台報效國家的知識份子很多，他們的經歷就是台灣的國際化歷史。其實，知識分子不完全是需要絕對的經濟條件才能報國，但是絕對需要可以施展能力的舞台和氣氛。處於當前自由民主和平年代卻又伴隨社會躁動不安的台灣環境，民間的社會團體與非政府組織成為台灣最進步的力量，在那裏看到了知識、維權、團結、民主和正義的力量；而反觀國家領導人可以帶領眾人去什麼方向？

對西方民主制度和自由主義批判的聲浪，使我想起我曾經在台北論壇一次過年聚餐場合中看見朱雲漢院士，我手裡拿了他的巨作《高思在雲：一個知識份子對二十一世紀的思考》請他簽名，他大方地簽名贈書給我這個後生小輩。僅僅是作為一名讀者的我想起了當時這段記憶。繼他在台灣繁體版之後又在中國大陸出版的簡體版本《高思在云：中国兴起与全球秩序重组》[1]，該

---

[1] 朱雲漢：這位長期研究民主化問題的重量級學者提醒讀者，「在很多新興民主國家民主政治正處於不進則退的狀態，民主愈來愈退化為一種表象；人民必須忍受各種形態的劣質治理，許多國家的司法機構與軍隊濫權，許多寡頭精英通過民主程序完成權力獨占，這些偏離民主法治常態的現象非常普遍。許多新興民主國家可能還勉強維持民主的門面，但民主的內涵很大程度上已經被腐蝕。他也指出，不少第三波民主國家支持民主體制的社會土壤十分脆弱，民主體制隨時有可能出現倒退甚或崩解。隨後的發展，真的不幸被我的好朋友戴蒙德言中。現在回頭來看，2010年底開始陸續湧現的"阿拉伯之春"，猶如曇花一現。從2013年開

書在大陸受到了相當的推崇。此外，石之瑜教授主持的中國學研
究計畫，遍及了中東歐，其中與俄羅斯漢學家劉宇衛合作推出了
非常多的口述歷史，我有幸參加過其中幾篇的翻譯工作。[2]他的
功績非常令我仰望。

　　值得一提的是，台北論壇基金會董事長蘇起教授的《兩岸
波濤二十年紀實》[3]，見證記錄著兩岸關係如何在紛擾中建立共

始，開羅、基輔到曼谷，這些新興民主體制一個接著一個在世人眼前土
崩瓦解，這對大多數人而言是非常陌生的歷史場景，因為過去30年裡最
常出現的歷史變局，都是威權體制被眾人推倒、民主為百姓迎立的畫
面。雖然大規模的民主體制崩解曾經在20世紀的20年代以及60年代集中
爆發過，但這段歷史距離我們已經十分遙遠。如今，觸目驚心的民主憲
政崩解場景，從埃及、烏克蘭蔓延到鄰近的泰國，這些警訊即時提醒著
我們，不能將民主體制的長久存續視為理所當然。從民主發展的歷史來
看，代議民主體制的落地生根需要合宜的文化與社會土壤，需要代表不
同群體的精英分子共同維護核心價值，需要友善的國際體系為民主提供
寬鬆的環境，甚至還需要共同的外部敵人來凝聚社會，這些條件並非俯
拾即是。從全球歷史來看，上個世紀的最後20年是民主體制擴散的黃金
年代，但進入新世紀以後就進入民主衰退期。很多人並不察覺這個趨
勢，因為在過去十幾年，更常出現漸進式民主倒退，而非戲劇性民主崩
解。例如，在前蘇聯的範圍內，除了波羅的海三小國外，從白俄羅斯到
中亞，絕大多數新興獨立國家都出現民主倒退現象，普京在俄羅斯打造
的強人政治就是典型。」摘自朱雲漢，《觀察者網》，2015年9月20日，
http://mp.weixin.qq.com/s?__biz=MjM5MjA4MjA4MA==&mid=209929455&id
x=2&sn=22efbacdb83234f92ee1ac49f2db3e45&scene=5&srcid=0920XmOOQmK
DX6eYegmv9atR#rd。

[2] 台灣大學政治學研究所中國大陸暨兩岸關係教學研究中心【中國學的知
識社群研究計畫】，<http://politics.ntu.edu.tw/RAEC/act02.php>。

[3] 蘇起：「1980年代中期，台海兩岸之間的往來稀少到連『兩岸關係』這
個名詞都沒有出現。但經過二十年的演變，兩岸關係已經變成唯一可以

識的歷史事件。其實我在接觸蘇起老師本人之前最先是讀了他的
《論中蘇共關係正常化（1979~1989）》一書，這本書也成為我
對中俄關係研究的啟蒙書。多年之後，沒想到在2014年底我成為
了台北論壇基金會的作者群之一，可以直接與蘇起老師見面交
談，這要非常感謝陳一新老師的慷慨支持和鼓勵。蘇老師交往
過許多俄國高層的重要友人，也是台灣少數知俄的專家權威之
一，他在政府安全高層工作的經驗可以給我在決定俄羅斯議題上
有更多直觀的建議和感受。我覺得俄文學習者如果能夠增加對於
國際關係的涉入，會對激勵在校俄文系學生拓展思路以及從事外
交工作有很大的幫助；同樣地，研究俄羅斯國情者，如果能夠通
曉俄語，閱讀俄文原文資料，對於深入剖析俄國情勢也會增加貼
近性。

讓世界最強大的國家（美國）與人口最多的國家（中華人民共和國）爆
發軍事衝突的關鍵課題。不管這二十年怎麼變化，事實證明，兩岸關係
是對台灣民眾生活影響最直接、最大的政策，也是最能同時牽動美、中
兩強的變數。作者先後從研究及實務的角度，親身參與了這二十年的兩
岸關係。不管職務如何變動，工作內容與興趣一直都與兩岸關係高度相
關。作者根據公開的資料與部分個人的經歷，深入釐清這二十年兩岸關
係的脈絡，並檢討各個重大事件的前因後果。本書除了是作者親身觀察
及參與二十年兩岸關係的紀錄，也素描了現階段的兩岸關係面貌，並略作
前瞻，其中還有許多『祕辛』第一次公布。長遠以觀，兩岸關係最終的
解決之鑰仍在制度與情感。兩者都需要時間。「三大（美中日）之間難為
小」的台灣必須理性（而非感性）務實（而非衝動）地面對當前複雜多變
的東亞及兩岸環境，才能設法趨吉避凶，並更好地掌握自己的前途。」
取自博客來網路書店推薦文，蘇起，《兩岸波濤二十年紀實》（台北：
天下文化，2014年）
http://www.books.com.tw/products/0010654275。

從後現代主義的角度來看，歷史史觀或許會受到因人解讀而異，但是關鍵在於不能因缺席參與解讀而喪失話語權，而能夠影響歷史並且解讀歷史而使其產生作用的正是歷史本身的參與者和創造者。當觀看2015年的中國九三閱兵典禮，很直觀感受到中國電視媒體轉播出來給廣大普通民眾的那種視覺的震撼教育，使我也感受到只有國家實力恐怕才是史觀的推波助瀾者；參與抗戰的國民政府在這場爭取西方認同第二次世界大戰後世界秩序締造者的過程中聲音漸漸微弱，應是諸多複雜因素的現實所致。中國透過紀念抗戰七十周年閱兵把人們的記憶拉回到過去，以自己的史觀和需要詮釋自己的角色，這個工作別人不會幫著做，這是中國人自己的歷史責任。無獨有偶，台灣的史觀詮釋在後現代社會也多元豐富起來，台灣有識之士紛紛投入到了振興台灣精神意識的社會文化運動之中。李崗導演監製的《阿罩霧風雲II－落子》與《阿罩霧風雲》，在這兩年以來亦是從視覺詮釋上以林家傳記為起點中心的方式向閱聽眾傳遞重要訊息，記錄了台灣百餘年來近代歷史的起承轉合，其中從被壓迫者的弱勢身分角度出發探討歷史真相，令人印象深刻且感觸良深，更能激發多數台灣人在身份歸屬情感中獲得更深層的省思。此外，近年來中國傳播界亦呈現一種蓬勃發展的態勢，這對於積極汲取所有國內外具有威信的觀點有所助益，這使中國知識界亦在思想上的發展如虎添翼，使得中國在國際格局和宏觀視野的思辯上，由於因應國際地位的提升和國家實力強大的諸多挑戰，在許多方面恐怕已經遠遠超過了以民主自由為傲的台灣。兩岸競爭只要是有利於人民生活與和平進步，彼此都需要相互學習以期取長補短與共榮共存，多數民眾應

當亦是期盼雙邊領導階層能夠持續努力朝著積極合作的正面方向去發展兩岸關係。

再回到俄羅斯問題上，從亞太國家紛紛與俄羅斯和中國增加經貿依賴關係的情況之下來檢視美國的重返亞太政策，美國應該不會容忍太久中國的崛起，TPP的建立或許正是一種反制。美國應該已經感受到了俄中準結盟態勢的挑戰，而俄羅斯又要如何維護自身利益和安全來與美國折衝博弈呢？事實上，烏克蘭危機嚴格說起來，應是美國利用烏克蘭政變來阻擋俄羅斯歐亞經濟聯盟在前蘇聯地緣上的恢復以及遏制歐俄經濟一體化進程的地緣分化手段。蘇聯解體之後，南斯拉夫的解體也可以稱得上是當前俄美博弈的一環，仍可作為借鏡。換言之，美國是主動挑釁方，俄羅斯是被迫還擊方，只是俄羅斯目前拿下了克里米亞，故在這場俄美博弈賽局當中，俄羅斯還沒有輸或是美國與俄國都是僅僅維持苦撐的慘勝局面而已。若要仔細琢磨起來，在戰爭中沒有真正的贏家，可憐的是手無寸鐵的無辜犧牲者。蘇聯解體之後，美國主動興起過多少次戰爭？單極霸權真得帶來更多的民主資源嗎？

自普京2012年重返克里姆林宮之後，調整了外交方向，並將「軟實力」鎖定在前蘇聯地區以及友好且願意友好的新經濟體國家，俄中雙方遂找到了進一步加大經濟整合和軍事合作的基礎。美國不得不感到壓力，俄中的準軍事聯盟是「進可攻、退可守」的聯合陣仗。那麼，美國還要與中國發生戰爭嗎？至少，在烏克蘭危機中，沒有哪個國家真正向俄羅斯直接宣戰的，但是問題在於俄羅斯在中美關係中的態度將會如何？這仍取決於俄中關係的堅實程度。唇亡齒寒，中國在俄美博弈中應當找到自己的角

色，不可隔岸觀火，否則當美國這把火萬一燒到家門口時則救火不及。

烏克蘭危機一下子把俄羅斯拉到國際舞台的中央，作為俄羅斯研究者也無法缺席。這段時間承蒙郭武平老師的督促以及好友許菁芸的聯繫，參加了幾次郭老師主持的座談會，收穫甚多！郭老師對於留俄後進的提攜有目共睹。目前，學習俄文對於投入國家市場的方向也非常不明，我也多次應邀回到母校文化大學俄文系演講，俄文母系老師和學生對於俄羅斯的危機非常擔憂。而同樣回校演講的第一屆學長詹秀穎大使，則每每致詞以自身從事外交的學經歷鼓勵後進認真學習俄語，並且緬懷過去前人的耕耘，特別提到了明驥教授對於蘇後台俄學術交流的貢獻；我在這兩年台北論壇春節聚餐中見到了另一名學長姜書益大使，他亦有此看法。仰望師長及兩位大使學長對於國家的貢獻，我想我能利用所學做甚麼？應該就是多寫幾本書、多發表幾篇文章和多辦幾場台俄論壇吧！這幾年真是多虧外子的幫助和支持，學術生命才得以維持至今。

此外，2014年，我也應吳玉山所長和郭武平院長的鼓勵，參加了中華民國國際關係學會的俄羅斯議程並且發表論文，由吳玉山所長親自主持，莫斯科國關的校友連弘宜教授也在同組提供了論文發表。吳老師是國內研究蘇聯新經濟政策和蘇後政治經濟轉型的權威，[4]令人非常景仰他的學術高度。吳玉山老師的大

---

[4] 吳玉山：「俄羅斯是一個轉型中的前社會主義國家，它是原本構成蘇聯的十五個共和國當中最大的一個，具有成為世界強權的一切天然和人文條件。這樣子的一個國家，在一九九二到一九九九年葉爾欽的統治時期

作《俄羅斯轉型1992~1999一個政治經濟學的分析》是極具學術永恆價值和分析影響力的學術資產，是伴隨著我學習成長過程當中每隔一段時間就必須重讀的書籍，在台灣能從嚴格的國際關係學理出發並且還能夠理解俄羅斯的吳玉山老師是我非常欽佩的學習榜樣，他也非常親切關心許多俄羅斯研究的後進者，包括我在內，我經常都能感受到他的學術內涵與為人氣質。作為後學晚輩，我們非常需要這些學術明燈的方向指引。

在這段期間，也多虧了外子不斷的提醒和催促，我也盡量拋下學校中的瑣事煩惱，積極閱讀了一些相關資料，做了一些當前俄羅斯局勢發展的現勢分析，成果也相繼發表在學術刊物和媒體評論上。距離上次出書已過了兩年，這裡還要感謝的人很多，包括：復旦大學傳播與國家治理研究中心主任暨大陸教育部傳播學主委李良榮教授、復旦大學新聞學博士後流動站站長童兵教授、新聞系主任張濤甫教授；暨南大學副校長林如鵬教授、新聞與傳播學院張晉升教授、支庭榮教授、鄧紹根教授、外子吳非教授；美國羅德島大學傳播系終生教授暨國際跨文化傳播學研究學會（IAICS）會長陳國明教授；前元智大學校長暨現任清華大學化材系講座教授彭宗平教授、前元智大學副校長、現台灣科技大學副校長江行全教授、前代理校長徐澤志教授、現元智大學校長吳志揚教授、教務長張百棧教授、前元智大學副校長暨前通識教學部主任王立文教授、梁家祺教授、糠明珊老師、林妙芬老師、

卻始終無法擺脫經濟困頓，政治不穩的局面，原因在哪裡？」摘自博客來網站，吳玉山，《俄羅斯轉型1992~1999一個政治經濟學的分析》（台北：五南，2000年），http://www.books.com.tw/products/0010103706。

373

劉阿榮教授、孫長祥教授、王佳煌教授、前國際室主任陳進福教授、余念一教授、前研發長孫一明教授、吳和生教授、陳興義教授、軍訓室林煒舒教官、資傳系王小惠教授以及擔任多年校長秘書的林昭儀小姐。

校外需要特別提到感謝的有：台灣大學政治系石之瑜教授、前台大副校長暨政治系教授包宗和教授、中華民國國際關係學會秘書長左正東教授；中央研究院政治所前所長吳玉山教授和南華大學社會科學院院長郭武平教授；政治大學前俄羅斯研究所所長趙春山教授、王定士教授、林永芳教授、洪美蘭教授和現任所長魏百谷教授、外交系連弘宜教授、民族所趙竹成教授；新聞所前所長李瞻教授、新聞系馮建三教授、國發所所長李酉潭教授；文化大學俄文系主任李細梅教授、陳兆麟教授、王愛末教授、楊景珊教授；師範大學僑生先修班許菁芸教授；淡江大學俄文系張國慶教授、蘇淑燕教授、歐研所崔琳教授；台北論壇董事長蘇起教授、華志豪主任、黃韻如研究助理；亞太和平基金會陳一新教授、陳逸品主任、陳仲志研究員，UDN《全球瞭望》主持人郭崇倫總編、謝佳凌製作人、王芳筠主編；櫻桃園出版社總編輯丘光先生和熊宗慧教授賢伉儷；台北駐莫斯科前副代表詹秀穎大使、姜書益大使；莫斯科駐台北表處副代表雋熙先生（Dmitry Privalov）和簽證組長娜塔莎（Natalia Pryzhkova）；MGIMO校長Anatoly Torkunov、前副校長Andrei Melville、副校長Artem Malgin、副校長Andrei Silantiev、政治學院院長Alexei Voskresensky、副院長Ekaterina Koldunova、世界政治教研室主任Maria Lebedeva、國際新聞學院院長Yaroslav Skvortsov、俄羅斯世界和平基金會亞洲區代表

暨金磚國家研究委員會副總裁Georgy Toloraya；已經退休的莫斯科留學時期的指導教授Vladimir Artemov和Larisa Fedotova……，他們都是我這兩年來因為俄羅斯問題所接觸到的師長和朋友。在此，作者仍然要特別表達對他們經常鼓勵的誠摯感謝，至此一長串名單中仍難免疏漏，作者在此先敬表由衷的歉意。最後，關於本書內容，也期盼各方先進不吝惠賜指正。

Do觀點35　PF0176

俄羅斯公共外交與地緣政治
──烏克蘭危機之下普京時代的再造

作　　者／胡逢瑛、吳非
責任編輯／盧羿珊
圖文排版／楊家齊
封面設計／王嵩賀

出版策劃／獨立作家
發 行 人／宋政坤
法律顧問／毛國樑　律師
製作發行／秀威資訊科技股份有限公司
　　　　　地址：114 台北市內湖區瑞光路76巷65號1樓
　　　　　電話：+886-2-2796-3638　傳真：+886-2-2796-1377
　　　　　服務信箱：service@showwe.com.tw
展售門市／國家書店【松江門市】
　　　　　地址：104 台北市中山區松江路209號1樓
　　　　　電話：+886-2-2518-0207　傳真：+886-2-2518-0778
網路訂購／秀威網路書店：https://store.showwe.tw
　　　　　國家網路書店：https://www.govbooks.com.tw

出版日期／2016年7月　BOD一版　定價／480元

|獨立|作家|
Independent Author

寫自己的故事，唱自己的歌

俄羅斯公共外交與地緣政治：烏克蘭危機之下普京
時代的再造 / 胡逢瑛, 吳非著. -- 一版. -- 臺
北市：獨立作家, 2016.07
　　面；　公分. -- (Do觀點；35)
BOD版
ISBN 978-986-92704-8-9(平裝). --
ISBN 978-986-92963-7-3(精裝)

1. 外交　2. 地緣政治　3. 俄國

578.48　　　　　　　　　　105003364

國家圖書館出版品預行編目

讀者回函卡

感謝您購買本書,為提升服務品質,請填妥以下資料,將讀者回函卡直接寄回或傳真本公司,收到您的寶貴意見後,我們會收藏記錄及檢討,謝謝!如您需要了解本公司最新出版書目、購書優惠或企劃活動,歡迎您上網查詢或下載相關資料:http:// www.showwe.com.tw

您購買的書名:＿＿＿＿＿＿＿＿＿＿＿＿＿＿＿＿＿＿＿＿＿＿

出生日期:＿＿＿＿年＿＿＿＿月＿＿＿＿日

學歷:□高中 (含) 以下　　□大專　　□研究所 (含) 以上

職業:□製造業　□金融業　□資訊業　□軍警　□傳播業　□自由業
　　　□服務業　□公務員　□教職　　□學生　□家管　　□其它＿＿＿

購書地點:□網路書店　□實體書店　□書展　□郵購　□贈閱　□其他

您從何得知本書的消息?

　　□網路書店　□實體書店　□網路搜尋　□電子報　□書訊　□雜誌
　　□傳播媒體　□親友推薦　□網站推薦　□部落格　□其他＿＿＿＿＿

您對本書的評價:(請填代號　1.非常滿意　2.滿意　3.尚可　4.再改進)

　　封面設計＿＿＿　版面編排＿＿＿　內容＿＿＿　文/譯筆＿＿＿　價格＿＿＿

讀完書後您覺得:

　　□很有收穫　□有收穫　□收穫不多　□沒收穫

對我們的建議:＿＿＿＿＿＿＿＿＿＿＿＿＿＿＿＿＿＿＿＿＿＿

＿＿＿＿＿＿＿＿＿＿＿＿＿＿＿＿＿＿＿＿＿＿＿＿＿＿＿＿＿＿

＿＿＿＿＿＿＿＿＿＿＿＿＿＿＿＿＿＿＿＿＿＿＿＿＿＿＿＿＿＿

＿＿＿＿＿＿＿＿＿＿＿＿＿＿＿＿＿＿＿＿＿＿＿＿＿＿＿＿＿＿

11466
台北市內湖區瑞光路 76 巷 65 號 1 樓
獨立作家讀者服務部　　　收

....

（請沿線對折寄回，謝謝！）

姓　　名：＿＿＿＿＿＿＿＿　年齡：＿＿＿＿　性別：□女　□男

郵遞區號：□□□□□

地　　址：＿＿＿＿＿＿＿＿＿＿＿＿＿＿＿＿＿＿＿＿＿

聯絡電話：(日) ＿＿＿＿＿＿＿＿＿　(夜) ＿＿＿＿＿＿＿＿＿

E-mail：＿＿＿＿＿＿＿＿＿＿＿＿＿＿＿＿＿＿＿＿＿